The Power of Will

别输在不敢表达上

吴涛（Jacky Wu）著

北京时代华文书局

图书在版编目（CIP）数据

别输在不敢表达上 / 吴涛著 .— 北京 : 北京时代华文书局 , 2020.10（2023.6 重印）
ISBN 978-7-5699-3478-6

Ⅰ . ①别… Ⅱ . ①吴… Ⅲ . ①心理交往－语言艺术－通俗读物 Ⅳ . ① C912.13-49

中国版本图书馆 CIP 数据核字 (2020) 第 189884 号

别输在不敢表达上

BIE SHU ZAI BUGAN BIAODA SHANG

著　　者 | 吴　涛

出 版 人 | 陈　涛
策划编辑 | 周　磊
责任编辑 | 周　磊
责任校对 | 张彦翔
装帧设计 | 程　慧　迟　稳
内文插图 | 陈宇红
责任印制 | 訾　敬

出版发行 | 北京时代华文书局 http://www.bjsdsj.com.cn
北京市东城区安定门外大街 138 号皇城国际大厦 A 座 8 层
邮编：100011　电话：010-64263661　64261528
印　　刷 | 河北环京美印刷有限公司　010-63568869
（如发现印装质量问题，请与印刷厂联系调换）
开　　本 | 710mm×1000mm 1/16　　印　　张 | 16　　字　　数 | 266 千字
版　　次 | 2021 年 1 月第 1 版　　印　　次 | 2023 年 6 月第 4 次印刷
书　　号 | ISBN 978-7-5699-3478-6
定　　价 | 58.00 元

版权所有，侵权必究

前　言

所有工作与生活中那些令你心生畏惧的沟通场景，都有一个共同的特点，那就是你有一个明确的“担心”：要么担心发生冲突；要么担心得罪对方；要么担心关系受损；要么担心诉求不能得到满足……这些担心，阻碍了你的表达，也阻碍了你达成你的意愿。

意愿，就是你期望达成某种目标的想法或愿望。通俗地说，就是：“我想……”

生活中我们无时无刻不在想去做一些事情，达成一些愿望——比如小孩子会对妈妈说：“我想出去玩儿！”比如妻子有可能对丈夫说：“我想今天晚上不做饭了，我太累了！”比如员工会对经理说：“我想再多要一些完成任务的资源。”比如创业者会对银行工作人员说：“我想再延长一下贷款的期限……”

但是，那个意愿能否达成，往往是不确定的。很多人经常有这么一句口头禅：“想得美！”其言外之意就是：想法很美好，但实现起来却没那么容易。

为什么意愿实现起来很困难呢？因为现实往往会在我们实现意愿的路上设置不计其数的障碍。

人心，就是其中最大的一个障碍。

因为你没有办法去判断“人心”是怎么想的，很多人止步于此。于是，很多的意愿就此搁置，成为永久的遗憾了。

意愿，因为障碍，变得犹豫、胆怯，进而变得虚无缥缈，最后逐渐消失，留下无尽的失落和黯淡的人生。

等等，你有没有想过，你的意愿是合理的吗？是有可能实现的吗？如果答案是否定的，那么实现与否就无所谓了；但如果答案是肯定的，那么为何不争取一下呢？为何轻易放弃呢？万一争取之后成功了呢？

其实，有一种方法，可以帮助你在有效达成意愿的前提下，避免你所担心的那些事情发生：避免发生冲突，避免得罪对方，避免关系受损，避免诉求被拒……这个方法，就是“果敢表达”。

本书将致力于在掌握所有果敢表达要素的基础上，加以尝试并运用；因为如果不尝试，你怎知意愿一定不能实现呢？尝试一下，也许你就会发现：其实，你比你所想象的要更加强大。

看看以下场景你是否熟悉：

（1）你在排队购物／购票，前方有一人突然加塞……

（2）你在车厢／火车／飞机里安静地看书，刚上来的一个小伙子在你旁边拿着手机大声通话……

（3）你的一个亲戚或朋友向你借钱，数额比较大，而你手头也并不十分宽裕，这令你左右为难……

（4）你的同事屡次不按时提交材料给你，导致你工作经常拖延……

（5）客户提出一个不合理的要求，你却不知该如何拒绝……

这样的场景在生活与工作中时常发生。每一次我们所选择的行为（干预或放弃、回避），都决定了该事情的发展走向与解决，也决定了我们之后的心情与做事效率。

在我们谈到解决方案之前，请你思考以下四个问题：

（1）此时，我要选择干预，还是放弃？为什么要这么选择？

（2）这是合理的选择吗？为什么？

（3）我的意愿是什么？我期望的结果是什么？我的诉求是否是合理的？

（4）如果我的意愿与诉求合理，那么应当如何正确地干预，以实现我的意愿呢？

注意：上面所列问题中的合理指的是：①符合自我的期待；②符合他人的期待；③符合法律规章、道德规范和公序良俗。

以上这些问题，是按照由易到难的顺序列出的，最难的是“如何正确地干预”。而这个难点，也是很多人“打消意愿、选择放弃”的原因之一。

面对选择的困境，面对难以捉摸的人心，我们实现意愿的一个重要途径，就是有效的表达与互动，而且是果敢、明确、有方法、有技巧、结果令双方都接受的、愉悦的表达与互动。

换言之，我们要在实现意愿的路上果敢表达，扫除人或人心的障碍。

那么如何扫除这些障碍呢？——本书将从沟通、果敢、情商、观念、判断、反馈、信任等方面，系统地、全面地阐述人际互动的技巧，帮助你在“意愿实现”的道路上走得更加顺利而自信，为你的生活、工作和人生开启更加多彩而绚丽的篇章。

目 录

第一章

你必须知道的五个沟通原理

我们在每天的生活与工作中，都要与他人发生无数次的沟通与互动。这些沟通有相当多是顺畅的，也有相当多是不大顺畅的，甚至是非常困难、非常不愉快以致发生了冲突的。

场景一：因为工作的原因，我经常出差，且单位要求住宿的酒店是四星级或五星级的。记得有一次在上海某酒店住宿时，我因着急出去采购一些物品，因此没有注意着装，穿着非常普通的蓝色夹克、灰色裤子和一双旧旅游鞋就出门了。在离开酒店大厅的时候，我听到大厅里有一男一女两个身着正装的年轻人在焦虑地说着“会议马上要开始了，××嘉宾还没有到……”之类的话。我没有多想，径直出门购物去了。等我手里提着塑料袋快速回到酒店进入大门的一瞬间，我看到那两个年轻人激动地跑向门边。待看清楚我的脸后，那位男士非常失望地说了一句：“原来是个送外卖的！”那位女士也是一脸的失落。那一瞬间，我也几乎被惊到了——我一边向电梯走去，一边在想：“我怎么会看上去像是个送外卖的？！我哪里看上去像是一个送外卖的呢？！”作为一个企业组织培训顾问，我觉得自己和外卖员的形象差距应该还是蛮大的啊！

场景二：某企业老总外出办事后回到公司大楼自己的办公室，随手取下围巾递给身旁的副总说：“帮我挂起来！”恰巧副总的手机响了，他就把老总的围巾放在了室内的沙发上，先出门接电话了，之后大家便把围巾的事儿忘了，并各忙各的了……第二天一早，细心的副总忽然想起围巾的事儿，便给老总的秘书去了个电话，告知秘书“请尽快把老总办公室的围脖收一下”；秘书问“什么时候的 weibo”，副总答“昨天的”；秘书于是给公共关系部负责人打了个电话告知“请把老总昨天发的微博给收回”；于是公共关系部立即删除了老总昨天发布的微博内容（该企业老总的微博由公共关系部负责发布）。当老总当天晚上忙完工作打开自己的微博时，发现昨天发布的“关于公司某产品缺陷导致用户损失的致歉信”的内容消失了，很是奇怪，于是致电公共关系部负责人，询问为何删除了昨天的微博；公共关系部负责人惊讶地回复说：“不是您让秘书通知我们撤回的吗？”

场景三：小李是某名牌大学的高才生，毕业后找到了一家不错的单位，因为工作能力强，很受领导赏识。小李的领导为了培养他，想办法、找机会让他参与一些重要活动。一次，领导带他参加一个与重要客户会面的晚宴。餐席上，客户老总与餐桌上的每个人打招呼、问候。当问到小李所毕业的大学时，客户老总高兴地说：“啊，那我们是校友啊，我也是那个大学毕业的！”小李觉得表现的时刻到了，非常兴奋地说：“是嘛！那太巧了！请问您是哪个系的？哪一年毕业的？”待客户老总回答完后，小李说：“啊，我知道，你们系特别有名，据说你们系的男生平均每年都要谈三四个女朋友，是有名的‘花花公子系’呢！”说完这话，不光客户老总一脸尴尬，小李的领导也一口菜没咽下去差点儿噎着……打那以后，小李的领导再也不敢带他出来见客户了。

场景四：我去美国第一次到我孩子所在的波士顿寄宿家庭做客时，因为口渴向女主人提出一个请求：“Could you please give me a glass of water?”（麻烦您给我倒一杯水，好吗？）我深知“沟通表达一定要清晰”的重要性，因此一字一顿尽量表述得清楚而不产生歧义。女主人听闻后转身打开冰箱拿出一大瓶苏打水（Soda），然后倒了一杯递给我。看着那冒着气泡、像芬达一样甜的饮料，我很诧异。于是，我重复了一遍我的请求：“No, I don't wanna drink soda. I want a glass of WATER.”（抱歉，我想喝的不是苏打水，而是“水”。）女主人很惊讶地回应："This is WATER. I started to drink this kind of WATER since I was a little girl!"（这就是"水"啊！我从很小的时候就开始喝这种水了！）……直到我再三澄清"水"的特点，女主人才将信将疑地从自来水管里接了一杯自来水递给我。

场景五：2020 年 4 月初，浙江某医疗卫生用品生产厂接到了美国一家贸易公司的采购口罩等医疗卫生用品的传真订单，并且要求尽快发货。可是由于此时该厂的订单非常多，产能严重不足，因而不能在美国客户所要求的期限内提供成品并发货。浙江工厂出口部相关员工向美方发送了一封电子邮件说明情况。美方公司收到邮件后，该公司的总经理给其在中国的贸易代表 A 打了一个电话，说明该订单的紧迫性，并要求 A 直接与浙江工厂的厂长 B 联系。A 于是立即从上海驱车赶到浙江工厂，见到 B 并说明情况。此时天色已晚，B 在工厂餐厅招待 A 并表示歉意。A 说："如果贵厂能将中午 1 小时的员工午餐时间和晚上 1 小时的晚餐时间利用上，那么在两周的时间里，以现在的单位小时产能是能够满足美方需求的。"B 很惊讶，问："你怎么知道工厂的中午和晚上各有 1 小时的停工就餐时间？"A 回答道："我到达工厂的时候是 18:10，发现车间的灯光都熄灭了。经询问附近员工后，得知这一情况的……"并提出了新的"三班倒"建议。B 认为该建议可行，且正值特殊时期，援助美方亦可增强公司美誉度，于是立即在公司管理层微信群发布信息，要求管理人员明天一早到公司会议室开会商议调整生产时间事宜。群里有两位管理人员表示因在外地不能出席会议，于是 B 决定翌日会议以视频形式召开……

上述五个故事场景，每一个故事都说明了一项沟通原理！

沟通原理一：你不可能不沟通，所有的行为均是沟通。在场景一中，我的整个人（包括我的长相、服装、言谈举止、一举一动等）都在向外界传递着关于我"这个人"的所有信息：年纪、性别、品位，甚至职业、受教育程度、文化背景等，不一而足！每一个形象上的细节，都在给外界和他人传递着某一个独特的信息。我随意的着装、粗糙的外表，与人们印象中的"会议嘉宾"步履从容、西装革履的形象大相径庭，而更像是一个步伐匆忙、衣着简单、手提外卖品的“外卖哥”。因此，我们无论在何种时间、何种地点，只要一出现，就在向外界传递着很多信息！

沟通原理二：沟通存在“漏斗现象”，即信息不可能被 100% 地传递，如图 1–1 所示。

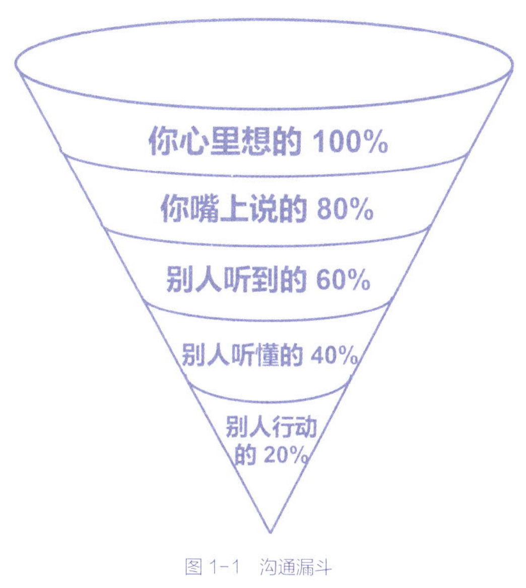

图 1–1　沟通漏斗

图 1–1 中的百分比并非确数，而是概数，用以说明沟通过程中信息的流失现象。

在场景二中，公司老总心里想表达的其实是“请某人帮我把围脖挂在办公室里的衣架上”，但说的却是“帮我挂起来”；第二天副总对秘书说的是“请尽快把老总办公室的围脖收一下”，而秘书理解到的却是“尽快把老总的微博收回”；继而，公共关系部负责人采取的行动是“立刻把老总昨天的微博删除”。在以上每一个沟通的步骤中，信息的准确性在逐步丢失。这样的事例在我们的生活与工作中，每天都在无数次地发生。它们轻则导致执行偏差或误会，重则导致冲突乃至事故！

沟通原理三：沟通效果会受到“表达者的表达能力”和“接收者的理解能力”的限制。在场景三中，小李的本意是取悦客户老总，表达两者的共同点，进而增进亲密感；但因为表达不当、情商不高，因而错误地表达了不该表达的信息，导致对方不悦，起到了适得其反的沟通效果。同样，由于接收者“理解能力”有限而导致沟通效果不佳的事例，在生活中比比皆知（如我们经常可以在学校里听到老师对学生的抱怨“你怎么就听不明白呢”），这里就不再赘述。

沟通原理四：沟通效果会受到“背包”（观念、价值观、文化差异等）的影响。在沟通过程中，一定要具备两个要素：两个或两个以上的主体、沟通信息。如果是一个主体（一个人）发出信息，我们叫“自言自语”；如果是两个主体，没有发出信息，那么也不构成“沟通”。

这两个或两个以上的主体，我们叫“发送者”（发出信息的人）和“接收者”（接收信息的人）。当“发送者”产生一个“意念／意愿”，他就需要进行语言的“编码”，即发出“信息”。沟通模型如图1–2所示。

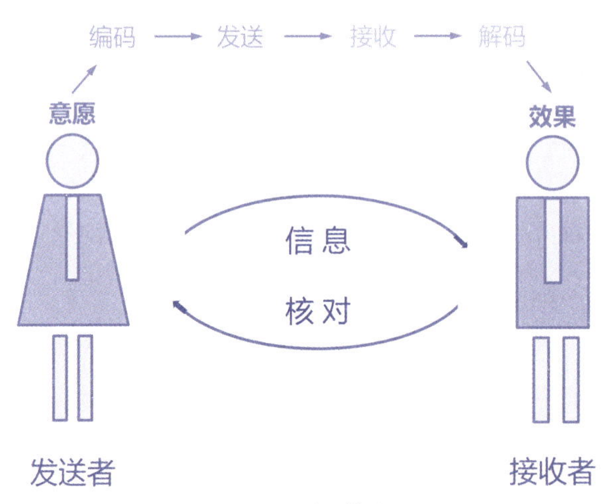

图 1-2　沟通模型

这里需要注意：同样的意愿，有可能因主体不同而产生不同的编码。比如在场景四中，我口渴了，于是需要对美国女主人提出一个请求，我的语言编码是“麻烦您给我倒一杯水，好吗？”而换作另外一个人，他有可能会这么说：“我渴了”，或“请给我来杯饮料”，或“您这儿有什么喝的吗”，或“Water please”（请来杯水），等等。不同的主体会组织不同的语言编码，不同的编码会产生不同的沟通结果。当“编码信息”发送出去后，负责接收该“编码信息”的接收者就开始“解码”。同样的信息，有可能因主体的不同而产生不同的解码。比如，我面对的美国女主人对我的“麻烦您给我倒一杯水，好吗？”这个信息的解码就是“他想喝苏打水”，于是就给我倒了一杯苏打水；而换作另外一个人，他可能给我一杯柠檬水、可乐、纯净水或汽水，等等。

这里有一个疑问：为何我们发出的信息被对方接收后发生了扭曲，产生了与我们所期望的不同的效果？原因除了上面我们提到过的“沟通效果会受到‘表达者的表达能力’和‘接收者的理解能力’的限制”外，还有一个非常重要的原因，即背包对我们的影响！

那什么是背包呢？在这个世界上，没有任何两个人曾有过完全相同的经历或认知。每个人都是独特的，包括我们的年龄、性别、家庭背景、成长经历、受教育程度、生活习惯、当下的情绪、情感、职业、看问题的角度、种族、文化背景、信仰、价值观……所有这些区别我们彼此的一个或多个特征，统称为隐形的“背包”，如图1–3所示。

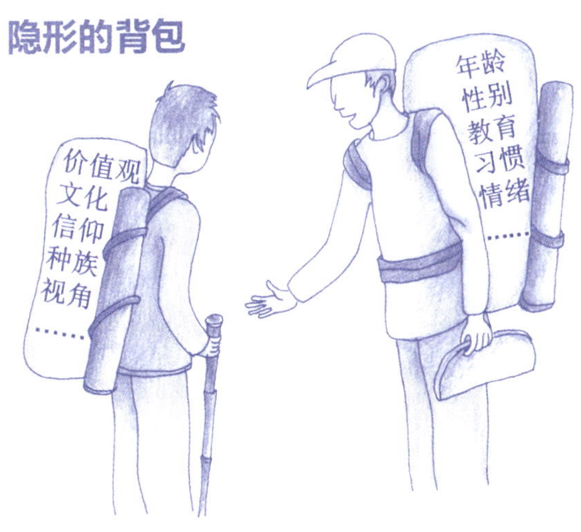

图 1–3　沟通中隐形的背包

这些隐形的背包无时无刻不在影响着我们对信息的接收与理解，它使我们对即使是同一个事物也产生了不同的理解与认知。比如，当我们看到一个倒在马路边上的老人时，有人会立刻躲得远远的，因为他的隐形背包里装着“碰瓷儿”或“讹诈”等记忆（现实中，也确实发生过老人倒地讹诈救助人的事情）；有人则会立即上前搀扶起老人，并联系老人的家人或医疗机构寻求进一步的帮助，因为他的隐形背包里装着“善良”或“救人于危难”等观念。

在场景四中，作为中国人的我与美国女主人因为文化背景不同，生活经历不同，对“水”的认知亦不同：我从小到大喝的是经过100℃高温烧开过的“凉白开”,而这位美国女主人习惯喝的就是苏打水。因此在她的背包里,“水”就是“苏打水”,“苏打水”就是“水”。这就是为何当我的“编码信息”发过去后，她接收到的“解码信息”与我的愿望完全不同的原因所在——背包令信息发生了扭曲，产生了与我们所期望的不同的效果!

因此，在沟通过程中，双方对信息的“核对”与“确认”，以尽可能地消除背包对沟通效果的影响，就显得尤为重要！关于这一点，我们在后面的章节里会继续谈到。

沟通原理五：沟通过程中的信息传递不仅限于语言，所有可用于信息传递的媒介均可用于“沟通”！在场景五中，浙江工厂和美方公司的员工和管理者使用了除语言以外的多种信息传递媒介，包括传真、电子邮件、电话、面谈、灯光、微信、视频会议等。在21世纪的今天，信息传递的媒介与途径越发趋于多样化、便捷化，如智能手机、短信、语音、电话／视频会议、广播、电视、微博、书籍、网站、公众号……不一而足!

可以说，我们生活在一个信息爆炸的时代、一个无时无地不在沟通的时代!

因此，沟通并表达彼此的意愿，就显得越发必要，且重要!

第二章

意愿的果敢表达

如前所述，“意愿，就是你期望达成某种目标的想法或愿望”！

“意愿”这个东西，如果不说出来，那么它会永远停留在你的脑子里或心里，他人永远无法获知！而要说出来，进行“沟通”，却并不那么容易！

因此，“果敢”地说出来，就显得尤为重要！

那么，如何“果敢表达”呢？

第一节 人际互动的三种行为

我们先来重新看看之前所列举的一些生活或工作中的五个困难沟通场景——

（1）你在排队购物/购票，前方有一人突然加塞……

（2）你在车厢/火车/飞机里安静地看书，刚上来的一个小伙子在你旁边拿着手机大声通话……

（3）你的一个亲戚或朋友向你借钱，金额不菲，而你手头也并不十分宽裕，这令你左右为难……

（4）你的同事屡次不按时提交材料给你，导致你工作经常拖延……

（5）客户提出一个不合理的要求，你却不知该如何拒绝……

现在请你放下此书五分钟（暂时不要阅读以下作者的观点），思考一下：以上各个困难场景，如果被成功地、理想化地解决，那么其成功解决的标准是什么呢？

笔者认为，上述困难沟通场景的成功解决标准有三个：①事情结果或目标（“我”的合理“意愿”）达成；②对方心理舒适（至少没有不舒适，或将不舒适度降至最低）；③“我”心理舒适（至少没有不舒适，或将不舒适度降至最低）。以上三个标准缺失任意一个，都不能说明这个困境被成功地解决了！

那么，有什么方法可以帮助我们达成这三个成功标准呢？

一、人际互动过程中的三种行为

在提出解决方案之前，让我们来认识一下人际互动过程中的三种行为，它们分别是：退让型行为、强势型行为和果敢型行为，如图 2–1 所示。

退让型行为：在人际互动过程中表现出胆怯、软弱、退让、取悦对方甚至回避的行为特征的沟通行为；

强势型行为：在人际互动过程中表现出强势、强硬、蔑视、进攻甚至冒犯的行为特征的沟通行为；

果敢型行为：在人际互动过程中表现出亲和、自信、有理有据、不卑不亢、互相尊重的行为特征的沟通行为。

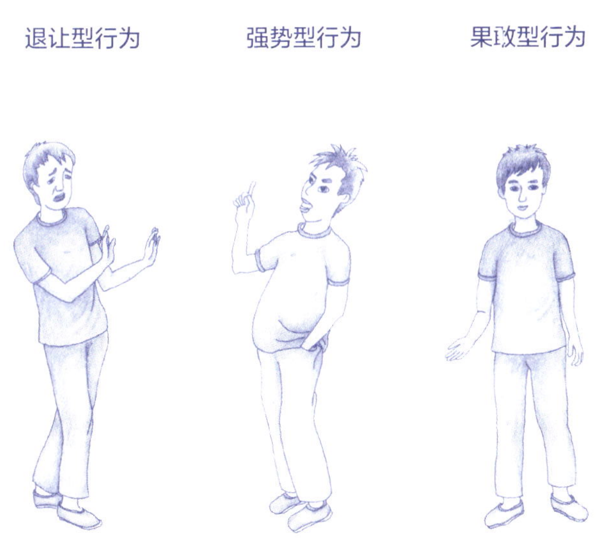

图 2–1　人际互动过程中的三种行为

我们在生活和工作中经常会看到前两种行为，比如，家长或老师大声训斥着孩子或学生（强势型行为），如惊弓之鸟的孩子或学生胆怯地、恐惧地望着家长或老师而不知所措（退让型行为）；领导怒气冲冲地拍着桌子对下属咆哮（强势型行为），下属张皇失措地垂手而立、倍感沮丧（退让型行为）；客户趾高气扬地提出种种不合理要求（强势型行为），销售或客服满脸堆笑地取悦、奉迎着客户（退让型行为）；拥有某种权力的人（如街头的个别执法人员）大声呵斥着路边的小贩（强势型行为），小贩诚惶诚恐、不知所措（退让型行为）……不一而足！

除了退让型行为与强势型行为，我们还有其他的行为选择吗？应该如何选择呢？

我以亲身经历来说明一下这三种行为的区别。

几年前，我出差到合肥，入住了一家四星级酒店。我住在这幢30层高楼的第26层，早餐厅设在2层。是日，我吃完早餐，踏入了停在2层的电梯，准备上到第26层，回到自己的房间。电梯在4层停了下来，走进来一位三四十岁的壮年男子，嘴里叼着一根香烟。在电梯门关上的一刹那，他猛吸了一口香烟并将烟雾吐在了狭小的电梯空间里……

此时，换作是你的话，你会怎么选择你的行为？

我曾很多次问过他人这种情境下的行为选择。有人说："我哪里有选择？吸烟是人家的自由嘛，不能干涉！"有人说："电梯一会儿就上去了，忍一忍吧！"有人说："我会指责他没有公共道德，缺乏素养，并要求他停止吸烟！"有人说："我会威胁他如果再吸烟的话，我就跟酒店投诉他！"有人说："我会告诉他我嗓子疼（或怀孕）等特殊情况，然后请他把烟掐了。"有人说："我会选择立即按5层电梯键，然后等电梯停在5层后出去，等下一趟电梯。"……有很多不同的选择。

选择是一件好事：有选择，说明我们还有一定程度的自由；就怕没有选择！

但做出的选择，必须是"合理"的。前文说过，"合理"一词指的是：①符合自我的期待；②符合他人的期待；③符合法律规章、道德规范和公序良俗。

那么我们来分析一下当时的状况：电梯是一个狭小的空间，也是一个公共空间。在当时的那个公共空间里，只有我与吸烟者两个人。既然是公共空间，那么就有我的权益，也有他的权益，这个权益，每人各占50%。我不管他吸烟出于什么动机（国家对公共场所的禁烟是有相关规定的），是出于无意也好，故意也罢，他吸了烟，对于我这个非烟民而言，就侵犯到了属于我的那50%的权益——呼吸干净空气的权益！

二、退让型行为

如果我选择了"放弃属于我的50%的权益"，那么，我就选择了退让型行为！

此时选择退让型行为的表现有：默不作声，"忍了"；按停下一楼层电梯键，然后出去等待下一趟电梯；恳求他把烟灭掉；示弱（"我"生病了、嗓子疼、怀孕了等）……这些行为之所以是退让型行为，是由于其并不符合上面所说的"合理"三个条件中的"符合自我的期待"，即"尊重自我内心的合理诉求"，且在人际互动过程中表现出了胆怯、软弱、退让、取悦他人甚至回避的行为。

有人说："电梯从4层上到26层，不过二三十秒钟的时间而已，忍一忍也就过去了。老话说了，'小不忍则乱大谋'！"这话听上去很有道理，如果作为一种暂时的回避问题的策略倒也不错，且似乎很能反映出持此观点者的"智慧"与"哲理"！那么，这种"隐忍"的做法真的对吗？首先，应当尊重每一个人的每一个行为选择；其次，每一个人必须对其当下的每一个行为选择负责！

这里没有对错的评判！但我们可以推想一下：类似的（我们放弃本属于我们自己"合理"权益与诉求的）事情，每天会发生多少？每周会发生多少？每年会发生多少？一生会发生多少？……我们每一个当下的选择，都决定着我们当下乃至今后的情绪、心情与做事效率；我们每天对类似情形的行为选择，会决定着我们当天的情绪、心情与做事效率；我们一生当中遇到的所有类似情形的大多数相同的行为选择（比如"隐忍"），将会决定我们一生的性格与命运走向……

人生，是由无数的当下的行为选择累积而成的！

瑞士心理学家、精神分析学家卡尔·古斯塔夫·荣格（Carl Gustav Jung）曾说过："播下一种行动，你将收获一种习惯；播下一种习惯，你将收获一种性格；播下一种性格，你将收获一种命运。"

我看过很多的新闻报道，累积的隐忍行为，最终因忍无可忍而导致像弹簧一样的剧烈反弹：无法承受长期家暴的妻子最终举起了菜刀砍伤或砍死了自己的丈夫；屡受欺凌的下属最后退无可退愤而对上司暴力相向；长期屈服于家长或老师淫威的孩子、学生最后绝望之下离家出走……

这些两败俱伤的事例，无一不在说明着"退让型行为"带给我们的长期的、悲伤的、令人遗憾的负面影响！

三、强势型行为

那么，此场景之下的强势型行为的表现是什么样的呢？"强势型行为"的表现有：大声斥责，喝令"停止吸烟"；指责对方行为不文明，道德绑架他人；威胁、恐吓对方如果不掐烟，那么将会举报、投诉吸烟者；直接夺取对方的香烟，扔在地上……这些行为之所以是"强势型行为"，是由于其并不符合前文所说的"合理"三个条件中的"符合他人的期待"，即"他人有获得尊重与平等对待的合理诉求"，且在人际互动过程中表现出了强势、强硬、蔑视、进攻甚至冒犯的行为。

这些行为不仅容易引发暴力肢体冲突，甚至有可能引发伤害事件，直接造成两败俱伤的局面！

有人说："他在公共场合吸烟，本来就是对我的不尊重，我又何必尊重他呢？"此话乍听有理，但仔细分析，里面还是有欠妥当的考量的。这个人在公共场合吸烟，如果是"故意"的，带有对"我"的"挑衅"成分在里头（这种可能性有，但是非常小），那么我们可以通过果敢表达、理性交流（在后面第五章"反馈技巧"里会谈到具体的方法）来与对方沟通。但绝大多数的情况和可能性是：这个人是无意为之。换言之，他并未意识到他的行为已经对别人造成了负面影响，即他对“我”的不尊重是无意的，此时，如果我们以强势行为回应，势必会引起对方强烈不满，有悖于“合理”三个条件中的“符合他人的期待”（他人有获得尊重与平等对待的合理诉求）。那么，冲突的发生就不可避免（除非对方是个“退让型行为”的人）！

综上所述，当我们遇到困难的沟通情境时（我们合理的权益与诉求受到了挑战，如上述“电梯吸烟”场景），我们通常会有两种行为选择：不干预、干预。如果我们选择了“不干预”，那么我们就选择了退让型行为；如果我们选择了“干预”，那么我们就会面临另外两种可能的行为结果：强势型行为和果敢型行为。

强势型行为一定是对方在沟通过程中受到了冒犯，没有被“我”所尊重。因为我们很多人并不知道如何做到果敢型行为，所以通常会选择退让型行为（自己心理会极度不舒适），或强势型行为（对方心理会极度不舒适）。而强势型行为又极易引发冲突，我们又害怕冲突。为了避免“可能”的冲突，我们宁愿收声、沉默、退让，进而选择了相对安全的退让型行为。换言之，我们有时还没有行动，就被并没有发生的、想象中的冲突吓坏了、打败了，进而选择了退让！

当遇到困难沟通情境的时候，如果仅有两种行为选择（退让型行为与强势型行为），那么我们通常会选择退让型行为，它们占到了我们行为选择的67%的可能，主动选择退让型行为占三分之一；主动选择强势型行为占三分之一；因害怕强势型行为引发的潜在冲突而不得不被动选择退让型行为占三分之一。

可是不要忘记，在退让型行为与强势型行为之外，我们还有第三种行为选择，那就是尊重我们的合理意愿，选择果敢型行为，进行果敢表达！

四、果敢型行为

那么，什么是尊重意愿的果敢表达呢？我们对果敢表达的定义是：坚持自己，同时不多余地冒犯他人！果敢表达，如图 2-2 所示。

图 2-2　果敢表达

这里的“坚持自己”，指的是坚持表达自己合理的意愿、权益与诉求，以符合自我的期待（尊重自我内心的合理诉求）；“不冒犯他人”，指的是我们在表达时，应符合他人的期待（他人有获得尊重与平等对待的合理诉求）；“不多余地”，指的是之所以我们要表达合理诉求，前提是对方的行为在一定程度上并不符合法律规章、道德规范和公序良俗的要求（如排队加塞、电梯吸烟、无理要求、不按规章行事等）。当我们在纠正对方的不当行为、表达自己的合理诉求时，对方或多或少地会感觉到不舒适，而我们的表达要尽可能将这种不舒适降至最低，甚至没有，最好的情况是对方还感觉到愉悦！

这个定义非常重要，请读者务必记牢！

那么如何做到果敢表达呢？我们会像本章一样，有逻辑地、系统地、结构化地在第三章进行阐述，因为做到它其实并不容易。一旦你掌握了果敢表达的技巧，那么它将助益你一生！

第二节
三种行为辨析

在我培训过的学员中，当面临困难沟通情境时，大约有 70% 的人会选择退让型行为，20% 的人会选择强势型行为，只有不到 10% 的人会选择果敢型行为。而这些选择果敢型行为的人，大多数并不知道其选择的是果敢型行为，即无意识而为之。

一、不能做出果敢型行为的五个原因

那么，为什么大多数人不能够做出果敢型行为呢？除了担心冲突，不了解、未掌握果敢型行为表达意愿的技巧外，还有以下五个主要原因：

（1）文化与宗教的影响。我们知道，绝大多数东亚、东南亚、南亚国家和地区的人，在人际互动中，会无意识地选择退让型行为，这在中日韩等国的民众中表现尤为明显。这与几千年来的包括佛教、儒学等宗教与文化在该地区的盛行与影响密不可分。特别是佛教强调“隐忍”，儒家宣扬“温良恭俭让”，等等。这些主张的本意，其实并不是让我们退让。比如佛教强调“隐忍”的初衷是一种自我修行，以防止所谓的“嗔念”，即仇恨心、愤怒心等；再如儒家的“温良恭俭让”，本意是要求我们对待他人要善良、恭敬，对自己要节制、克制等。这些主张在宣扬的过程中，因为沟通漏斗和民众理解程度的差异，最后往往被理解为要退让。这实际上是对宗教与文化本意的一种曲解。当然，这也从另外一个方面说明了宗教与文化在宣扬的过程中，其教育的方式或深度还有待改进。但无论如何，文化，特别是区域性文化，会对民众造成意识领域的深刻影响！

（2）社会治理结构的影响。在东亚等地区，大多数国家的社会治理结构是金字塔式结构，特别典型的如日本企业、韩国企业、中国的国有企业等组织结构，往往有很多的层级（我曾工作过的日本企业佳能，在 21 世纪初的时候，从 A0 级员工到 CEO 相差了 17 个层级）。这么多的层级，会导致下级员工在与上级领导进行沟通的时候，有很大的思想压力，他们担心稍有不慎就会冒犯、触怒上司，进而影响自己的利益、待遇或职业发展。这些压力或担心，随之就会转化为退让型行为，表现为有问题、有困惑不敢说，或含蓄地说。而大多数的欧美公司，层级相应就会减少很多，且越是国际大公司，越会强调扁平化管理的重要性。比如全球连锁的美国丽思卡尔顿酒店，每一位员工都被授权 2 000 美元的使用权限，即 2 000 美元以下的使用无须上报主管，全凭员工自己视事务的紧急或必要程度来判定是否应该为客人提供额外的服务。这种“扁平化管理”的授权方式，不仅为员工向客人“创造独特难忘的亲身体验，勇于面对并快速解决客人的问题”提供了坚实保障，而且为员工在面临问题时向上司进行果敢表达，扫除了很多心理上的障碍。

而另一方面，在金字塔式结构的组织中，每一个位于金字塔中高一层级的领导，往往会对下属表现得颐指气使（强势型行为）；转身面对上司时，又表现得唯唯诺诺、毕恭毕敬（退让型行为），从而造成行为的不统一和人格的分裂。

（3）成长与教育经历的影响。我们在很小的时候，很多的父母都会给孩子讲“孔融让梨”或类似的故事，但孔融为什么要让梨，在什么情况下让，什么情况下可以不让，并没有说得很明白。再大一些，父母、老师会告诉我们要“听话”，在家听家长的话，在学校听老师的话，在单位要听领导的话，等等，但为什么要“听话”，什么样的话必须听，什么样的话可以不听，并没有人给我们解释得很清楚。等读了本科、硕士研究生甚或博士研究生，我们会被告知“只做学问，不问其他”。这就导致了一部分毕业生精于专业，但疏于人际交往的基本技能（注意，是“基本技能”），即包括礼貌、尊重的最基本的人际互动都做不到或做不好，更不要提果敢表达了！随便举个日常生活的小例子：我在进出商场或公司大楼的大门时，如果我进门或出门后，拉着门以便后面的人进出时，十个人中有超过 50% 的人不会说声“谢谢”（一种不尊重他人的“强势型行为”的表现），这就是基本人际交往能力的教育缺失导致的结果。

现今，有不少独生子女，在家中成为“小太子”和“小公主”，这些被娇生惯养的“太子”“王子”和“格格”“公主”，相当不适应进入社会后的需要平等、相互尊重的人际互动环境，产生了诸多要么强势、要么退让、要么冲突的沟通情境。

作为父母和老师，如果自身的行为不够得当，就会对孩子产生直接的影响。例如，小时候经常受到家长或老师训斥的孩子、学生，长大后通常表现得不自信，行为上倾向于退让；过于被娇纵的孩子，长大后通常表现为强势；父母或成长过程中某一个曾经的老师如果行为上有暴力倾向，那么这个孩子长大后通常也会表现得有暴力倾向；父母或老师中，如果某个对孩子特别有影响力的人在行为上表现得非常退让，那么这个孩子在成年后，要么也表现得退让，要么就会表现得比较极端（或者退让、或者强势）。

（4）角色定位的影响。2019 年冬天的一个夜晚，我和来自加拿大的同事 Emily 在苏州的一个餐馆用餐。离我们不远的桌上有四位男士在用餐，他们一边大声说话一边叼着烟卷儿喷云吐雾（2011 年 5 月中国颁布的《公共场所卫生管理条例实施细则》第十八条规定“室内公共场所禁止吸烟”）。我对餐厅的一位女服务员说：“麻烦您让那桌抽烟的男士们把烟掐了！”这位中年女服务员笑着对我说：“我是服务员，我哪里有权力要求客人不抽烟呢？！”我很诧异，指着餐厅里张贴的禁烟标志对她说：“这是餐厅的合理要求啊？！”她更不好意思了，堆着笑说：“不行，我是服务员，我不能说……”这时我只好站起来准备走过去亲自去说，但 Emily 拉住了我说：“We could change another table.”（干脆咱们换张桌子吧。）于是，我只好和她换到了一张更远一些的桌子用餐。

这里，餐厅女服务员选择了退让型行为，理由是她是“服务员”——她对自己的角色定位（当然，我的同事也选择了该行为，但理由并非角色定位）！我们对自己的角色定位会给我们的行为方式带来潜在的心理影响。特别典型的例子，就像这位女服务员一样的绝大多数在服务行业工作的服务人员，因为工作性质的原因，将自己定位在“低人一等”的服务者角色上，从而下意识地在人际互动中频繁使用退让型行为（实际上我们都知道“职业并无高低贵贱之分”）！同样的角色定位还表现在下属对领导、学生对老师、销售对客户、外地人对本地人……反之，如果我们将自己定位在“高人一等”的角色上，那么就很有可能下意识地在人际互动中使用强势型行为，比如上面所列举的反向角色：领导对下属、老师对学生、客户对销售、本地人对外地人……

（5）潜在的歧视。歧视是由于优越感造成的。优越感当然也受到前述文化、角色定位等的影响，但远远不止于此。从广义的角度上讲，歧视是某一群体因在某一方面具有优势，而对在该方面缺乏优势的另一群体的贬抑化看待与对待。比如男性对女性、健全人对残疾人、富人对穷人、拥有某技能的人对无该技能的人……

歧视与角色定位的区别是：角色定位高的一方，未必在某一方面比角色定位低的一方，更具有某项优势（如中国跨栏教练孙海平未必比运动员刘翔跑得更快，美国游泳教练鲍勃·鲍曼未必比菲尔普斯游得更快，而刘翔和菲尔普斯都是各自领域世界冠军的“常客”）；而歧视，一定是某一方比另一方在某方面更具有优势，如男性比女性更有力量（在古代，男性是家庭经济收入的主要获得者），富人比穷人拥有更多的物质财富……

在歧视的关系中，歧视者通常会无意识地表现出强势型行为，被歧视者往往会无意识地表现出退让型行为。比如，社会会要求女性表现得温柔、体贴、谦让，残疾人在社会资源中所处的劣势（如有些公共卫生间没有残疾人设施）会导致其表现得自卑、退让，等等。但是不要忘记，女性的温柔并不等于应放弃自己的合理诉求；超市外的停车场上，距离超市门口最近的停车位，往往是留给残疾人的……

消除歧视与偏见，创造一个更加平等与包容的社会环境，这条道路漫长而遥远，但并非不可达成！

那么，我们如何来区别退让、强势、果敢这三种行为表现呢？它们有各自的适用情境吗？如果长期在人际互动中表现出某一特定行为，会带给我们什么样的影响呢？

二、退让型行为的表现、适用情境及影响

有退让型行为倾向的人，通常表现得比较软弱、顺从、谨慎、压抑、不自信；肢体语言方面，眼神不敢或很少直视对方，交流时易低首垂目，或面带很多微笑，身体不能站定、站直，有时候手足无措；声音方面，语气犹豫、迟疑，音量较小；经常使用的语言包括“我不能”“可以吗”“要不”等祈求式或自我否定式的语句；人际互动中通常不愿意当众表达个人观点，对困难情境予以回避，问题发生时通常保持沉默，易对他人屈服、让步，不敢拒绝，担心冲突，容忍他人对自己权益的侵犯，取悦他人，任由他人来做决定，也易被他人忽视或拒绝，从而感到沮丧、受伤害，等等。

退让型行为如果作为一种人际互动的策略，在某些情境下是适用的，比如，不需要自己承担主要责任时；没有足够力量或能力影响或改变结果时；有更强有力的人主导某一事务而自己居于辅助角色时；当眼前的目标于己而言不是很重要时；被外力胁迫而一己之力无法改变现状时（权宜之计）；其他作为暂时性回避可免遭更大损失时。

一个人如果长期表现出退让型行为，对自我的影响是：自我价值感和自信心降低，失去主动性，缺乏责任感和勇于担当的勇气，自我贬低，压力累积，在社交生活中感到像个受害者，感觉被孤立，长此以往可导致心理压抑、郁闷，或抑郁症等心理疾病；对人际关系的影响是：易被他人忽略或轻视，难以获得他人的信任，易被当作“软柿子”（所谓“人善被人欺，马善被人骑”），在团队中被视为弱者、权益最易被侵犯的人。

我们常说“可怜之人必有可恨之处”，比如鲁迅笔下的阿 Q，从来不知道抗争，或表现得勇于表达自己的意愿，因而常常被人欺侮。我们在谴责那些欺负老实人的赵太爷之流时，也应该看到，正是由于阿 Q 的退让型行为，给了他人侮辱、侵害其尊严与权益的机会。

三、强势型行为的表现、适用情境及影响

有强势型行为倾向的人，通常有强烈的控制欲，爱采取主动行为，因而表现得比较富有进攻性，反应冲动、易被激怒，常常不自觉地冒犯他人；肢体语言方面，眼睛直视对方，面部表情比较少或比较严肃，走路、行动快速，手势夸张，爱指点他人；声音方面，语气冷冰、强硬，音量较大，语速快；经常使用的语言包括“你最好”“你必须”“你应该”“我认为”等要求或命令式的语句；人际互动中习惯居于主导地位，强调其个人观点或利益，忽略他人感受，不给他人发言机会，爱挑战他人、打断别人、指责他人，或处于防御状态，充满敌意，时刻准备争斗，一点就着，或表现得具有“老大”风范，有保护欲，爱“罩着”他人，干涉或替别人做决定，但时常侵犯他人权益，不惜以冒犯他人为代价来实现个人目标或期望，行为不可预知。

强势型行为如果作为一种人际互动的策略，在某些情境下是适用的，比如，发生特别紧急的情况（如火灾、地震等）时；需要承担主要责任时；需要立即做出决断、决定时；目标的实现重要而紧迫时；需要自我保护或避免被伤害时；其他需要快速达成目的而不得不牺牲对方心理舒适度的情况发生时。

一个人如果长期表现出强势型行为，对自我的影响是：长期焦虑、压力大，无法信任他人，难以授权给他人，凡事过问，凡事忧心，忙碌奔波，甚至焦头烂额，长此以往可罹患“三高”（高血压、高血脂、高血糖）；对人际关系的影响是：因经常发号施令、责备他人，易与他人发生矛盾或冲突，人际关系差，易被他人疏远，产生隔阂，导致孤独、落寞、被冷落、孤立。

强势型行为的领导者如中国古代的秦始皇（在51岁时壮年暴亡）、英国前首相撒切尔夫人（晚年孤独凄凉）、美国总统特朗普（下属很难与其相处，且经常被调换）……其实，在达成同样的期望目标的意愿下，强势行为是可以予以改善的。

四、果敢型行为的表现、适用情境及影响

能做到果敢型行为的人，通常表现得比较自信而富有亲和力，他们知道保护自己的权益，同时也尊重他人的权益，并在不多余地冒犯他人的前提下，实现个人目标或期望；肢体语言方面，目光真诚，凝视对方，面带自然与适度的微笑，站姿挺直，体态、动作大方得体；声音方面，语气体贴而坚定，音量、语速适中，表述清晰；经常使用的语言如“我想”“我希望”“让我们”“我们的选择有……”；人际互动中通常不会绕开问题，而是选择主动，直面困难，积极商讨对策，提供双赢解决方案，不隐藏个人观点，坦诚、开放，建设性回应，有良好的自我情绪控制能力，尊重对方的立场与感受，不伤害或触怒对方，能够自然而合理地表达异见或拒绝，同时也能够专心倾听对方，表现出同理心。

果敢型行为适用于绝大多数正常沟通的情境，特别是合理权益受到侵害时；为重要决定而需要保持一致时；需要在不伤害他人情感的情况下拒绝他人要求时。果敢型行为能够做到在达成个人意愿与目标的同时，令对方感受到相对舒适、没有受到冒犯、保留了尊严。

一个人如果能够长期做到并表现出果敢型行为，对自我的影响是：对自身行为感到满意，充满自信，有担当，有责任感，能在愿意承担后果的前提下做出果断而清晰的决定，提升工作绩效与个人效能，减少犹豫不决和紧张焦虑，并有勇气面对未来可能出现的挫折和失败，长此以往因言行一致而倍感身心愉悦；对人际关系的影响是：因在人际互动中表现得有理有据、不卑不亢、进退有度，能了解彼此需求，寻找双赢方案，因而容易获得他人的好感与信赖，营造长期友好而融洽的关系。

另外，通过果敢型行为表达自我意愿还可以维护自身合理的权益与诉求，避免不必要的物质与心理损失，不积压不良情绪，避免过激行为与冲突，从而营造良好、健康、长期的合作关系。

综上所述，我们可以看到，退让型行为表明我们为个人赢得的人际空间是不够的，往往压抑自身的意愿与感受，而将合理的权益与诉求过多地让渡给了对方，

导致了自身权益与情感的损失；强势型行为表明我们在为个人赢得人际空间时，忽略了他人的感受，或损害了他人的利益，从而损害了人际关系，从更长远的角度来看，也不利于长期的信任与合作；果敢型行为既关注个人意愿与利益的表达，同时也关注他人的权益与感受，从而为双方的相互理解、彼此信任与长期合作奠定了基础。

第三节 果敢表达要点

果敢表达，需要做到三个要点：非语言信息、“界限”的掌握、“我”的表达！

一、非语言信息

果敢表达第一个要点是非语言信息。美国心理学家阿尔伯特·梅拉比安（Albert Mehrahbian）在 20 世纪 60 年代的研究显示：当人们在进行情感与态度（Feelings or Attitudes）的交流时，视觉信息（Visual，即肢体语言）会传递 55% 的真实性或有效性，听觉信息（Vocal，即声音语气）会传递 38% 的真实性或有效性，而语言信息（Verbal，即表达文字）仅会传递 7% 的真实性或有效性。这也就是说，当我们想判断一个人的情绪与好恶，这三者相加达到 100% 时（视觉信息、听觉信息、语言信息完全一致），才能互相印证这是一个真实而可信的表达。这就是著名的“3V 理论”，如图 2-3 所示。

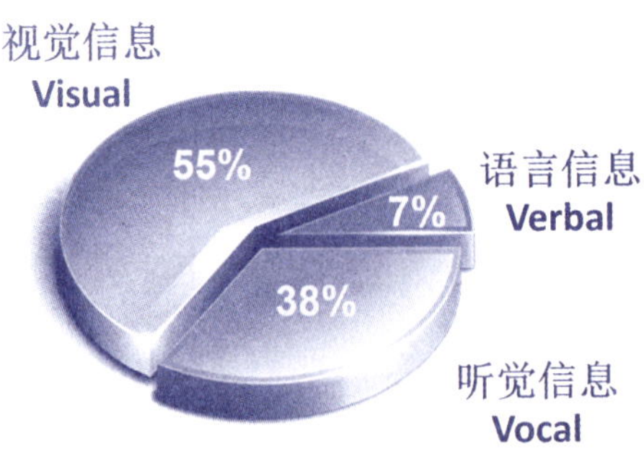

图 2-3 “3V 理论”——可信度三要素

“3V 理论”又被称为“可信度三要素”，即“3V”一致即真实，真实则可信！

比如一个男子向一位女子表达爱慕之情，他表达的语言文字是：“我爱你！”这句话只占据信息真实性与有效性的很小的一部分（7%）；如果他的声音语调是漫不经心、敷衍了事的，那么我们基本可以判断，其听觉信息的真实性（38%）是非常值得怀疑的；如果他没有站立并正视那位女子，而是坐在椅子上一边低头玩手机一边说出这句话的（55%），那么我们就可以比较确信地说：他并没有表达出他爱那位女子的真实情感；或干脆可以断定，他并不是真正地爱着那位女子！

如果这三者完全一致——语言上说“我爱你”（语言信息，7%）；声音饱含深情（听觉信息，38%）；双手紧紧攥住女子的双手，双目脉脉含情，心脏因激动紧张而怦怦直跳（视觉信息，55%）。那么，我们就基本可以断定其当下所表达的情感是真实的、值得相信的！

需要说明的是，“3V 理论”只适用于“情感与态度表达的可信性”（三要素一致，可信度高；三要素不一致，可信度存疑），而非指“信息内容传递”的占比——很难想象一位物理老师在教室里仅靠他的面部表情和肢体动作（有视觉信息）和嗯嗯啊啊（有听觉信息）而一个字不说（无语言信息）就让全体学生掌握关于第一宇宙速度、第二宇宙速度和第三宇宙速度的知识！（本章后附短文《关于“3V 理论”的趣闻两则》，可作为本段内容的对照来阅读。）

在果敢表达时，除了我们所要表达的语言文字（语言信息，如“请按时提交报告”或“请您把烟掐掉”等），我们对对方所表现出来的声音语调（听觉信息）和我们当时的站姿、手势、面部表情等（视觉信息），都会对我们表达的效果起着非常关键的作用——因为后两个“V”所占的比例，加起来达 93%。这 93% 的听觉信息和视觉信息部分，我们称之为“非语言信息”！

果敢表达中的非语言信息，一是向对方表明了我们对意愿、期望、观点与立场等的情感与态度，二是向对方传递着我们的情感与态度是否是真实的、坚定的。当这 93% 的非语言信息与语言信息一致时，则显示了我们意愿的可信性与坚定性！

那么在果敢表达的过程中，如何做到非语言信息的可信性与坚定性呢？

第一，目光要凝视对方。目光要体现出你内心的真实与真诚，而不是虚假与做作；目光的交流不必死盯着对方，要视对方的接受程度适度凝视。目光的接触受到地域文化的影响，比如中国南方人比北方人要更加内向一些，女性比男性更羞涩一些，东方人比西方人更内敛一些，等等。碰到这种情况，就要避免目光长时间的接触。比如与日本人交流，他们大多比较含蓄，也不太会有过多的目光交流（一般目光会停留在对方颈部，而非对方的眼睛及面部），这时候就需要交流适度。而如果与欧美人交流，他们大多比较直接，如果你的目光闪躲游移，或低首垂眉，那么就很有可能被对方认为你在撒谎。

第二，身体姿势要正且直。正，即站得端正；直，即腰板儿挺直。如果身体摇摇晃晃，那么你多半在向他人暗示你对自己意愿的表达并不十分肯定（退让型行为的表现），这样别人就会认为你在犹豫，从而会拒绝你的请求或建议。而如果歪头斜脑、身体后仰，则很有可能给他人以过于傲慢的印象（强势型行为的表现），从而会心生抵触，降低你意愿达成的成功率。这里要注意，即使坐着，身体（特别是上半身）也要尽可能地正、直，最好向对方稍微前倾，以示自己正在聆听，并向对方表达尊重。

第三，手势要自然、端正。双手可以自然垂于身体两侧，亦可交叉于腰部或腰部以下。但不要双手在胸前交叉或在背后交叉（强势型行为的表现），也不要不知所措、不知放在哪里（退让型行为的表现）。

第四，身体距离保持适度。沟通双方的身体距离一般在50～100厘米之间是比较合适的，双方的心理舒适度在这个距离内会比较高；小于50厘米的距离我们称之为“亲密距离”，意即特别或比较亲密的人之间的距离（如亲人、好友等）；大于100厘米的叫“社交距离”，通常是在商务场合或一般社交场合，相识度一般的两个人之间的距离，但也不要相隔太远，最好在3米以内。如果双方关系一般，而身体距离小于50厘米，通常某一方会感到心理不舒适或非常不舒适。不过这也与文化背景有关系。西方人交谈身体距离会比较大一些，而阿拉伯人、部分南欧人、拉丁美洲人，会倾向于近距离交谈。所以，如果一个英美人与一个中东人或意大利人（南欧人）交谈，就会出现有趣的一人步步后退、另一人步步进逼的情况。其实，双方都没有错，他们都在寻找自己习惯的、心理舒适的距离。因此，了解沟通对象的文化背景，掌握合适的身体距离，令对方感到舒适，就显得尤为必要。

第五，面部表情要自然、适度微笑。面部没有表情或非常严肃会被看作是强势型行为的特征；如果不仅严肃，而且拉长了脸，把心里的不快或愤怒全部写在脸上，那对方就更不愿意和你沟通了，恨不能敬而远之。而面部拥有过多的微笑，或长时间的微笑，会被视为退让型行为的表现，有取悦、谄媚他人之嫌；如果这些笑容是堆起来的假笑，就更糟糕了（中国民族舞蹈一般会有笑容的训练，舞蹈表演者从头至尾在面对观众的时候都要保持微笑，且这个微笑始终没有变化或变化很小；不知道台下的观众感受如何，从笔者看来，这些长时间没有变化的笑容，恰好反映了东方人偏向退让型行为的文化特征）。因而，适度、自然、发自内心的真诚微笑，就显得尤为重要，它会使果敢表达更富亲和力与人情味儿！

第六，声音语气要干脆、坚定。干脆指的是意思表达明确、清晰，不拖泥带水、含含糊糊；坚定指的是意志明确，毫不犹豫。这两者都是通过适度的音量、语速和清晰的音质传递给对方的。通常，音量高、语速快会被视为强势型行为的特征，令人有压迫感、不悦感；而声音低、语速慢、犹豫、含糊等会被看作是退让型行为的表现，会令人产生轻视感，从而无法达到果敢表达的目的。

以上是在表达自我意愿时对非语言信息的要求。非语言信息占到了信息传递可信度的93%，因此对于有效表达个人意愿异常重要。

读者可通过回忆、反思自身的沟通习惯，或通过征询他人对自己在沟通中的印象，来检视自身在非语言信息表达上的优势与劣势，看看自己倾向于强势型行为、退让型行为，还是果敢型行为，并据此做出调整，强化自身肢体语言与声音语调表达的优势，修正自己在这方面的短板，并采用对照镜子反复练习、寻找熟人（如家人、好友等）反复寻求反馈等方式，改善自身的非语言信息行为，为有效地果敢表达奠定坚实的基础。

二、“界限”的掌握

果敢表达的第二个要点是“界限”的掌握。界限，又称度。度的把握，是世界上最难做的事情之一！

俗话说“凡事皆有度”！那什么是度呢？

战国时期楚国文学家宋玉在他的辞赋作品《登徒子好色赋》一文中曾描述了其邻居东家之女的美丽程度，其文曰：“天下之佳人莫若楚国，楚国之丽者莫若臣里，臣里之美者莫若臣东家之子。东家之子，增之一分则太长，减之一分则太短；著粉则太白，施朱则太赤。”意思是说邻家的那位少女啊，身材恰到好处，多一厘米就太高了，减一厘米又太矮了；肤色也是恰到好处，脸上扑粉的话看上去就太白了，抹胭脂的话看上去就会显得太红！你看看这位美女的“美丽程度”，是多么稀世罕有、恰如其分啊！

中华文化博大精深，有很多关于把握好度的描述，兹摘几例：“人生有度，过则为灾；功不求盈，业不求满；花看半开时，酒饮微醉处”“乐不可极，乐极生悲；欲不可纵，纵欲成灾”“情深不寿，慧极必伤；过犹不及，物极必反”“势不可以使尽，使尽则祸必至；福不可以受尽，受尽则缘必孤；话不可以说尽，说尽则人必易；规矩不可行尽，行尽则事必繁”“逢人只说三分话，未可全抛一片心”……

但是，你可以发现：在上述的那些关于度的描述中，绝大多数都是非常主观的。比如说“逢人只说三分话，未可全抛一片心”，我说多少句算三分？说多少句算四分？对对方如何表达才显得我真诚？如何表达就会显得我虚伪？再比如东家之子，她的身高到底多高才会显得不高不矮？她的脸色到底红与白的比例是多少才会显得恰到好处？

由此可见，凡是由主观评判的事件，不同的人势必会有不同的判断标准。所以我们这里所说的界限或度，一定或最好是有客观的衡量标准的！

首先，我们要明确：在意愿的果敢表达方面，界限或度指的是沟通双方各自利益、诉求与权益的划分！

其次，这个界限，是要有客观的衡量标准的！

以上面提到的“电梯吸烟”为例：在电梯里，只有我与吸烟者两个人，而电梯是公共空间，因此，我们两人对这个空间各拥有 50% 的权益。他吸烟了，违反了国家关于公共场所禁烟的有关规定，侵犯了属于我的 50% 的权益。因此，我有权利表达让他把烟掐掉的诉求。

回到我们之前所列举的一些生活或工作中的五个困难沟通场景：

（1）你在排队购物／购票，前方有一人突然加塞……

（2）你在车厢／火车／飞机里安静地看书，刚上来的一个小伙子在你旁边拿着手机大声通话……

（3）你的一个亲戚或朋友向你借钱，金额不菲，而你手头也并不十分宽裕，这令你左右为难……

（4）你的同事屡次不按时提交材料给你，导致你工作经常拖延……

（5）客户提出一个不合理的要求，你却不知该如何拒绝……

在场景（1）中，加塞儿的那个人侵犯了后面排队的所有人的关于公平的权益，他越界了。

场景（4）中，这个同事没有按照公司或部门的规定／要求（按时提交材料）来行事，影响了你或团队的工作效率，他越界了。

这里的界，一定是有客观的衡量标准的。

那么场景（2）、（3）、（5）中的当事人，越了什么“界”呢？请读者自己思考一下。

如果不能够分清彼此的权益与界限，那么我们的表达就会含糊、不明确，也会令对方困惑，从而意识不到自己做出行为改变的必要性，增加了沟通的不确定性，甚至产生龃龉、矛盾（强势型行为的结果）或内心不安、沮丧（退让型行为的结果）。

只有搞清楚彼此的界限或度，才能够清晰地、明确地表达我们的意愿、诉求与期望，才能令对方明白、理解、接受我们的合理要求，进而做出行为的改变，达成我们的目标！

因此，在果敢表达之前，请先分析清楚彼此的界限或度是什么，即①自己的利益、诉求与权益是什么；②对方的利益、诉求与权益是什么；③其客观的衡量标准是什么。

三、“我”的表达

果敢表达的第三个要点是“我”的表达！

前面提到，由于文化与宗教的影响，特别是儒家“温良恭俭让”和佛教“隐忍退让”等的主张，东亚地区的大多数人会在人际互动中表现出无意识的退让型行为，这种行为一是导致个人合理的权益与诉求被压制，二是导致个人合理的权益与诉求在未能公开获取的情况下进而被迫转移到私下获取或干脆不获取，即回避的状态（既未能让自己得到，也令他人无法获得）。

这样的例子比比皆是。比如排队有人加塞的情况，如果我发声制止，很有可能既得不到他人的声援与支持，还会面临冲突或损失，那么我干脆就不发声（采取回避的策略），这样自己的利益也得不到，别人（排在加塞者后边的其他人）的利益也得不到；如果我拒绝了客户的过分要求，万一得罪客户而导致订单取消，那么这个“锅”（责任）就有可能由我个人来背负，我与其“背锅”，不如先应承下来客户的无理要求，万一有损失也是由部门或公司来背负，而且客户要求得到了满足，至少订单不会被取消……

凡此种种，不一而足！

如果要做到果敢表达，那么就必须对“我”进行重新认知！

“我”是一个个体，一个有着独立人格的个体，既有权利，也有义务，更有责任。

权利指的是个体在事件中应当获得的合理利益；义务是与权利相对应的、个人应承担的职责；责任是我们在扮演某种身份与角色时应尽的义务，以及对当没有尽到或没有完全尽到义务时产生不利后果带来的惩罚性结果的担当。

比如说，在排队购买火车票的场景中，我的权利是按照公平的顺序购买火车票（我的利益），当有人加塞时，就损害了我公平获得利益的权利；我的义务是维护我的利益不受到损害；我的责任是采取行动制止加塞行为，如果没有制止成功（如对方有特殊情况或对方是非理性人），我愿意承担我所采取的相应行为的结果（不能按照公平的顺序购买火车票）。

再如，客户提出非分要求，我的权利是维护公司与作为员工的我的利益（公司利益包含员工利益）；我的义务是维护公司、部门的利益（其中也包含了我的利益）不受到损害；我的责任是采取行动，想方设法使客户收回不合理要求，如果没有影响成功，我愿意承担我所采取的相应行为的结果（如订单取消而导致的业绩受损）。

当然，在上述场景中，除了个体应当采取行动应对事件外，环境（如社会或组织的奖惩机制）与决策人（如车站的工作人员或公司的领导等）也应当创造一个有利于公平、公正解决问题的条件。因本书内容属行为心理学范畴，侧重于个人的行为改进，因而对外部环境因素暂不做深入探讨。

我们大多数人都知道自己的权利（当然也有一些人因各种原因没有意识到自己的权利），也应该能够意识到自己的义务，但一旦谈到责任，很多人就退缩了。除了环境因素，导致这个问题的个体心理因素是人的趋利避害的本能。

人们都希望获得利益、好处，但鲜有人会愿意付出代价。惩罚性的结果就是一种代价。

我们都知道“天下没有免费的午餐”“世上没有白拿的好处”，但不得不说，人性的弱点令相当多的人不愿意为获得合理的利益付出代价、承担责任、接受惩罚性的结果。这里我们要看到，承担责任的结果其实有两种：一种是事件干预成功（如加塞者退出队伍，或成功让客户收回不合理要求等），那么我们将获得合理的利益，并收获成功后的心理舒适感与自信度；另一种是事件干预失败（如加塞者没有退出队伍，或客户坚持非分要求），那么我将获得惩罚性结果（不能公平地购买火车票，或失去订单、影响业绩）。这两种结果的可能性理论上是各占50%的。但是，以笔者多年的果敢表达的亲身经验和心得体会来看，只要我们能做到果敢表达，避免强势型行为和退让型行为，我们是完全可以将成功的概率提升到80%以上的！

何况，即使我们的结果失败，那又有什么关系呢？谁又能保证自己永远获得成功呢？即使失败了，天也不会塌下来。不要忘了，如果我们选择了退让型行为或回避，那么我们失败的概率将达到100%，付出的代价将会更大！

因此，当需要承担责任时，我们应当鼓起勇气！这份勇气，其实可以给我们带来更大的成功概率和更大的收益！

那么，如何做到“我”的表达呢？

首先，时常问自己几个问题：我是否经常意识到“自我”？“我”是谁？我的身份与角色是什么？我有多少种主要的身份与角色（比如管理者的身份、员工的身份、父亲的角色、儿媳的角色等）？在这些身份与角色中，我的合理的权益与诉求是什么？我的权利、义务与责任是什么？

保罗·高更的《我们从哪里来？我们是谁？我们到哪里去？》引人思索，如图2–4所示。

图2–4 法国后印象派画家、雕塑家保罗·高更（Paul Gauguin，1848—1903）创作的《我们从哪里来？我们是谁？我们到哪里去？》

其次，在具体的情境中，询问自己：我当下的权利、义务与责任是什么？我当下的目标、期望、心理预期是什么？我当下的心理感受是怎样的？如果事件干预成功，我的心理感受会有什么不同（积极心理暗示）？等等。

最后，采用“我”做主语来表达自己的诉求。比如，在“排队加塞”的场景中，我们可以对那个加塞者说：“我注意到你没有排队就进入队伍中，这让我感觉不公平，我觉得这对后面排队的所有人都不公平……”；再如，在客户提出过分要求时，我们可以对客户说：“‘我’特别能理解您提出降低价格这个要求的理由和心情，但是‘我’担心，在现在原材料和人工费用普遍上涨的情况下，价格的降低有可能导致质量的下降，会给您的用户带来不好的产品体验，进而影响贵公司的品牌声誉……”；等等。在以上的例子中，都采用了“我”做主语以表达自己的观点与诉求，这一方面体现了“我”对于此事的主动性与责任感，另一方面也向对方传递出自己发自内心的善意与良好的初衷。这对于增进彼此的理解与信任极有助益。

试想，如果一个人有一个意愿或诉求，不是通过“我”来表达，而是通过他人表达，会是一个什么样的情况呢？比如，小张看到很多部门都涨了工资，而自己所在部门并没有涨，又不想直接表达自己的诉求，他就有可能找到同一办公室的小李，对他说：“小李你看，别的部门都涨了工资了，你是不是也和领导建议一下，让咱们部门也涨一涨工资啊？谁让你和领导关系好呢……”；又如，你对提出非分要求的客户说：“不是我不同意降价，而是我们领导不同意，我也没办法……”；再如，你对来借钱的朋友说：“哎呀，我也很想借给你，我老婆不同意啊……”如此云云！在这些表达中，当事人没有采用“我”的表达，而是将责任甩给了他人（小李、领导、老婆等）。试想，与你沟通的人会怎么看待你，他会认为你是一个负责任、有担当的人吗？是一个值得信赖、值得托付的人吗？你们彼此的关系是会得到促进，还是会受到负面感受的影响呢？进一步设想，如果你的领导或老婆知道了你在此场景中的沟通过程和所说的话，他们会怎么看待你呢？

果敢表达的定义中，“坚持自己，同时不多余地冒犯他人”中，“自己”的意思即是“我”的表达。

“我”的表达其实没有那么难，因为你即将表达的是一个愿望，而非命令。在表达时，你要充分思考自己想得到的是什么，表达时要准确、简洁、清晰，明确说清楚你希望对方做的事。另外，时机的选择也非常重要：选择一个好的时机表达，会令事件进展加快；选择一个不好的时机表达，有可能适得其反。

“我”的表达，对于那些有着无意识退让型行为的人来说，有可能一开始不那么容易，但如果按照以上的三点去做，一步步实践，日积月累，你会发现，自己的自信度与心理舒适度将会得到极大的改善。

下次，再碰到类似合理权益受到冒犯时的场景时，问一下自己：“我做到‘我’的表达了吗？”

本章中，我们介绍了沟通中常见的三种行为，以及如何做到意愿的果敢表达。特别是最后一节，我们阐述了“我”的表达的重要性。所有这一切，都是围绕着“我”的表达来展开的。但是，正如第一章所介绍的那样，沟通的过程是由两个或两个以上的主体构成的，即“我”与“你”。对于“你”，以及如何做到对“你”的关注（这一点对于那些有着无意识强势型行为的人来说尤为重要），我们将在第三章进行详细阐述。

关于“3V 理论”的趣闻两则

虽然美国心理学家梅拉比安强调“‘3V 理论’只适用于情感与态度表达的可信性”，但很多后来的引用者都将其引申或泛化为如下公式：沟通＝语言（7％）＋声音（38％）＋肢体语言（55％），即人类在沟通中传递的全部信息是由 7% 的语言文字、38% 的声音语调和 55% 的肢体语言信息构成的。

虽然这一谬传影响深远（不仅在欧美，而且包括中国、日本在内的很多亚洲的专家学者都在引用该公式），超出了梅拉比安所表述的本意，但如果你看了如下两则趣闻，也许会觉得那个公式也不无道理呢！

第一则趣闻是关于中国春秋时期孔子问道于老子的故事。其实，孔子问道于老子的故事早在 2 000 多年前就被《礼记》《史记》详细记载，且孔子不止一次地问道于老子。以下的故事并非来自正史，而是来自民间野史——据说孔子作《春秋》时遇到了种种难题，遂率弟子三五人，驱车西行到楼观向老子求教。孔子一行来到楼观的时候，老子正在闭目打坐。孔子赶忙上前施礼并说明来意，然后带领弟子退到一旁垂手恭候。老子旁若无人地从日上三竿一直打坐到夕阳西下。幸亏孔子有耐心，恭敬惶恐地侍立于一旁，不敢有丝毫懈怠，然而他的弟子们却早已不耐烦了。待傍晚时，老子才微睁双目，然后张开嘴巴，用手指了指空空的牙床，然后又伸出舌头，用手指了指软软的舌头，随后闭上眼继续打坐……孔子连忙向老子施礼告辞，之后率弟子离开。东归途中，孔子的弟子们很是不满，埋怨等了一天老子什么也没说，而孔子却兴奋异常，感叹不虚此行。他对弟子们说：“老子实际上在告诉我，牙齿是坚强的，却没有了、消失了；而舌头虽然是软弱的，却一直保留着，至今完好无损——这难道不是在说‘刚者易折，柔者长存’的道理吗？！”弟子们恍然大悟。

当然，这只是野史，未必真实，因为还有另外一个讲述类似故事的版本，不是孔子问老子，而是老子问其即将死去的老师长枞，其故事情节是类似的。

这个故事间接说明了肢体语言的重要性。虽然故事未必真实，但现实生活中不乏类似的仅通过肢体语言就传递出核心要旨信息的例子，哑剧的表演形式，就是通过肢体语言来给观众传递出主要信息。但是，因为肢体语言以及哑剧主要是通过视觉信息（Visual）来与人沟通，没有或很少有听觉信息（Vocal），完全没有语言信息（Verbal），因此，信息传递者的肢体语言必须明确、夸张，而信息接收者的理解能力也必须高。否则，很有可能信息接收者接收到的是部分的甚或是错误的信息！

第二则趣闻是关于一匹马的。20世纪初，德国一个名叫威廉·冯·奥斯滕（Wilhelm von Osten）的退休中学教师买了一匹马，并为其取名为汉斯。因为职业的关系，奥斯滕开始给马上课，因为他很想知道马的思维能力究竟能达到什么程度。不久，令人吃惊的事情就发生了：在奥斯滕的教授下，这匹叫汉斯的马居然学会了自己敲着蹄子数数，只要主人把一个数字写到黑板上，并大声读出这个数字，汉斯就能用蹄子在地板上敲出相应的数字。例如，主人在黑板上写上5，然后大声读出来，汉斯就会在地板上用蹄子敲5次。更令人吃惊的是，经过主人的耐心训练，又过了一段时间，聪明的汉斯竟然掌握了四种基本的算数：当人们对汉斯说出一些算术题时，它会用蹄子准确地敲出答案。这件事在1904年被《纽约时报》报道后引起轰动，奥斯滕也带着汉斯四处表演，虽然他并没有利用汉斯赚什么钱，但聪明的汉斯却引起了很多动物学家和心理学家的高度关注。德国教育委员会组织了一个由著名哲学家和心理学家卡尔·斯坦普夫（Carl Stumpf）牵头的、13人组成的小组，称为汉斯委员会，对此进行研究。但该委员会经过调查研究，并没有得出一个令人信服的结论，反而证明了汉斯好像真能听懂那些问题，并且是经过自己的思考才做出了正确回答的。

事情陷入了僵局。此时，德国比较生物学家和心理学家奥斯卡·芬格斯特（Oskar Pfungst）接手了这个调研难题。芬格斯特很聪明，他提出了四个不同的实验策略，终于揭开了事情的真相。这四个实验分别是：①将马和提问者与观众分开，让马无法从提问者与观众那里获得正确答案的线索；②使用其他提问者来代替马的主人，看马是否能够回答问题；③在马回答问题的时候，把马的主人遮盖起来，让它只能听见不能看见；④让提问者问一些自己也不知道答案的问题。

经过大量实验，芬格斯特得出了一些惊人结论：虽然汉斯不能真的回答问题，但它却拥有一项非常厉害的本领，即它能通过人们脸上的微表情变化，来猜测并判断人们的想法，即汉斯能够从提问者脸上或身体动作判断正确答案。例如，如果让汉斯计算“7+2＝？”时，它开始用蹄子踏地。刚开始时，马的主人奥斯滕会肌肉绷紧，双唇紧闭，目光一直盯着马的蹄子，但当它踏到第9下时，奥斯滕的紧张表情一下放松下来，嘴角露出一丝满意的微笑，汉斯马上就明白应该停下来了。不仅如此，汉斯还会通过现场观众“下意识发出的信号”得到正确答案的线索。每当汉斯的蹄子敲击到正确的次数时，观众都会做出一些下意识反应，以表示赞叹和吃惊，看到这些表情时，汉斯就会停下来。在芬格斯特设计的实验中，当汉斯看不到提问者，或是提问者问了自己不知道答案的问题时，汉斯就没法回答了。

谜底解开了：奥斯滕并非有意欺骗大家，汉斯也没有计算能力，但是它却具备另一种特殊能力，即通过观察人们的肢体语言（Visual），来获得微妙的提示，并做出人们希望它做出的判断！

此后，人们把动物能辨认出训练员的微小表情动作提示的现象，叫作“汉斯效应”。汉斯效应需要满足两个条件：第一，提问的人知道答案是什么；第二，被提问的动物可以看见提问者的反应。

通过以上两则趣闻，我们回过头来再看看人们谬传的梅拉比安的沟通公式：沟通＝语言（7％）＋声音（38％）＋肢体语言（55％），会不会觉得也有一些道理呢？要不怎么会有那么多的专家学者乐此不疲地传播这个公式呢？

但是笔者还是想强调一下：对于简单的或不多的信息的传递，这个公式还是管用或比较管用的，但如果要传递的信息足够长、足够多、足够复杂，语言信息（Verbal）就显得越发重要了！

第三章

果敢表达中的同理心

我们在表达个人意愿与诉求时，千万不要忘记：对方也有“期待”！

这是因为：第一，如前所述，沟通的过程是由两个或两个以上的主体构成的，除了“我”，还有对方；第二，前文已经指出，困难沟通场景的成功解决标准有三个：①事情结果或目标（“我”的合理“意愿”）达成；②对方心理舒适（至少没有不舒适，或将不舒适度降至最低）；③“我”心理舒适（至少没有不舒适，或将不舒适度降至最低）。以上三个标准缺失任意一个，都不能说明这个困境被成功地解决了！

因此，本章将会着重对“对方心理舒适”这一点展开详述！

那么，对方在什么情况下会感到心理舒适呢？在绝大多数的情况下，对方会在“感受到被尊重与平等对待的情况下感到心理舒适”。我们也可以在果敢表达的定义中（坚持自己，同时不多余地冒犯他人）看出这一点，即对方不希望被冒犯或被多余地冒犯！

如何避免对方被冒犯，是很多有着无意识强势型行为的人应该特别注意的。在前面所列举的“电梯吸烟”场景中，大声斥责对方，喝令“停止吸烟”；指责对方行为不文明，道德绑架他人；威胁、恐吓对方如果不掐烟，那么将会举报、投诉吸烟者；甚或直接夺取对方的香烟，扔在地上……这些行为都会令他人感到被冒犯，从而增加了对方拒绝我们合理诉求的可能性，为我们干预行为的失败埋下了伏笔！

第一节
倾听的艺术

一、倾听的好处

倾听有两点好处：一是可以帮助我们更好地了解对方“为什么要这样做”；二是可令对方感受到我们对他的尊重与体贴。

在我们讲述倾听之前，请读者先试着完成以下关于倾听能力的小测试：以下测试列出了有效倾听中常见的障碍，请依据以下所描述的每一个情况与自身的倾听习惯相吻合的程度来打分，并将分数记在右侧的横线上：

非常吻合，计 3 分；

比较吻合，计 2 分；

不太吻合，计 1 分；

完全没有，计 0 分。

1. 我主要听个大概，很少聆听细节或事实。____

2. 我发现自己在听别人说话时，常会想其他的事情。____

3. 周围的嘈杂声或活动，会分散我的注意力。____

4. 我常常发现自己对其他人说的话不感兴趣。____

5. 我常常在别人说完话之前，就知道他们想要说什么。____

6. 我希望别人尽快说到问题的要点。____

7. 如果我不喜欢某人说话的方式或所使用的言辞，我就很难注意听他们说话。____

8. 我经常需要别人重复他们所说的内容。____

9. 我通常不等别人把话说完，就提出自己的问题。____

10. 我可以一边听一边完成简单的例行工作，而且通常不会漏听别人说话的内容。____

（以上“倾听障碍测试参考答案”见本节最后）

二、沟通中的非语言信息

我们在与人沟通时，经常会表现出一些我们自己都察觉不到的自身非语言信息。

案例一：我在曾服务过的某世界500强公司工作时，担任培训部门的负责人，公司要求在采购产品时需要至少货比三家。有一次，我们在采购某培训产品时，其中一个服务供应商的销售代表和培训师应约来到我所在公司的会议室，向我们介绍培训课程。在会谈过程中，每当培训师发言时，那位销售代表就开始迅速低头看手机，不时地在收发信息，看上去非常忙碌。我中间故意开了个玩笑说："你最近业务很多吧？看上去你挺忙的。"她握着手机抬起头笑了笑，说："可不是嘛，现在是业务旺季，我手头有很多客户需求，所以特别忙！"听到这话，我当即决定将原定一小时的会面尽快结束。实际上，会谈在半个小时内就结束了。

案例二：上面案例介绍的是我在甲方的一段工作经历，现在这个案例是我在乙方的一段场景类似的经历，只不过服务供应商变成了我所在的乙方公司。有一次，我们与一家公司负责采购培训产品的人力资源总监（HRD）会面，介绍我公司某培训产品。双方坐在会谈长桌的两侧，我详细介绍了该培训课程的特色及其与市面上同类产品的区别所在，那位HRD看上去也在仔细地聆听。介绍完毕，那位HRD忽然问我："请问您这个培训课程的特色是什么呢？"我十分惊讶，因为我刚刚已经介绍过了，但我立即意识到，她刚才其实没有听到，也许是走神了，于是我将PPT翻回去又讲了一遍。她看到那些幻灯片，好像意识到这些图片刚才都展示过了，显得有点不好意思，于是又问："您能介绍一下这个课程与市面上同类产品的区别是什么吗？"我只好又讲了一下区别。她似乎也意识到这些图片也看过了，更不好意思了，说："噢，刚才您介绍过了，对不起！"在随后的询价中，她问我价格是否可以优惠，我想到心理补偿原理，又想到这个课程的市场唯一性，委婉拒绝了她杀价的请求。事后证明，我的判断是对的，这个客户最终采购了我们的课程。

案例三：我父母是安徽人，所以自我记事起就记得父母特别爱听家乡的黄梅戏，特别是上海电影制片厂1955年拍摄的由严凤英主演的黑白戏曲片《天仙配》，真是百看不厌、百听不倦。我也是耳濡目染，对全剧台词倒背如流。影片讲述了玉帝最小的女儿七仙女，因爱慕凡间的农家弟子董永，偷偷下凡与之婚配。玉帝知道后，命令七仙女回宫，并威胁如若违命“定将董永碎尸万段”。严凤英饰演的七仙女迫于压力被迫在怀有身孕的情况下抛别董永，返回天庭。七仙女临别前的几句唱词如下：“董郎昏迷在荒郊，哭得七女泪如淘。你我夫妻多和好，我怎忍心将你丢抛！为妻若不上天去，怕的是连累董郎命难逃；撕片罗裙当帛笺，咬破中指当羊毫；血泪写下肺腑语，留给董郎醒来瞧。来年春暖花开日，槐荫树下把子交……”每次看到这个片段，我都会情不自禁泪如雨下：除了艺术家精湛的表演水平以外，那种亲情割离的悲怆，每每令人感同身受，倍感凄婉……

在案例一中，大家可以推断出来，我们没有采购那家培训服务供应商的产品。除了参加会谈的培训师表现一般外，那位销售代表的心不在焉的肢体语言（频繁地用手机收发信息）透露出了她内心的真实想法：要在同一时间服务多家客户（至少不只是眼前的一家），因为现在是业务旺季！所以，对于她而言，我们并不是最重要的客户。可以想见，如果把这个单子给了这家公司，他们提供的服务也很可能是不专注、不专业的。

在案例二中，那位 HRD 虽然看上去在聆听，但实际上她并没有在听，而是假装在听或选择性地听。她当时在想什么我并不知道，她当时听到了哪些内容、没有听到哪些内容我也不清楚，但我知道的是：她的两次提问暴露出了在至少两个关键内容的介绍上她走神了，导致了她的歉疚心理，进而在后面的议价过程中，基于心理补偿原理，她没有强行压价，而是接受了我们的报价。心理补偿是指人们因为主观或客观原因引起不安而失去心理平衡时，企图采取新的方式来表现或发展自己，借以减轻或抵消不安，从而达到心理平衡的一种内在要求。这也是人们通常会为了克服自己生理上的缺陷或心理上的自卑，而发展自己其他方面的长处、优势，从而赶上或超越他人，获得心理补偿的一种心理适应机制。这种心理机制解释了很多有严重自卑情结的人为什么最终获得成功的原因。生理缺陷越大的人，自卑感越强，寻求补偿的愿望就越大，做事成功的动力就越大。例如，西汉著名史学家司马迁，因替李陵败降之事辩解而受宫刑，身体的残缺令其发愤图强，最终写出了传世巨著《史记》。心理方面，一个人越有内疚感或愧歉感，越会想法尽力补偿对方（所谓“知恩图报”其实是人的本能，但因社会化原因，也有很多人丧失了这种本能）。此案例中的那位 HRD 就是因为没有做好聆听产生了歉疚心理，因而在后面的议价环节做出了相对平和的反应。

在案例三中，我想很多读者都有类似的经历：那就是当沟通的对象表达了其所经历且你亦曾经历过的类似事情时，一定会触动你在当时经历中的深刻感受，从而产生同频共振（同理心），进而产生“于我心有戚戚焉”的强烈的情感共鸣！影片中七仙女与亲人的离别，往往触动我与亲人离别的场景：如父亲的离世；再如在孩子成长的过程中，我一家四口曾经历了多年的在四个城市生活的分别之苦，且这四个城市分布在地球的东半球与西半球、南半球与北半球。那种亲人见面时的喜悦，以及离别来临之际的感伤，往往令笔者在看到影片类似的离别场景时，百感交集、难抑泪眼……

三、倾听过程中的非语言信息要点

上面我们通过三个案例分享了在倾听过程中的我们的一些行为表现，往往会影响对方的行为走向：要么对方的行为朝着我们预期的方向发展，要么对方的行为与我们的期望背道而驰！这里面特别重要的、需要再次提及的，就是“3V 理论”，即我们在表现对对方尊重这一方面（令对方感觉心理舒适），我们的语言信息、声音信息以及肢体语言，都在向对方传递着我们的心里是真的尊重对方，还是假的尊重甚或根本就不尊重对方。特别是在信息一致性中的占比达 93% 的“非语言信息”（听觉信息与视觉信息），在倾听过程中尤为重要！

倾听过程中对“非语言信息”的要求，在第二章第三节已有详细论述，这里我们再扼要回顾一下，并添加一些其他需要注意的倾听过程中的非语言信息要点，它们是：

· 目光要凝视对方。

· 身体姿势要正且直。

· 手势要自然、端正。

· 身体距离保持适度。

· 面部表情要自然、适度微笑。

· 声音和语气要干脆、坚定。

· 专注，放下手头的工作，不要看手机或其他能令我们将注意力从对方身上转移走的东西。

· 身体微微前倾。

· 不要抢话题。

· 适当回应（下一节会专门说明“回应”）。

· 避免干扰，如他人打搅，或电话铃响（可将手机设置成静音模式）。

· 以相同情绪回应，当然，最好是同理心回应。

…………

以上倾听过程中的行为表现，将令沟通对象感觉心理舒适，至少不会反感、厌恶，提高我们表达的成功率；反之，上述所列要点的反面，即是不能体现“有效倾听”的行为特征，会降低我们表达的成功率，所以请务必避免！

倾听有五层境界，分别是：①心不在焉地听（如上述案例一）；②假装在听（其实是在走神，如上述案例二）；③选择性地听（可能的表现是我们在沟通中经常打断对方，经常插话，把谈话引导到我们感兴趣而非对方想说的话题上去）；④专心地听（很少有人能做到）；⑤有感情地听（如上述案例三，即同理心倾听，最高境界的倾听，本章后面会具体讲到）。

看看本节后附的“倾听障碍测试参考答案”，你通常是在第几层境界中倾听呢？

附：倾听障碍测试参考答案

每个人在倾听的过程中，都或多或少地存在不专注的情况，即每个人其实都或多或少地存在倾听障碍。

如果你的测试得分介于 0 ~ 5 分，那么你堪称完美的倾听者了，你有非常强的同理心潜质，倾听能力极为优秀。

6 ~ 10 分，你是一个优秀的倾听者，得分在 10 分以内的人在人群中不超过 20%。

11 ~ 15 分，你的倾听能力良好，还有提升的空间，需要在倾听过程中更好地专注于对方。

16 ~ 20 分，你的倾听能力一般，经常会被内部或外部的“噪声”(干扰因素）打扰，影响你对对方信息的接收，你需要反思并改善。

21 ~ 25 分，你的倾听能力有比较大的问题，你很少关注对方，而是过多地关注自己的需求与表达，对方一般会对你感到不满（但他们未必会说出来）。

26 ~ 30 分，非常不幸，你的倾听能力非常糟糕，你要么是一个非常强势的人，要么是一个消极回避者。你在他人眼中是一个缺乏同理心的人，这将令你在工作与生活中缺少朋友，你时常感到孤独，这迫切需要你警醒、反思并尽快予以改善！

第二节 回应的艺术

一、回应的方式

每个人都有过伤心的经历，无论具体的事情是什么。试想，假如你正在与某人谈论一件非常伤心的事情，对方有可能有以下五种回应方式：

A.“哦，你为这事儿还伤心哪，我有件事儿比你那事情可惨多了！那年我……”

B.“……”（对方除了眼睛在看你，无任何回应）

C.“哦……嗯……”

D.“真可怜，太惨了！”对方一边摇着头，一边皱着眉头说。

E.“那是发生在什么时候的事？……真是太令人难过了！”对方一边拥抱你，一边说，“真没想到你曾经有过那么伤心的经历……现在一切都过去了，希望这样的事情永远不要再发生……”

请问以上五种回应的状态中，哪一个回应状态会令你更感动？

上面我们列举了五种常见的在沟通过程中的回应状态，它们是不是很熟悉？有些就是我们自己的翻版，对吗？

A. 可以说，这是一个很糟糕的回应。回应者完全把注意力放在了自己的身上，而非表达者身上，从而令表达者完全不能感受到对方的情感回应。

B. 这是我们大多数人经常做的，只是在听，面无表情，没有任何回应。

C. 这只是“嗯……啊……这……是”应付式的回应，同样会令表达者丧失继续沟通的愿望。

D. 这表达了同情心，但还不是同理心（本章第四节我们会讲到两者的区别）。

E. 这应该算是一个很好的、近乎同理心的回应了，不仅体现了对表达者的感同身受，而且以体贴关怀的肢体语言来表现对表达者的安慰之情。

一个糟糕的回应，或没有回应，或没有真心、应付式的回应，会令沟通对象倍感冷落、失望，从而丧失继续沟通的意愿，进而会损害彼此感情的加深、距离的缩短；而过度的回应，也会令对方感觉做作、虚伪。

一个好的、有感情的、有同理心的回应，不仅会令对方感受到你在倾听，而且会鼓励对方说得更多，从而拉近彼此的心理距离。如果是有意识的、带有引导性的回应，还会加深彼此的理解从而减少误解，或令对方梳理表达的架构及思路，更好地达致沟通目标。最重要的是，一个好的回应能够增加对方的心理舒适度，让表达者倍感温馨与体贴！

二、“内容的回应”和“情绪的回应”

那么我们如何在沟通表达时给予对方回应呢？

回应包括“内容的回应”和“情绪的回应”！任何一个人在沟通时，其所发出的信息均由两部分构成：内容与情绪，如图 3-1 所示。

图 3-1　信息包括内容与情绪

所谓内容，即我们试图表达的事实、想法与意图。内容一般由“5W1H”构成，即 When、Where、Who、What、Why 与 How，用中文表述即“何时”“何地”“何人”“何事”“何因”及“如何发生的”（中文简称“六何”）。

看这段描述：我的祖母于 2020 年初在老家武汉因病去世，时年 72 岁。她的去世，使我的家庭成员仅剩下了我一个。在我小时候，父母因意外去世，是祖母拉扯我长大的。她的离去，令我倍感孤单、难过……

这段描述基本涵盖了表达内容的“5W1H”，但其表述的想法与意图我们仍然可以通过 What 的问题不断去厘清。并不是每个人都可以在沟通过程中能清楚地说明一切，因此我们可以在回应的时候，通过“5W1H”来了解对方在内容表述方面不太清楚的地方。比如，我们可以这么回应：“这件事是什么时候发生的？”“在什么地方发生的？”“当时都有什么人在场？”……对内容的回应不仅可令对方表述事情的脉络更加清晰，有利于后面我们对事情的判断或决策，更可以表明我们在倾听过程中的专注与认真。

对内容的回应方式有两种。第一种是澄清，用以澄清信息，比如上段文字所提的“5W1H”问题，又如“我听到你的意思是说……”“你听起来是……”“你给我的感觉是……”等；第二种是总结，用于在对方表达完一段话之后的整体含义的确认，如“让我小结一下，你刚才想表达的意思是……”“总之，你是想要……对吗？”等。

所谓情绪，即我们在表达内容时的内心感受。情绪可以分为很多种，但大体上有三种：心情好的、心情不好的以及无所谓好坏的无情绪状态。并不是每个人都可以敏锐地捕捉到对方心理情绪的变化，也并非每个捕捉到对方心理情绪变化的人都能够迅速而准确地对对方的情绪给予回应（本书第四章会讲到“情绪与情商”）。

在上面的那段关于“祖母去世”的描述中，你能感受到表达者的情绪是什么吗？

除了其所表述出来的“孤单、难过”外，还表达出了一种深深的忧伤与无奈，在所有亲人离去后的巨大悲痛与无依无靠的感觉，以及因为无依无靠而产生的对未来未知生活的担心与恐慌。

对情绪的回应可以有两种角度。第一种是“你的角度”，如“你一定非常难过……”“我猜你特别开心……”“那你当时一定很为难吧……”等；第二种是“我的角度”，如“我很为你难过……”“我真为你高兴……”“太好了，我为你感到特别骄傲……”等。

三、回应的注意事项

在回应的时候要注意以下七点：

· 不要为了回应而回应，即不要做作、虚伪地回应。

· 回应应当不仅是出于礼貌与尊重，更是发自内心的、真实的感受。

· 回应要及时，但时机的选择也很重要，不要过度使用，最佳时机是在澄清重要观点、总结讨论内容以及对方处于强烈的情绪状态之中时。

· 一定要听对方表达完他的意思，不要轻易打断。

· 用我们自己的语言来回应所听到的内容与情绪，并在关键点上与对方确认是否理解准确。

· 如果双方认知相同，则继续交流；若不同，则需要继续回应、澄清。

· 回应的基础是双方意见充分交流，这样才能确保回应得准确、理解得到位。

一个好的回应，会拉近彼此的心理距离，加深双方的理解与意愿的达成；一个不好的回应，则会令对方感受糟糕，妨碍意愿的实现。那么，在对方发出的信息包括内容与情绪这两部分时，我们要先回应哪一个呢？

一个好的、有经验的营销人员或客服人员，一定会在沟通过程中的内容与情绪的传递中，敏锐地捕捉到对方情绪上的变化，并迅速做出回应，先解决情绪层面的问题，之后再解决内容层面的问题。

比如我们看到一个怒气冲冲的客户冲进办公室进行投诉时，一个有经验的工作人员通常会做出如下反应：“您好！您别着急，有话慢慢说……”“您先请坐，我给您倒杯水……”“先生，真的是非常抱歉，这个问题我的权限不够。您看这样好吗，我向我的领导汇报一下，先把您的情况跟领导说说，然后在24小时之内给您一个答复……”“您可以先拿我们提供的代用品使用，您购买的这个商品先留下，我们来处理。一旦有了处理结果，会第一时间通知您……”等。

先安抚对方的情绪，目的是令对方冷静、理智，这样再解决内容层面的问题，就会容易得多；如果反过来，先解决内容层面的问题而又无法达成一致，那么势必会在对方本已恼怒的情况下火上浇油，令事件变得越发复杂。

当然，我们说先回应情绪通常指的是在问题解决方案上无法暂时达成一致意见时的举措；如果能就内容层面的问题迅速达成一致、快速解决，那么情绪层面的问题自然会迎刃而解，快速消融。

关于内容与情绪的回应，我们来看一个很好的范例。美国电影《本杰明·巴顿奇事》（又名《返老还童》）讲述了一个一出生便拥有 80 岁老人形象的名叫本杰明·巴顿的人，他的外形随着岁月的流逝逐渐变得年轻，最终回到婴儿形态，并在苍老的恋人黛西怀中离世的奇异故事。影片中，本杰明越来越年轻，而恋人黛西越来越老。黛西对本杰明说:“你脸上几乎没有皱纹，而我的皱纹却不断增多，这真不公平！”本杰明回应道:“我爱你也爱你的皱纹，两个我都爱！”

你看，这个高情商的本杰明，既做出了内容层面的回应（承认对方越来越老、有皱纹的事实，没有撒谎），又做出了情绪层面的回应（不要担心有皱纹，“你”和“皱纹”他都爱）；既真诚，又体贴；既安抚了对方的不安，又表达了对对方的爱意。这是不是一个很好的、有同理心的回应呢?

第三节 提问的艺术

说到提问的艺术，就不能不提一下古希腊最伟大的哲学家苏格拉底！

苏格拉底（Socrates，前470—前399）是“古希腊三贤”之一，与孔子同时代人（比孔子小81岁），如图3-2所示。“古希腊三贤”指的是曾在古希腊文学、艺术、哲学领域做出过非凡贡献且影响至今的三位伟大人物：苏格拉底、柏拉图、亚里士多德。苏格拉底是柏拉图的老师，柏拉图又是亚里士多德的老师。怎么样，是不是很厉害？然而，更厉害的是：苏格拉底一生没有写过任何传世的文字作品（孔子整理过《诗》《书》《礼》《乐》《易》《春秋》六部先秦古籍），他的生平事迹，通常是由其弟子们记录下来而流传于世的（虽类似孔子弟子们所记录的孔子言行的著作《论语》，但又不在同一本著作中），却被后人奉为西方最伟大的哲学家，其原因何在呢？

图 3-2　苏格拉底

苏格拉底出身平凡，然而却非常好学，善于思辨。他一生中的大部分时光都是在室外度过的，包括市井街头、市场、运动场等公众场所。他非常喜欢与各色人等交流，并提出各种各样的问题，比如，你做什么工作？你的技能是什么？请问什么是虔诚？什么是民主？什么是美德？什么是勇气？什么是真理？诸如此类的问题。当别人向他提出问题时，他通常并不直接给出答案，而是用提问（反问或反驳）的方式，令对方自己思考，并自己得出答案。以下是他与其弟子学生欧提德谟斯的一段有趣的对话——

欧提德谟斯："先生，请问什么是善行？"

苏格拉底："盗窃、欺骗、把人当奴隶贩卖，这几种行为是善行还是恶行？"

欧提德谟斯："是恶行。"

苏格拉底："欺骗敌人是恶行吗？把俘虏来的敌人卖作奴隶是恶行吗？"

欧提德谟斯："这是善行。不过，我说的是朋友而不是敌人。"

苏格拉底："照你说，盗窃对朋友是恶行。但是，如果朋友要自杀，你盗窃了他准备用来自杀的工具，这是恶行吗？"

欧提德谟斯："是善行。"

苏格拉底："你说对朋友行骗是恶行，可是，在战争中，军队的统帅为了鼓舞士气，对士兵说，援军就要到了。但实际上并无援军，这种欺骗是恶行吗？"

欧提德谟斯："这是善行。"

…………

苏格拉底在与人交谈的过程中，通过提问来引发他人的思考，令对方主动分析问题、解决问题，进而养成思辨性、批判性的思维方式，锻炼独立思考、辩证思维的能力！这种教学方法，至今仍在广泛而深远地影响着西方国家的教学实践。

苏格拉底曾说："我的母亲是个助产婆，我要追随她的脚步：我是个精神上的助产士，去帮助别人产生他们自己的思想。"而他使用的"助产思想"的工具，就是"提问"！

好的、有深度的提问，不仅可以激发思维，而且可以引导对方向着有利于问题解决的方向去思考。此外，还可以令沟通对象产生自己找到答案后的兴奋感与成就感，并加深沟通双方的理解与情感联结！

一、提问的方式

最基本的提问方式有两种：封闭式问题与开放式问题。

封闭式问题即只需回答是与否（Yes or No）的问题，是一种带有预设答案的问题，如"你喜欢游泳吗？""明天会下雨吗？""你同意这个建议吗？"等。封闭式问题一般用于确认提问者的设想、澄清事实或缩小讨论的范围。

封闭式问题的好处是：它可以检验提问者的观点、设想是否被对方认同、认可，使得目标更容易定位，从而缩小讨论范围，进而比较快地获得想要的答案。但其亦有很多弊端，如：过多的封闭式问题会令被提问者产生压迫感、紧张感，且只能按照提问者的思路回答问题，不能向提问者表达更多被提问者个人的想法与见解，范围过于局限，从而压制思路的拓展，不利于创造性地解决问题。

开放式问题是不带有预设答案的问题。因其对回答内容不设限制，完全放开，故而提问者可以提出更为广泛、概括、范围更大的问题。前文曾介绍了“5W1H”的问题，因本节专门讲述提问，因此这里我们把开放式问题的范围扩大到“6W3H”，即 When、Where、Who、What、Why、Which 与 How、How many、How much，用中文表述即“何时”“何地”“何人”“何事”“何因”“哪一个”与“如何发生的”“发生的数量”“发生的程度”。比如：“这件事是何时发生的？”“在哪里发生的？”“当事人都有谁？”“发生了什么？”“起因是什么？”“哪一个环节出错了？”“事件发生的过程是怎么样的？”“有多少人会受到这个事件的影响？”“影响程度有多大？”等。

这里需要注意的是 Which（哪一个）这个词。如果其所给定的范围是开放的、无限制的，那么它就是一个开放式问题，如“我们的聚餐你想去哪一家餐厅？”“高考填志愿你想报哪一个专业？”等；但如果它所给定的范围是有数的、有限制的，那么它就是一个封闭式问题，如“楼下的韩餐馆、日料馆、中餐馆，你想去哪一家用餐？”“A、B、C、D 四个答案你觉得哪一个正确？”等。

开放式问题的好处是：因其不设限，故而被提问者可以以开放的心态表达出更多的想法，向提问者提供更多的信息，有利于拓展思路，创造性地解决问题，且被提问者会感受到自己被聆听、被关注，沟通的意愿度更强，心理舒适度也更高。但因其着眼于对方（不似封闭式问题着眼于验证“自己”的信息），且回答不设限，因而提出开放式问题的难度更大，需要消耗的时间更多，最后如果想缩小讨论范围、获得理想答案，还是需要封闭式问题来收尾。

综上所述，封闭式问题主要是用以确定我们“自己”的想法与目标，但对方会感到压力与紧张；开放式问题关注点在“对方”，因而沟通的信息量更大，对方的心理舒适度也更高。因此，如果我们希望对方能更好地配合我们的意愿、想法与目标，建议最好多问开放式问题，最后用封闭式问题来确认与收尾即可。

可是人的本性是关注“自我”更多一些，也就是说沟通过程中人们更容易提出的是封闭式问题，不太容易提出开放式问题。如果读者仔细回顾、思考一下自己的沟通与提问习惯，或观察一下周围人的沟通习惯，你就会发现这是一个令人尴尬的普遍现象。那么，如何提出令对方心理舒适度更高的开放式问题呢？

二、提出开放式问题的两个技巧

这里笔者介绍两个提出开放式问题的技巧："转换技巧"与"盒子技巧"。

所谓"转换技巧"，即理论上讲，所有的封闭式问题都可以转换成开放式问题，比如：

"你喜欢这款衣服吗？"→"你喜欢什么款式的衣服？"

"您是王先生吗？"→"请问您是谁？"

"这个假期你想去海南吗？"→"这个假期你想去哪里玩儿？"

"这把钥匙是办公室钥匙吗？"→"哪一把钥匙是办公室钥匙？"

…………

以下练习请读者试着把封闭式问题转换成开放式问题——

"花名册上的李桦是女生吗？"

"昨天摔伤后你去医院了吗？"

"你伤得重吗？"

"你有男朋友吗？"

"你喜欢小孩子吗？"

…………

所谓"盒子技巧"，即每句表述都包含至少一个"盒子"（"关键词"，其往往能提供进一步的信息），开放式问题就是打开盒子的钥匙。

不知道大家有没有过"尬聊"的经历。"尬聊"即聊天时因为不知道该说什么，或聊着聊着就"聊死"了，而情境又必须聊天，以至于双方都很尴尬。产生这一现象的原因是沟通的某一方或双方的沟通技巧欠缺，不懂得提问的技巧，因而就出现了尴尬的局面。如果掌握了盒子技巧，那么"尬聊"的现象将不复存在。

任何一个人，只要一张口，一定会透露出一些信息，比如"今天天气真不错"或"我非常想念家乡的亲人"。第一句中，主要的关键词有"今天""天气""不错"，我们可以针对这些关键词提出的开放式问题分别是："通常什么时候天气会不错？”“今天你感觉什么不错？”“今天天气怎么样？”第二句中，主要的关键词有“我”“非常”“想念”“家乡的亲人”，针对这些关键词可以提出的开放式问题有：“谁想念家乡的亲人？”“你有多想念家乡的亲人？”“你对家乡的亲人有什么感觉？”“你会想念谁？”由此可见，每一个关键词，我们都可以以一个开放式问题来进行提问。

应用举例：

情景一：“十一”假期之后你与朋友聚餐聊天，朋友说：“我‘十一’去了黄山。”你可以针对关键词“黄山”提问一些开放式问题，如“哦？你和谁去的？”“黄山在哪个省？”“黄山怎么样？”“黄山有哪些景点比较好玩儿？”“黄山的什么地方令你印象深刻？”等。如果你朋友回答说：“黄山四绝‘奇松、怪石、云海、温泉’中的‘奇松’令我印象深刻。”你可以继续针对关键词“奇松”提问：“说说看，黄山的松树和其他地方的松树有什么不同？”“为什么‘奇松’令你印象深刻？”等。如果你朋友回答说：“它令我有一种心旷神怡的感觉。”你可以针对“感觉”继续提问：“能打个比喻吗？心旷神怡是一种什么样的感觉？”“通常什么情境会带给你类似的心旷神怡的感觉？”“这种感觉下你特别想做什么？为什么？”……

情景二：你正在与一个需要采购培训课程的客户沟通需求，客户说：“我们的管理人员都太年轻了。”（关键词“年轻”）“所以呢？年轻对于管理者意味着什么？”“他们管理经验不足。”（关键词“他们”“管理经验”“不足”）“这些管理人员的情况您能介绍一下吗？他们需要什么样的管理经验？哪里不足？有什么表现？能举一些例子吗？”“他们经常耐心不够，控制不住自己的情绪，导致与下属关系紧张。”（关键词“耐心”“紧张”）“通常在什么情境下他们会显得耐心不够？关系紧张导致的后果是什么？”……

从以上两个例子可以看到：沟通对象只要有一句表述，那么里面一定有至少一个盒子（关键词）；我们针对这些盒子来提出一个或多个开放式问题（即打开盒子的钥匙），往往就能获得更多的信息，使沟通顺利进行下去。

从理论上讲，盒子技巧可以令沟通无限进行下去，也就避免了“尬聊”现象的存在。但是要注意：一是不要过度使用盒子技巧，以免令对方厌烦；二是提问的钥匙要针对关键的盒子，即针对你要解决的关键点来提出问题，不要令沟通的目标跑偏了！

上面我们分别介绍了两种基本的提问方式（封闭式问题与开放式问题），以及如何提出开放式问题的两个技巧（转换技巧与盒子技巧）。下面我们来深入介绍一下封闭式问题与开放式问题的具体应用，以及如何提出强有力的问题（Powerful Questions）。

三、封闭式问题的应用

封闭式问题一般用来确认“自己”想知道问题的答案，其特点之一就是限定性。有一种带有引导性质的封闭式问题，常常带着隐蔽的色彩，将答案隐藏起来进行提问，这就是引导式问题。引导式问题即为了让对方说出提问者所期望获得的答案，而将答案隐藏在给定的一个或几个限定性选择里的封闭式问题。

这种问题引导性强，隐蔽性强，是一种较高水平的提问方式，一般多用于销售过程，或推销自己的观点与主张。引导式问题主要以下有三种：

（1）直接引导问题，又被称为肯定式引导问题，如：“今天天气多好啊，是吧？”“这件衣服的款式多配你啊，你说是不是？”“所以这一款理财产品是最适合您目前的需求的，您说对吗？”这类问题隐含着明确的答案，通常被提问者只能给出肯定的回复。

（2）间接引导问题，提问中往往加入了心理暗示，如“这是时下最流行的服装样式，不知道您想买什么样的？”问题中暗示购买者这是“时下最流行的”，引导其购买“最流行的”；再如“90% 的客户都选择购买这一款理财产品，您觉得怎么样？”暗示大多数客户都购买了这款产品。间接引导问题看似是开放式问题，实则因其引导性强，更像是封闭式问题。

（3）选择引导问题，即提问者给出两个以上的限定性选择来提问，如“你想吃韩餐还是日料？”“我们去商场、超市，还是去电影院或游乐城？”“房子您也看过了，您看您倾向选 A 户型、B 户型还是 C 户型？”最后这句是暗示客户就在这个楼盘购房，不要去其他开发商的楼盘选房了。

这种引导式问题因隐蔽性强，故而被提问者往往会在提问者给定的范围内做出有限的选择，殊不知，被提问者其实还有其他很多选择。

四、开放式问题的应用

开放式问题不设限，可令被提问者表达出更多的想法与思路，特别有利于开拓性思维。探索式问题是为了探索无限可能而提出的鼓励表达更多想法的开放式问题。我们介绍以下六种：

（1）澄清（Clarification），用于澄清事情原委及对方的想法，如“你想要表达什么意思？”“你认为主要问题是什么？”“你能否（How about，开放式问题）举一个例子给我们？”“你能否做进一步的解释说明？”

（2）目的（Purpose），用于探明对方动机、目标等，如“你为什么这么认为？”“这个问题为什么这么重要？”“你想达到的目标是什么？”

（3）假设（Assumption），用于探明对方在类似场景下的其他可能性的看法，如“如果凶手不是他，你认为会是谁，或什么样的人？”“如果这个事情再发生一次，你会有什么不同的做法吗？”“如果这件事不是发生在公司，而是发生在客户那里，你会怎么处理这个问题？”

（4）原因和证据（Reason/Evidence），用于探索事情的佐证和论据，如“你为何相信这是真的？”“什么令你得出这一结论？”“哪里令你觉得可疑？”“还有什么可以证明你的观点是正确的？”

（5）暗示（Implication），用于探索暗含的可能的结果，如“那样做会有什么结果？”“你会怎么促动这件事发生？”“这种事情发生的概率会有多大？”

（6）相关（Relevance），用于探索对方对相关信息的考量，如“什么令你有这样的感觉？”“其他人会有什么想法？”“这两者有什么区别？”“你可以推论出什么来？”

为了激发对方更深入、更深刻地思考，有时候我们需要提出强有力的问题。那么什么样的问题可以激发对方的深入思考呢？强有力的问题有如下特点：

- 通常是开放式问题；
- 简短、有力；
- 可以激发对方深入思考；
- 更关注人而非事；
- 一次只问一个问题；
- 具有联结性（联结上下文信息，即 Context）；
- 在恰当的时机提出。

兹举以下三个例子：

例一：有一次我给某欧洲制药公司的销售团队总监（中年女性）做辅导，她提到有一个心病近十年来一直困扰着她。细问得知，约十年前，她曾经与一位朋友在交往过程中因为一点小事儿发生了矛盾，从此再不往来。这些年，每每想到那位朋友，她内心就很不安，不知道该如何恢复两人的关系。我问她："你为什么特别想恢复与那位朋友的关系？"她说："我也不知道，说不上来！"我问："你怎么定义一个好的关系？"她说："能谈得来，互相理解，最好兴趣爱好、价值观都类似或接近。"我问："如果有这样的一位朋友，你会为你们之间关系的价值打几分？如果满分是十分的话。"她说："那肯定是十分了，至少九分。"我继续问："那你能否按照亲密关系程度或关系价值分数的高低，来说一下你周围的人际关系是怎么样的吗？"她说："首先，最亲密、价值最高的当然是家人了；其次，是亲朋好友，特别是兴趣爱好、价值观接近的好朋友；再次，是同事，包括我的上级与下属；最后，是一般朋友。"我问："那你给你和那位朋友的关系价值打几分？"她想了想说："也就两分吧。"我又问："为什么呢？"她说："因为我们关系一般，而且也不是特别能谈得来。"我继续问："未来她在你的关系图中的重要性你打几分？"她说："也就一两分，不是很重要。"我接着问："那请问你现在想与其恢复关系的意愿度是多少分呢？"她又想了想说："好像没有刚才那么强烈了。我觉得恢不恢复都无所谓了，毕竟那么多年没联系，而且她在我的朋友圈中也没有那么重要。”

以上的提问是层层递进的，其中的“那你给你和那位朋友的关系价值打几分？”“未来她在你的关系图中的重要性你打几分？”和“那请问你现在想与其恢复关系的意愿度是多少分呢？”等几个问题是强有力问题。这些问题激发了她对两人关系价值与重要性的思考，思考之后做出了果断放弃的决定。因为人的精力是有限的，我们应该把有限的时间与精力投入到值得我们投入的重要的人际关系和事务中去。这次对话令这位女士最终放下了其纠结近十年的困扰。

例二：国家电网某地区公司 2019 年在全地区开展了一次“最美国网人”主题巡回演讲活动，十余个精选出来的国家电网员工，每人负责宣讲一个“国网劳模”的先进事迹，到地区各个站、所进行巡回演讲，将劳模们的故事带给每一个边远地区的员工，激发大家的工作热情。为了参加国家电网总部的演讲比赛，受该地区公司委托，我为这十余个演讲者进行为期三天的“演讲技巧”强化辅导。其中一个年轻的女性演讲者小吕，所讲述的故事非常动人，她的演讲技巧也不错，但就是看上去没有热情。当我向她指出这一问题时，她说：“这个主人公的故事我都到地区各站、所讲了几十遍了，讲得我都快吐了！”我说：“为什么呢？”小吕答道：“重复呗！还能有什么原因？！”我问她：“你看我上课的时候有热情吗？”她说：“有啊，我要是能达到您这样的状态就好了！”我接着问：“可是你知道这个课我上过多少遍吗？”她说：“不知道，但我想不会比我巡回演讲的次数少吧？”我说：“是啊！虽然讲了无数遍，对于我自己而言，也快吐了。但是每当我看到台下的学员时，那种感觉就会消失。因为每一批学员都是新的，对于‘这批’学员而言，他们是‘第一次’听到！我想问你的是：你面对的观众，每一次都是一样的吗？”小吕眼睛一亮，说：“不是！”她想了想说：“还真是的，每次我只是考虑了自己的感受，没有想到每一次演讲，观众都是不同的。对于他们来说，我讲的故事就是他们第一次听到的故事！”

这里，“你面对的观众，每一次都是一样的吗”就是一个强有力的问题。虽然它是一个封闭式问题，但由于其具有联结性（联结“演讲”与“上课”的相似性），激发了小吕对于观众需求的思考，从而改变了其“重复、厌倦”的心理状态。从这以后，小吕的演讲状态发生了迥然不同的变化！

例三：也是在 2019 年，我给国内一家知名 IT 公司的产品部门总监做辅导，这是一位三十六七岁的年轻有为但饱受职业困扰的男士。据他自述，加入这家公司五六年的时间，他就换了三个工作岗位。我很好奇，问：“哦？能说说具体情况吗？”他说，刚来这家公司的时候，他担任某地区负责人，因为该地区业绩不好，他大力整顿，使地区业绩快速攀升，人员能力也得到很大改善；不想刚满两年，公司老总就把他调入总部的销售部门任总监，但是销售部门一盘散沙，人员流动率也很高，在他的管理下，不出两年，部门激励政策深得人心，销售业绩也持续改善，人员稳定性也大幅度提高；不承想，今年公司老总又把他换到了产品研发部做总监，这个部门简直就是一个烂摊子，产品研发缓慢不说，在国内同行业中也是竞争力不强……我问他：“老总怎么看你？”他说：“老总对我还不错，也非常认可我的能力，但总是把我换来换去的，这令我很郁闷！”我继续问：“你提到老总‘认可你的能力’，请问你觉得作为管理者你最大的能力是什么？”他说：“从我的经历来看，我觉得我最大的能力就是能站得高、看得远，有大局意识，并能从乱局中拨乱反正，把混乱局面整理、恢复成一个好的状态。”我又问：“那请问，你提到的这个‘能从乱局中拨乱反正，把乱局整成良好局面’的能力，与领导两次调换你的工作岗位之间，有什么关联吗？”他听了一愣，沉默片刻，回答说：“老师，我明白了！”

无须多言，他已经明白领导屡次把他调到比较混乱的部门的原因了，正是因为看中了他的这个能力，也希望他能把产品研发部门搞上去。这里面的强有力的问题是：“那请问，你提到的这个‘能从乱局中拨乱反正，把乱局整成良好局面’的能力，与领导两次调换你的工作岗位之间，有什么关联吗？”这句提问激发了其对自身岗位变换原因的思考，并增强了其对自己的认可和自信心。我相信他未来的职业发展不会太差！

提问的艺术在果敢表达中非常重要，不仅是因为其具有强烈的互动性，能激发对方思考，而且在很多方面（如问题解决与决策、教练技术、行动学习等）都有广泛的应用，因而本节我们用了较长的篇幅来介绍它。只有打好了提问的艺术这个基础，在后文中介绍包括反馈技巧等内容时，大家才会更牢固地掌握这一沟通的强有力工具！

第四节 同理心与同情心

一、同理心

战国时期列御寇所著《列子·汤问》里记载了一个故事："伯牙善鼓琴，钟子期善听。伯牙鼓琴，志在登高山。钟子期曰：'善哉！峨峨兮若泰山！'志在流水，钟子期曰：'善哉！洋洋兮若江河！'伯牙所念，钟子期必得之。"后来，钟子期死，伯牙谓世再无知音，乃破琴绝弦，终身不复鼓。这就是千古流传的"高山流水遇知音"的典故。

所谓"千金易得，知音难求"；同样，理解已不易，同理心更难！

同理心（Empathy）指的是能够了解、预测他人行为，感知、预测他人情绪，并能感同身受地理解、体验，自然而然表现出与对方情感相共鸣的一种人际能力。

同理心是一个心理学名词，其源自希腊文 Empatheia（神入，亦被译为"感情移入""移情""共情""共感""同感"等），原来是美学理论家用以形容理解他人主观经验的能力；后引申为能设身处地对他人认知、情绪与情感予以觉察、理解与体验的能力。一个有同理心的人，一定是能够换位思考、站在别人角度来看待问题的人。研究表明，同理心强的人往往更慷慨，更关心他人的福祉，也往往有更和谐的人际关系和更大的个人福祉。

早在2 000多年前，孔子就说过"己所不欲，勿施于人"；中国有句老话，叫"推己及人，将心比心"；《圣经·马太福音》中的"你们愿意人怎样待你们，你们也要怎样待人"。这些说的都是同理心，即一方面不要将自己不喜欢或不愿接受的东西强加给别人；另一方面，要依据自己希望被对待的方式，或对方喜欢的、期望被对待的方式，来对待他人。

一个有着同理心的人需要具备以下两种能力：一是认知能力，即能够站在他人的观点上理解他人情绪来源的能力，也即理解能力；二是情感反应能力，即能够暂时进入对方的心理世界，不带任何评价地去感受对方的感受与体验的能力，也即共情能力。

以上笔者观点主要是采纳了美国心理学家戴维斯的理论，他把同理心的概念分为认知成分（理解他人观点）和情感成分（感受他人情感），并将同理心解构成四种不同的维度。[①] 它们分别是：①观点采择（Perspective Taking）：指自发地理解他人内在感受的倾向；②想象（Fantasy）：指想象自己是一个虚构的角色时产生的想法和行为；③关怀（Empathic Concern）：指同情和关心痛苦的人；④个人痛苦感（Personal Distress）：指个体在紧张不安的状态下感受到的焦虑和苦恼。

二、同理心与同情心的区别

同理心不同于同情心（Sympathy）。

同情心是认知到别人的痛苦，从而引起恻隐、怜悯之心，是一种有着潜在的、无意识优越感的俯视化心理；同理心则是不仅认知他人的痛苦，且能够感同身受，并自发体验的一种情感共鸣状态，是一种基于平等关系而非俯视化的心理。

两者的区别有三点：一是是否能感同身受；二是两者心理定位是否是平等关系；三是是否有判断。

比如我们在大街上、地铁里看到有人乞讨，可能会心生怜悯，说："真可怜！真是太不幸了！"又或者上前给予一些施舍，就是一个常见而典型的同情心的例子。类似的例子不胜枚举，比如我们对老弱病残、鳏寡孤独、生活困难以及贫穷弱小者的帮助，对因天灾人祸惨遭不幸者的支持，对因含冤而受屈者的不忿等。

---

① Davis MH. A multidimensional approach to individual differences in empathy. JSAS Catalog of Selected Documents in Psychology，1980.

又如，有一个老奶奶无意间想起了自己过去的悲惨经历，禁不住失声痛哭。这时，家里的老伴儿、儿子和儿媳纷纷聚拢来，经询问得知原委后又纷纷安慰道：“那都是过去的事儿了，别难过了！”“您看您现在生活多好啊，多幸福啊！”只有那四五岁的小孙女，看到奶奶痛苦的样子竟也控制不住地扑到奶奶怀里，和奶奶一起放声大哭……这里我们看到，小孙女切实感同身受地体验到了奶奶的悲伤的心理与情绪，并与奶奶的情绪产生共鸣，同声大哭，这是同理心；其他人的安慰是基于各自内心对此现象的看法而产生的同情心。

当他人遭遇不幸时，有同情心的人会说：“我真的为你感到难过！”有同理心的人可能会这样表达：“我也遇到过这样的事，我知道这是一种什么样的感觉。”同理心是基于理解与尊重的，能够设身处地体会他人的情绪和想法，理解对方的立场和感受，并站在对方角度思考与处理问题，并体验对方情绪的一种能力。

前文介绍了在果敢表达过程中的倾听、回应与提问的要点，这些都是表现同理心的基础。如果这些基础都做不到或做不好，那么要达到同理心基本是不可能的。但是要记住，那三个基础动作是“器”，是“物”，它们也许会令我们表现出我们的同情心，但要达到同理心这种“道”与“魂”的状态，则需要我们有着极强的敏锐的对情绪的认知与体验能力，以及极高的情商（下一章我们会讲到“情绪与情商”）。

动物也具有同理心。加州大学伯克利分校的心理学专家达赫·凯尔特纳（Dacher Keltner）认为共情是高等动物的一种本能。他认为相对于原始基因驱动的同类互助，由共情所驱动的帮助往往是更加不求回报的一种利他行为，也只有高等智慧的动物才会因为共情，而对和自己毫无关联的物种进行帮助。这样的例子并不少见，比如我们可以看到狗狗会照顾幼小的狮子，猫妈妈会照料年幼的小狗，海豚和虎鲸会救助溺水的冲浪爱好者，等等。

同情心是在情感上发生怜悯，未必会有后续的行动产生，但也有可能会付诸行动，比如施舍、帮助、救助；同理心除了设身处地地感同身受外，通常会付诸行动，比如帮助、救助，或共同面对与处理困难情境（但不会施舍，因为施舍通常是基于优越感，而非平等的心态）。

同情心基于人类朴素的、脆弱的道德感（说其脆弱是因为道德感会因时间与空间的不同而变化），会拉近彼此的心理距离；同理心未必基于道德感（有同理心的动物就没有道德感），但其会令彼此的心理距离更近。

同情心未必需要倾听、回应或感受；同理心通常会有倾听与回应，且一定有感受，因为其情绪感知与社会情感洞察力更加敏感。

同情心不排除自己会“有判断”，即可以没有对对方的“判断”，也可以有“判断”；而同理心的原则之一就是“没有判断”，即虽然未必会赞同对方的观点，但不会对对方的观点与立场进行对与错的“判断”，且同时会保留自己的观点。比如，我们对阿Q很同情，但会有人认为阿Q的退让型行为是不对的，是错误的（判断），即所谓“可怜之人必有可恨之处”；而一个有着同理心的人，会理解阿Q的处境，理解阿Q的退让型行为是由于时代的局限、环境的恶劣以及阿Q本人的成长过程导致的，不会批判他的行为是错误的（无判断），但也不会赞成他的退让型行为，反而会保留自己的“人应该具有果敢型行为”的观点。

同情心基于个人的受教育背景和道德感，有可能没有产生行动，也有可能有所行动，因而个体能量的消耗是有限的；而同理心需要我们的大脑、心灵同时处理大量的信息与感受（通常是无意识的自然反应），还需要“移情”，进入对方的大脑与心灵进行体验与感受，因而会消耗更多的能量。

同情心绝大多数人都有，同理心在人群中则比较罕有。

三、培养同理心

同理心不仅可以帮我们更好地了解、理解对方，还可以改变自己在他人眼中的形象（当然这不是同理心的初衷）。那么，如何培养同理心呢？

首先，要做好倾听、回应与提问的要点，尝试着体会他人的处境、立场、观点与感受；

其次，倾听自己，想想自己的立场、观点与诉求，问问自己“到底想要什么”；

再次，果敢地表达出自己的观点与感受，并告知自己对对方处境、立场、观点与感受的看法与体验；

最后，寻求问题的解决。

这里需要注意，同理心不是做出来的，它是自然、自发的一种行为反应；它的培养过程是长期而循序渐进的；不要指望去过多地修正别人，要想成功地与人相处，让别人尊重自己的想法，唯有先改变自己！

四、同理心的应用

了解同理心的特点、其与同情心的区别，以及如何培养同理心，对于我们与人交往、判断“界限／度”、解决问题是非常必要的。

比如，不要滥用同情心。“忙”只帮给有需要的人。如果我们滥施爱心、错施爱心，有可能适得其反。

比如国内某著名女影星在近二十年前曾以每月500元的费用资助一位贫困学生，500元在当时已是很多的钱了，相当于二线城市一个普通工人的月基本工资。未承想该男生得寸进尺，上大学后不仅隐瞒自己申请到了6 000元助学金的情况，而且以各种理由和借口向女影星索要钱财，理由是参加补习班或是买学习资料，但实际上这些钱都被该男生挥霍掉了。当女影星得知此事后毅然决然地断掉了资助，没承想这个举动惹怒了习惯于伸手要钱的男生，他在网上发表6 000多字长文狠批女影星不守信用、断掉资助……

有一句老话：一担米养恩，十担米养仇，意思是帮助别人要适度，“忙”只帮给有需要的人，如果滥施爱心，将会养出一个仇人来，因为他已经习惯了这种被资助的感觉，并认为这是帮助他的人的义务。但我们都知道，这个世界上没有无缘无故的义务，也没有无缘无故的责任。一旦停止其所认为的义务、责任，那么剩下的，就只有愤恨了！

类似的没有“界限”的事例不胜枚举，比如溺爱孩子的父母或爷爷奶奶，或是为下属承担了过多责任的领导，看似爱，实则是没有分寸，不知道“度”，属于退让型行为，反而会最终给所爱的、所关怀的人带来伤害。比如过于受到宠爱的孩子，在家里会感到幸福快乐，而一旦在外或长大，就会成为任性蛮横、恣意妄为之人，最终处处碰壁，陷入成长的困境。

错施爱心同样会给对方带来不好的结果。我们看到很多善良人士，买了动物后毫无理性分析地进行放生，结果放生的动物因为不适应新环境而死去，或者成为外来入侵物种破坏了当地的生态环境。

日本实业家稻盛和夫曾说过："大善似无情，小善乃大恶。"什么是"小善"呢？那些为了满足对方一时之需而做出的善行就是小善。当下，这样的善举似乎令对方受益了，但随着时间的推移，对方不能长久获益或没有能力获益，便会产生恶果，比如上面所举的一些例子。因此，笔者并不赞同轻易地施舍、捐助，而是要思考一下，你有限的施舍、捐助会起到什么效果、多大的效果、多久的效果。如果不能很好地回答这个问题，那么很有可能我们在做的是小善，小善有可能就是大恶。

那什么是"大善"呢？大善一定不是基于同情心的，而是基于深刻的同理心产生的一种有利于对方长久获益的助益行为。

日本曾有本畅销书叫《五体不满足》，其作者乙武洋匡出生于日本东京，自幼失去双手双脚，这种生理上的缺陷令他的生活充满了辛苦与不便。但其父母为了培养他的自理能力，什么事都要他自己独立完成，从不出手相助，只是在一旁默默守护着他，这使得他养成了面对残酷的命运也能泰然处之的心态，进而对人生充满了乐观积极的态度，并完成了自传体图书《五体不满足》，在日本引发热购与热议，他的故事也感动和激励了许多人。

在解决贫穷问题时，对受助者进行职业技能培训会是更好的选择，即授人以渔而非授人以鱼。因为有限的财务或物质资助只能解决一时之需，不能解决长久问题，而职业技能的提升往往能比较长久地解决贫穷与谋生的问题。

这，就是大善似无情！

综上所述，表达同理心，不一定当时表现出来（当然，绝大多数的同理心现象都是当时就表现出来的），也可以是事后地、慢慢地表现出来。同情心，则请慎用。

我们现在所生活的时代是一个科技快速发展的时代。科技的发展在给人们带来生活便利的同时，也拉长了我们彼此的物理距离与心理距离。一家人很难坐在一起共进晚餐，享受温馨时刻；朋友、同学虽然生活在同一座城市，但见面的机会弥足珍贵。越来越多的沟通，都是通过电话、语音、电邮、短信、微信等方式进行；这些即时的、快速的、碎片化的交流方式，正在取代面对面的沟通，分散了我们对彼此的关注，疏离了心与心的距离，令同理心的产生更加困难，很少能产生对彼此的心灵与情感的共鸣。信息科技的发展，正在不断剥夺我们作为人的理解与共情。

面对这种威胁，笔者的建议是：请对你的沟通对象保持关注与专注；“一次只做一件事，一次只面对一个人”；面对你爱的人，你珍惜的人，你在乎的人，请尽量面对面地沟通；如果可能，请放下手机，看着他，拉着他的手，告诉他：“我——懂——你！I See You！”

第四章

情绪与情商

前文对意愿的果敢表达方面做了很多理性的分析与论述。这一章要来谈谈感性的部分——毕竟，我们都是“人”，生而为人，就有作为生物体的感性要素！

其中最为重要的一个感性要素，就是情绪！

第一节 情绪的认知

一、什么是情绪

广义而言（自然世界），情绪是指生物体在自然生活中对外界满足其生理或心理需求程度的一种身体能量反应（由内而外），或生物体对外界刺激的主观体验与感受（由外而内）。

“由内而外”指的是生物体内部产生的需求，得到或没有得到外界的满足；“由外而内”指的是在生物体内部无需求时，外部的刺激引发或没有引发生物体的主观体验与感受。

比如，一只老虎长时间未能捕获猎物，产生饥饿感，就会变得暴躁易怒、更加凶猛，这是因为它的对食物的生理需求没有得到满足，因而产生了强烈的愤怒情绪；再如，一只小猫躺在猫妈妈的怀里撒娇翻滚，是因为猫妈妈满足了其对食物、安全、关爱等方面的生理与心理需求，因而产生了一种愉悦感。这两种都是能量比较高的情绪反应，也是由内而外的情绪反应，即先有内部需求，继而看外界是否满足了这种内部需求。

又如，一只慵懒的、吃饱了的狮子正在晒太阳，忽然乌云密布、电闪雷鸣，要下雨了，狮子开始变得烦躁，因为它不得不去找地方躲雨。这是由外而内引发的情绪反应，外界的刺激引发了生物体的主观感受。

狭义而言（人类社会），情绪是指“人”在社会生活中对自身及外界满足其生理或心理需求程度的一种身体能量反应（由内而外），或“人”对外界刺激的主观体验与感受（由外而内）。

比如，小张几乎每天都不能完成其自己制订的学习计划，网络游戏、手机信息等占据了他的很多时间，导致他经常因为自己的自控力与意志力薄弱而倍感沮丧；再如，小李为挣大钱以便能在市中心购买一幢心仪的房产而自己创业开了一家公司，每天起早贪黑、努力勤奋地工作，但是仍然由于包括市场需求低迷等各方面因素影响而导致公司入不敷出，最终倒闭，他感到万分绝望。这两种都是能量比较低的情绪反应，也是由内而外的情绪反应，即先有内部需求，继而看自身及外界是否满足了这种内部需求。小张是因为自己没有满足其对自控力与意志力的心理需求，而产生挫败感；小李是因为外界没有满足其“挣大钱、置房产”的需求，而产生了绝望感。

又如，有研究显示，通常情况下，当人们看到红颜色或黄颜色时，会产生兴奋或愉快的感觉；看到绿颜色或蓝颜色的时候，会产生宁静或平和的心态；看到灰色或黑色的时候，会产生忧郁或沮丧的感受。这是由外而内引发的情绪反应，外界的刺激引发了人的主观感受。据说，英国伦敦有一座桥，原来是黑色的，每年都有人到这里投河自杀；后来，市政部门将桥的颜色改为黄色，在此自杀的人数便减少了一半。

在我每年所辅导的近千名学员中，令我特别诧异的一件事是：每当在上与情商有关的诸如沟通、影响力、果敢表达甚至领导力等课程时，绝大多数的学员在我要求其描述一下其所表述的某事件中的自身情绪时，倍感困难！要知道，我所面对的这些学员，90% 是各大企业、组织的中高层或基层管理者，他们的平均年龄是 30 ~ 35 岁，而且绝大多数人具有大学本科以上学历，其中不乏硕士、博士和海外归来的留学生，应该是中国社会中的栋梁之材！

诚然，如之前我们在第二章第二节中所分析的受文化与宗教的影响，东亚人一般都比较内敛、含蓄，不太容易表达自己的感情与情绪，但作为成人，不能准确或基本准确地表述自身情绪，仍然是一件令人震惊的事情。这使我不得不承认：在中国，有关情绪与情商方面的教育，无论是在家庭，还是在学校，都有很多需要提高的地方！

兹举一例如下：

一次，我所辅导的一个学员表述了其与一个同事间的矛盾纠葛的事件，他的同事没有在工作中给予有效的合作。我问他："那此时你的感受是怎样的？"他说："我觉得他作为公司一员，有义务配合我的工作。"我一开始觉得我可能没有问清楚，于是说："不不不，我是问：你当时的情绪是怎样的？"他说："我的情绪就是我觉得他不应该这么做！"我进一步明确地说："不，我是问你的情绪，比如高兴、沮丧、开心、焦虑等。"他犹豫片刻说："我不知道。"我继续问："想象一下，他拒绝与你合作，你当时的心情难道不应该是愤怒或失望吗？"这时为了启发他发掘其自身的情绪体验，我已经无奈地放弃了提出开放式问题，转而提出引导式的封闭式问题了。这位学员沉思片刻，说："我觉得我应该向领导反映！"

类似于这种令人崩溃的提问过程，在我与那些从技术做起来升到管理岗位的互联网公司或生产技术型公司的管理者交流的时候尤为多见。

有的时候我会让学员分成小组，来头脑风暴、集思广益一下，把他们所能够想到的关于情绪方面的中文词汇，做一个讨论并列举出来。这是一个很好的活动，他们也都很开心能通过大家的脑力激荡，找出这么多关于情绪方面的词汇。这个过程也能帮助他们了解其自身的，以及沟通对象的多种情绪。

二、情绪的分类

我们按“心情好坏”与“能量高低”两个维度可以将情绪分为四种，分别是“喜”（心情好、能量高）、“怒”（心情不好、能量高）、“忧”（心情不好、能量低）、“逸”（心情好、能量低），加上中间无所谓心情好坏与能量高低的“平”，一共是五个情绪类别[①]，如图 4–1 所示。

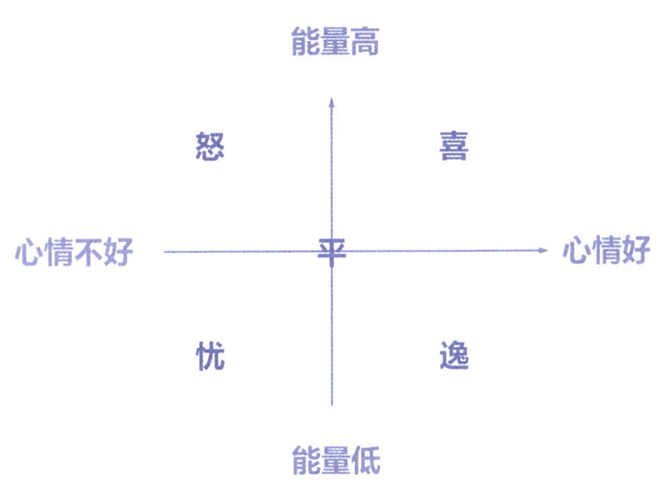

图 4–1　情绪的分类

这里的心情，指自身及外界是否满足了当事人的生理或心理需求，以及满足的程度。比如，我按照计划完成了今天的任务，即我自身满足了我对自己的心理期待，所以心情非常好，很开心；如果超额完成任务（程度高），则会特别开心、开心死了。再如，我想让太太给我炒一份她拿手的“豆角炒面”，她炒好了端上桌，因为超级好吃我连吃了四碗，但吃多了撑着了导致胃不舒服，非常难受。这是外界满足了我的生理期待，但是过度满足（程度过了），导致我的情绪由“好”转移到了“不好”，由“高兴”转移到了“痛苦”，即所谓过犹不及。如果这个生理需求没有得到满足，即太太没有给我做炒面，我也会“心情不好”！

① 也有人把情绪分为“喜、怒、忧、思、悲、恐、惊”七种，但这种分法尚缺分类依据。

“能量”指我们在表现情绪时的身体状态，表现亢奋则能量高，反之能量低。

兹列举一些情绪表述的词汇如下：

喜：热爱、开心、高兴、喜悦、愉快、愉悦、快乐、欢乐、兴奋、欣喜、幸福、欣慰、自豪、骄傲、痛快、欣喜若狂、喜不自禁……

怒：生气、愤怒、愤恨、仇恨、暴怒、恼怒、急躁、烦躁、焦虑、焦躁、反感、厌恶、轻蔑、鄙视、嫌弃、震惊、嫉妒、憎恨……

忧：忧伤、哀伤、难过、悲伤、失望、恐惧、畏惧、怀疑、疑惧、惊恐、恐慌、惶恐、害怕、担心、忧虑、内疚、愧疚、羞愧、后悔、悔恨、懊恼、懊悔、寂寞、无聊、尴尬、沮丧、绝望、忧郁、屈辱……

逸：安逸、惬意、放松、松懈、慵懒、疏懒、散漫、享受、舒适、舒畅、安适、舒服、舒坦……

平：平静、安静、安定、安宁、平和、和气、麻木、发呆、仁慈、亲和、镇静、镇定、悠然、悠闲、心平气和……

“怒”的情绪通常能量有向外释放的倾向，能量向外释放易对他人造成伤害。

“忧”的情绪通常能量有向内施放的倾向，能量向内施放易对自己造成伤害。

有一些复杂情绪是两种及两种以上情绪的集合，如“悲愤”是“忧”与“怒”的结合；“惊惧”是“怒”与“忧”的结合；其他如“喜怒参半”“又惊又喜”等。也有一些情绪要视具体事件带来的具体感受才能确定到底是什么情绪，比如“惊讶”(有可能是“喜”,也有可能是“怒”)、不安(有可能是“怒”,也有可能是“忧”)等。

识别情绪对人际互动具有重大意义，因为情绪会直接影响或引发我们下一步的行动，即情绪有行为的预告性。“好”的情绪会帮助我们更快地实现我们的意愿；反之，“不好”的情绪会令我们意愿实现的可能性大打折扣！

因此，我们要对情绪的特点有更加深入的了解。

第二节 情绪的特点

一、情绪的意义

每一种情绪都有其积极与消极的意义。比如喜悦，其积极意义是令我们身体放松，能量提升，心情愉悦，进而有助于我们更快地对外界做出反应，完成任务，表达对对方的关怀，增进人际关系；如果喜悦过度，则有可能会乐极生悲，导致粗心大意，做事疏漏，或不顾他人感受，影响人际关系。

再如恐惧，其积极意义是令我们保持对外界危险的警惕，及早做出预防性控制措施，确保我们自身的安全，避免利益受损；其消极意义是令我们的行动力受阻，不能创造性地开展工作，甚至会令我们的行为更趋向于保守、退缩，严重的则会令身心健康受到严重损害。

又如悲伤，其积极意义是令我们释放负面情绪，让行为放缓或停止，从而有时间思考诸如亲情、友谊、有价值物品等的意义，对失去的东西进行哀悼，从而更好地珍惜那些易失去的东西；其消极意义是令我们的做事效率降低，心情低沉，不能恰当地回应他人或外界的刺激，长时间的悲伤亦会对我们的身心健康造成损害。

请各位思考一下以下六个情绪词语的积极意义与消极意义：愤怒、嫉妒、悔恨、绝望、无聊、安逸。

理性认知情绪的积极意义与消极意义，有助于我们客观认知情绪，避免一刀切式地、片面地、单一维度地看待情绪带来的影响。

二、情绪的来源一：需求

情绪的来源之一是我们自身或外部世界是否满足了我们生理或心理的需求，以及满足的程度（由内而外）。我们的生理或心理需求，如果不能满足，或部分满足，会令我们的情绪向负面发展（心情不好）；如果能够满足，或适量超额满足，则会令我们的情绪向正向发展（心情好）。

在需求满足方面，美国社会心理学家亚伯拉罕·哈罗德·马斯洛（Abraham Harold Maslow）在其1954年出版的《动机与个性》一书中有专门论述，即当今广为人知的需求层次理论（Hierarchy of Needs Theory）。马斯洛在该书中将人的动机视为由多种不同性质的需求所组成，并将动机分为五层[①]，它们是：生理需求（Physiological Needs）、安全需求（Safety Needs）、社交需求（Love and Belonging Needs）、尊重需求（Esteem Needs）、自我实现需求（Self－actualization Needs），如图4–2所示。

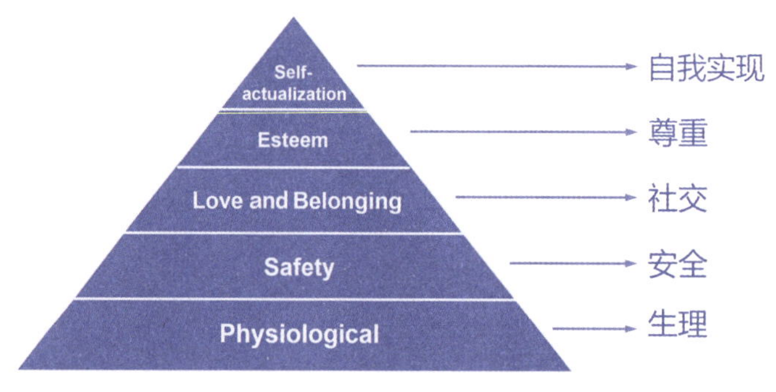

图4–2　马斯洛的需求层次理论

（1）生理需求，指维持生存及延续种族的需求，如吃、喝、拉、撒、睡及性等方面的需求；

（2）安全需求，指需要受到保护与免遭威胁从而获得安全的需求，如人身安全、健康保障、财产所有、生活稳定、家庭安全等方面的需求；

（3）社交需求，指被人接纳、爱护、关注、鼓励及支持等的需求，如寻求伙伴、友谊、爱情、社团等；

（4）尊重需求，指获取并维护个人自尊的一切需求，如自我尊重、尊重他人、

① 马斯洛在后来的需求层次理论论述中，将五层需求增加到七层需求，即在尊重需要与自我实现需要之间，又添加了知的需求（Need to Know，指对己、对人、对事物变化有所理解的需求）和美的需求（Aesthetic Needs，指对美好事物欣赏并希望周遭事物有秩序、有结构、顺自然、循真理等的需求）。

被他人尊重等；

（5）自我实现需求，指在精神上寻求真善美合一的人生境界的需求，亦即个人所有需求或理想全部实现的需求，如实现个人理想、抱负，有成就、有创造力，实现道德与公正等。

以上需求由低到高是遵循着由生理需求向精神需求过渡的规律来排列的。

举一个例子：丈夫周末加班回到家，妻子要求丈夫陪她去金店看首饰。已经很疲惫的丈夫不耐烦地说："我加班很累了，而且这个月还完房贷家里已经没有多少钱了，你为什么又要去买首饰呢？你缺首饰吗？"妻子不高兴地说："每年我过生日你不都会给我买一些礼物吗？"丈夫这才想起来今天是妻子的生日，因为工作忙碌竟把这个重要的日子忘记了。原来，妻子想要的其实未必是一件首饰，而是丈夫对自己的关注与爱——爱的需求没有得到满足，妻子便产生了不满的情绪。

马斯洛的需求层次理论不仅将人类的需求层次做了很好的阐述，而且告诉了我们情绪的来源之一。因此，当我们发现在沟通中出现情绪化倾向的时候，我们可以告知自己：一定是自己或对方某一方面的需求没有得到满足。这就为我们下一步的沟通策略提供了一个方向上的"暗示"！

三、情绪的来源二：体验与感受

情绪的来源之二是外界的刺激引发了我们的主观体验与感受（由外而内）。外界的刺激为何会引发我们的主观感受呢？

各位读者还记得我们在本书第一章提到的背包理论吗？所有区别我们彼此的一个或多个特征（如年龄、性别、成长经历、受教育程度、种族、文化背景、信仰、价值观等）统称为看不见的背包。当外界刺激发生时，我们会立即将其与我们背包里的某一个标尺相核对，差异越小、共同点越多，主观感受越好，情绪越积极；差异越大、不同点越多，主观感受越糟，情绪越负面。

比如前面我们举的颜色的例子。参加中式婚礼，如果新娘穿的是红色的服装，大家都很开心（这是文化背包现象，婚礼中的红色象征着喜庆）；如果新娘穿了一身黑色服装，我想双方的亲戚朋友都不会愉悦，因为黑色与红色差异太大，不符合中国人的文化背包，主观感受很糟，会引发负面情绪。

我最近看到一则新闻，一个新娘在婚礼当天化了一个老年妆，其本意是为了考验新郎是不是真爱她。但当新郎看到穿着婚纱的“老太太”时，火冒三丈，当街与新娘发生争吵，并最终扔下新娘一个人在大街上哭泣，自己扬长而去。这个小悲剧的发生，我想是事先两人没有就背包的一致性沟通好而导致的。

所有背包中，影响我们彼此沟通效果最大的，当数观点、信仰、价值观等思想的最深层部分。

比如，年轻的小李高价买了一条满是破洞的、时尚的牛仔裤，拿回家被父母狠狠地数落了一通，父母认为小李花钱买回来一条“破”裤子（观点不同），这令小李倍感郁闷（情绪化产生）。又如，小王要给客户做一个方案，为了确保方案质量，他要花费很多时间去撰写、修改，而小王的老板却在不断催促他，说要在第一时间把方案给客户。小王要的是质量,老板要的是速度(价值观不同)，这使小王感觉很烦躁（情绪化产生）。

当背包不同，观点、价值观产生差异，我们的情绪就产生了。差异越大，情绪越大。

有一些来自外界的刺激，会引发我们过去的体验与回忆，进而触发了我们的经验背包，从而产生情绪。比如，我们看一部悲剧电影，影片中的某个悲剧场景有可能会引发我们内心深处的相同或类似的记忆，产生同理心，进而会感动、啜泣、流泪；又如，某个女士在大街上看到一个年轻的父亲在狠命抽打他年幼的女儿，顿时勾起了她童年时的类似遭遇的回忆，引发了她强烈的恐惧感，浑身颤抖，不能自已。这些外界的刺激，引发了我们的经验背包，从而产生了不同的情绪反应。尤其是那些特别巨大的、极为特殊的经历体验，会印在我们的脑海里，形成深刻的记忆；这些深刻的记忆，就形成了创伤！如童年时的食不果腹经历导致的饥饿感，或曾经被暴力袭击导致的强烈不安全感，或被恋人／配偶无情背叛与抛弃的绝望感，或被过去老板当众羞辱的屈辱感，或艰辛创业终致失败的挫败感……这些巨大的、特殊的经历体验，最终会留在我们记忆或内心深处，成为一个隐秘的伤疤。当外界类似刺激来临时，它们就激发了我们内心深处的强烈的情绪化感受！

四、情绪反应

事件发生时，情绪反应通常快于理性反应。所谓情绪反应，即未经大脑理性分析的、身体直觉的生理反应；理性反应，指经过大脑理性分析的、有控制的身体生理反应和心理反应。

例如，我们看到一只熊迎面跑来，身体直觉的生理反应是立即扭头就跑，根本来不及分析周边的环境情况，所以极有可能扭头就撞到了身后的大树——这是情绪反应。理性反应是我们看见了熊，然后通过眼、耳、鼻、舌、身等身体的信息收集器官全方位收集周边环境信息，然后大脑分析做出判断，绕开大树奔跑或爬上大树——这是理性反应。

又如我们走在大街上，迎面来的一个小伙子撞了我一下，我立即瞪了他一眼说道："你没长眼睛吗？这么宽的马路还撞人！"——这是情绪反应。理性反应会令我们暂停一下并用极快的速度分析思考一下：他也许不是故意的，我没有受到太大的伤害，如果和他发生冲突彼此的形象都不好看，还会耽误我的时间，算了，继续走路吧——这是理性反应。

哈佛大学心理学博士丹尼尔·戈尔曼（Daniel Goleman）在其1995年出版的《情商：为什么情商比智商重要》（*Emotional Intelligence: Why It Can Matter More Than IQ*，以下简称《情商》）一书中，对情绪反应先于理性反应的生物学原理做了详细的说明：

"人脑杏仁核是形似杏仁的脑神经细胞核团，专司情绪事务。纽约大学神经科学中心神经学专家约瑟夫·勒杜克斯（Joseph LeDoux）第一个发现了杏仁核在情绪中枢的关键作用。他的研究显示，'从眼睛或耳朵输入的感觉信号首先到达大脑的丘脑，然后通过一个单独的突触传到杏仁核；丘脑发出的第二个信号则传到新皮层，即思考脑。信号的分叉使杏仁核能先于新皮层做出反应，而新皮层在通过多个层次的大脑回路对信息进行充分分析之后，才能全面掌握情况，并最终做出更加精准的反应……该研究在很大程度上解释了感性压倒理性的力量’。”

“将杏仁核与脑的联系割裂，其后果是完全不能评估事物的情感意义，此情形被称为‘情感盲’……有位年轻人，因严重癫痫而采用外科手术切除了杏仁核。其后，他变得对人毫无兴趣，宁可离群索居。虽然他具备完好的会话能力，但不再认识亲朋好友，甚至连母亲都认不出来了。亲人对其冷漠痛苦不堪，他却仍是麻木不仁。失去杏仁核，就失去了对情感的辨认，也失去了对情绪的任何感受。杏仁核好像是情绪记忆及其存在意义的宝库，没有了杏仁核，对个人而言，生命便被剥夺了意义……动物被切除或割裂了杏仁核，就不会恐惧、发怒，没有了竞争或合作的驱动力，对在同类群体中的地位毫无感受，陷于情绪缺失或迟钝的状态。”

关于脑神经对情绪的作用机理，在戈尔曼的书中有更为详细的介绍，有兴趣的读者不妨拿来一读。

由上可知，情绪反应比理性反应快得多，是因为情绪反应通常只适用于最基本的决策，如看见老虎或汽车向我冲过来，我会本能地逃跑或躲避，这是由人的生物本能决定的，体现了远古时期人类对危险的本能反应，是人的动物性的表现；而理性反应就需要收集很多信息，再分析判断，最后做出决策。

很难想象一个人在老虎或汽车冲向自己的时候，站在原地，分析老虎奔跑或汽车行驶的速度，左右查看地形地貌，然后拿出纸笔来计算一下自己逃生的最佳方案……

所以情绪反应的好处是能够令我们在危急时刻立即做出快速行动回应，以避免危险、确保安全；其弊端是在面对复杂情势时，有可能会令我们造成误判，从而导致不利后果，如鲁莽行为导致人际关系的损害。很多未经理性分析、基于生物本能所做出的情绪反应，往往在事后令当事人也很困惑自己当时为什么那么做……甚至后悔不迭。

理性反应的好处是能够令我们的头脑更为清晰、冷静，收集更多信息，做出更为理智、更加符合各方利益的决断；其弊端是决策速度要慢一些，需要花费时间，需要我们的耐心与智慧。

情感与理智要保持平衡。要尊重自己的情绪体验，但也不能任由它如脱缰野马伤人伤己；理性要恰到好处，但不能如冷血动物，毫无感情、没有人情味儿。

了解了以上关于情绪以及情绪特点的知识，我们就可以来深入谈一谈关于情商的话题了！

第三节 关于情商

一、什么是情商

情商就是管理情绪的能力。

情商的英文简称是 EQ（Emotional Quotient），中文意为情绪智慧或情绪智商，简称情商。它代表的是一个人的情绪智力[①]（Emotional Intelligence，EI）的能力。

在情商概念出现之前，人们通常认为影响一个人成功的最重要因素是智商，即智力商数（Intelligence Quotient），它主要反映人的理性思维的能力。

关于情商的研究，始自 20 世纪 20 年代，当时美国哥伦比亚大学教授桑代克（E. L. Thorndike）首先提出了社会智力（Social Intelligence）的概念。他认为拥有高社会智力的人“具有了解及管理他人的能力，而能在人际关系上采取明

① 哈佛大学心理学博士丹尼尔·戈尔曼在其著作《情商》一书的 10 周年纪念版作序时写道：情智（EI）作为情绪智力的简称，比用情商（EQ）更为准确。但是，鉴于 EQ 的概念在全球及中国已深入人心，本书仍沿用 EQ 一说。

智的行动”。

1935 年，美国心理学家亚历山大（Alixander）在他的《智力：具体与抽象》一文中提出了非智力因素（Non-intellective Factors）的概念。

20 世纪 70 年代以来，随着社会心理学、发展心理学及神经科学的快速发展，有关情绪方面的研究无论在量上还是质上，都有了快速增长。

1983 年，美国心理学家加德纳（Howard Gardner）教授提出了多元智力理论（Theory of Multiple Intelligence）。除了传统公认的智慧能力（IQ），他还添加了包括音乐、体育等其他几项智力因素，其中两项智力因素涉及情绪，它们是内省智力（Intrapsychic Intelligence）和人际智力（Interpersonal Intelligence）。

1985 年，以色列著名心理学家鲁文·巴昂（Reuven Bar-On）首次创造了情商（Emotional Intelligence）这个术语，并在 1997 年出版了世界上第一个测量情绪智力的标准化量表《巴昂情商量表》（*Bar-On Emotional Quotient Inventory*，简称 EQ-i）。

1990 年，美国新罕布什尔大学心理学家约翰·梅耶（John Mayer）和耶鲁大学心理学家彼得·萨洛维（Peter Salovey）一起重新解释了情商这个概念，并提出了比较详细的、系统的理论，因而很多人认为这两位学者是首次提出情商概念的人。

1995 年，哈佛大学心理学博士丹尼尔·戈尔曼（Daniel Goleman）出版了《情商》一书，荣登世界各国畅销书排行榜，在全球掀起了一股 EQ 热潮。鉴于其对 EQ 概念普及的贡献，戈尔曼被世人誉为“情商之父”。

戈尔曼在《情商》一书中指出：“在取得事业成功的过程中，20% 靠的是智商，而 80% 要靠其他因素，其中最重要的是情商，良好的情商是获得职场成功的基本因素。”

一项针对美国前 500 大企业员工所做的调查发现：不论产业类别，一个人的 IQ 和 EQ 对其在工作上成功的贡献比例为 IQ：EQ=1：2，即对于工作成就而言，EQ 的影响是 IQ 的两倍，且职位越高 EQ 对工作表现的影响就越大。

清华大学经管学院教授吴维库在戈尔曼《情商》一书的中文版序言中写道："智商高、情商也高的人，春风得意；智商不高、情商高的人，贵人相助；智商高、情商不高的人，怀才不遇；智商不高、情商也不高的人，一事无成。"这段描述很好地说明了情商在人际交往和事业成功中的重要作用!

《管理团队：成败启示录》（*Management Teams: Why They Succeed or Fail*）一书作者、"团队角色理论之父"梅雷迪思·R. 贝尔宾博士（Meredith R. Belbin，英国剑桥产业培训研究部前主任）曾在剑桥大学亨利管理学院做过一个著名的实验：实验内容是专为高级经理人打造的高管沙盘实战演练项目。该实战演练分为 8 个团队，每个团队 6 人。参加演练的几乎都是在职经理人，平均年龄 40 岁左右，属于即将被提拔或任命到高管岗位的高潜人才。在这些团队中，贝尔宾教授通过课前智力测评，特别组建了一个 IQ 表现优异的团队，起名"阿波罗团队"。然而不幸的是，在有"阿波罗团队"参加的 25 次实验里，这个团队只有 3 次取得了第一，他们 4 次第四、6 次第六、12 次倒数第一。通过观察记录贝尔宾发现：这些智力超常的经理人，把大量的时间都浪费在了无谓的争论上，他们自恃聪明、高度竞争、互相诋毁、相互挑剔，并且经常各行其是、自作主张，不关注也不考虑伙伴们的想法与感受，无法展开有效合作。由于无法迅速达成共识，他们往往在项目即将结束之时匆忙达成共识，结果可想而知。这种现象后来被称为阿波罗现象，指由聪明人组成的团队，往往由于各持己见，无法听取他人意见、进行有效合作，而通常导致失败结局的团队合作现象。

一个高情商的人是懂得管理好情绪，并综合合理运用智商的人。这样的人通常有如下优秀表现：积极主动，目标远大，能客观认知"自我"，合理、适度地表达情绪与诉求，人际关系良好，自信但不自满，能承受压力，快速摆脱负面情绪的困扰，有效解决问题，理性做出决策，做事认真而不乏亲和力，对人坦诚而不苛责，尊重自身感受，也尊重他人感受，富有同理心，懂得取舍、拒绝，在逆境中保持耐力与韧性，对幸福的标准能理性看待。

一个低情商的人则可能具有如下特点：消极被动，没有目标，自高自大或自我贬低，情绪化，经常发脾气或郁郁寡欢，人际关系差，缺少朋友或滥交朋友，遇事慌张忙乱，不能识别问题的关键，往往被生活中的诸多琐事困扰，犹豫不决，做事不求甚解，对他人要求过高或抱有不切实际的幻想，经常失望、沮丧，不能很好地表达个人需求，不懂如何取舍与拒绝，对他人的处境不关心，一遇挫折便灰心丧气，爱抱怨、找借口、推卸责任，依赖性强，缺乏独立自主意识。

“情商之父”戈尔曼继承了梅耶和萨洛维的理论，把情商概括为以下五种主要能力：了解自身情绪、管理自身情绪、自我激励、认识他人情绪和处理人际关系，如图 4-3 所示。

本节将就这五大能力在戈尔曼原有理论的基础上，加以进一步的详细解说（本节内容除了上面五种能力的表述引自《情商》一书，具体内容完全与《情商》不同，是基于作者对行为心理学的知识、经验与感悟创作而成）。

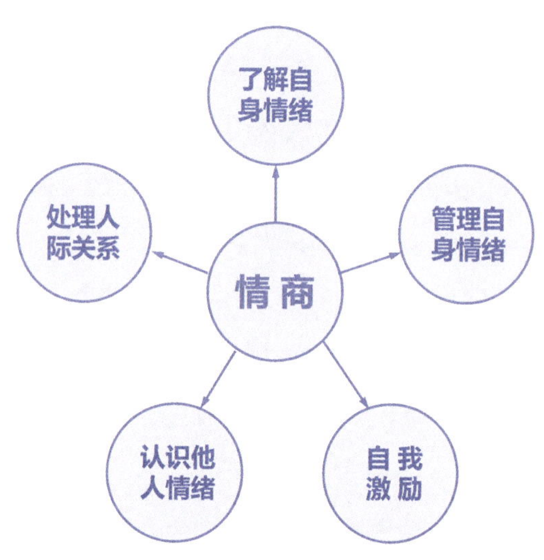

图 4-3　情商的五种能力

二、了解自身情绪

虽然看上去了解自身情绪是一个关于情绪管理的最基本的能力，但正如本章一开始所描述的，很多人特别是含蓄的东方人，却并不具备这一基本能力。

了解自身情绪，即情绪产生时，能够自我识别到情绪的产生。就像有个旁观者，当自己产生情绪时（如愤怒），能在旁边看到、意识到，并提示自己“你生气了，要注意哦”！这需要我们具有很强的自省与反思能力。

了解自身情绪至少包含以下五项能力：

（1）意识：意识到自己的情绪发生了变化，并意识到情绪的影响；

（2）识别：能识别、解读自身情绪特征（生气还是愤怒、喜悦还是兴奋等），以及情绪强度；

（3）归因：知道自己的情绪为何发生变化，清楚自身的需求；

（4）评估：评估环境关系，包括自己与他人的关系，以及自己当下的目标；

（5）表达：适当表达自己的情绪，令自己或对方明白自己的情绪对当下造成的影响。

其中第一项能力是“情商”的核心能力，也是后四项能力的基础，它需要有一定的自我觉察能力，即了解自己内心想法、心理倾向的能力。当形成习惯，它就变成了一种“直觉”。直觉是身体与心理对外界信息基于经验的本能反应。直觉行为通常表现为无意识行为（参见本章第二节关于情绪反应的描述），亦可通过后天强化、刻意训练而习得（形成条件反射）。

比如之前当他人因为“我”的身材肥胖而嘲笑“我”时,“我”通常会很沮丧，进而会很长时间甚至一整天都非常郁闷、烦躁。在经过意识情绪发生的刻意训练之后，每当听到别人的嘲笑时,“我”会立即意识到自己的沮丧，进而询问自己:“这件事对我很重要吗？我为什么要那么在意别人的看法？有合理的理由吗？我应该怎么避免这种情绪的困扰呢？”时刻保持对自己情绪的觉察,并客观审视、分析自己内心深处的真实体验，将有助于我们对自己的认知。情绪觉察是情绪管理的第一步。

心理学有个概念叫作情绪清晰度（Emotional Clarity），它反映的就是我们对自身情绪、感受的辨识能力。情绪清晰度越低，负面情绪对我们的干扰越大。比如亲人去世，我们可能在伤心之余还没有完全处理好情绪就惯性地投入到工作和生活中去，导致情绪与工作、生活相互影响；又或者我们刻意让自己忙起来，聚精会神地做某些事情，暂时忘掉哀伤，但当手头的事儿忙完，那些伤感的情绪会再次袭来，令我们备受困扰。如果我们情绪清晰度就增强了，并能及时归因与评估，那么我们抵御负面情绪的能力也越强。比如焦虑，很多焦虑是由于不切实际的过度担心造成的，它往往会造成注意力涣散、失眠等后果。但如果我们能找到引发自身焦虑的原因，理性分析与评估导致我们焦虑的事情发生的概率，即提升我们的情绪清晰度，那么结果可能就会完全不同。比如我出差经常坐飞机，我太太就很担心飞机失事，可是仔细分析一下，按目前航空器失事的最大概率一百万之一来计算的话，我需要乘坐 100 万次飞机才有可能掉下来一次。换句话说，我这辈子每天坐一次飞机，需要大约飞 3 000 年才有可能遇到一次空难，坐飞机甚至比骑自行车都要安全。

表达是衔接了解自身情绪与管理自身情绪的枢纽，只有清晰了解了自身情绪，才能适度地、有效地表达。但很多人却不知道如何表达自身情绪。心理学家将个体缺乏用语言描述感觉的能力称为述情障碍（Alexithymia，希腊语），即描述感觉有困难，不管是描述自己的感觉还是他人的感觉，而且关于情绪的词汇极其有限（关于描述情绪的词汇请参见本章第一节）。

我们周遭有三种人：第一种人意识不到自己情绪的发生，这种人往往生活在不明所以的糊涂状态；第二种人意识到了情绪，但无法控制，或者放任情绪发展，听凭情绪摆布，这种人往往做出许多遗憾、后悔的事情；第三种人能意识到情绪的发生，并能刻意地加以控制或调整，这种人往往能够比较积极地、高效地处理事务与人际关系。因此，保持对自我情绪的觉察能力至关重要！

三、管理自身情绪

前面提到，如果意识到情绪发生但不能有效管理，听凭情绪失控，就会造成意想不到的负面后果。因此，能否管理好自身情绪，是对一个人意志、理性与智慧的考验。

管理自身情绪，即适时、适度地控制、改善、调节、引导、释放自身情绪的能力。

适时是指选择合适的时机；适度是指既不要放纵情绪，也不要压抑情绪，而是合理、恰当地表达，因为每一种情绪都有其积极意义与价值（如忧虑的好处是促使我们寻找应对潜在威胁与危险的途径，即所谓“生于忧患，死于安乐”），放纵情绪会伤人伤己，压抑情绪会令自己抑郁，也会令他人不知道你的感受与诉求。

一个能有效管理自身情绪的人，通常能使自己摆脱强烈的愤怒、焦虑与忧郁，自我减压，积极应对危机，从而尽快地从负面情绪中解脱出来，提升对事务的操控感，增强对自己的信心，保持良好健康的人际关系，并增大实现自身目标的可能性。反之，当不能有效控制自我情绪时，将会使自己长时间处于痛苦的情绪之中，在事务与人际关系的处理中产生挫败感，降低自信心，并损害自己的身体健康与心理健康。

管理自身情绪，主要有以下六种方法：

（1）控制：当情绪产生时，能立即意识到，并克制冲动，暂缓情绪的宣泄；

（2）表达：适时、适度地表达自身情绪与感受，合理释放情绪，获得对方的理解；

（3）转移：注意力转移，从引发情绪的事件上转移到其他活动上；

（4）脱离：脱离引发情绪的现场环境，避免情绪刺激，寻找其他相对安静的环境，调节、舒缓自身情绪；

（5）认知再造：ABC 理论（详见下文论述）；

（6）针对情绪产生的原因采取行动加以解决。

以下我们来详述这六种情绪管理方法。

1. 控制

这需要有较强的情绪识别能力与自控力，也需要不断拓宽自己的视野、心胸，运用智慧，并长期进行刻意训练。

2. 表达

要学会适时地、适度地表达自身情绪与感受，不可压抑负面情绪，否则于己于人都会带来不利影响。这需要学习表达技巧与反馈技巧，比如朋友约会迟到，耽误了“我”很多时间，“我”心生不满，如果“我”直接表达不满：“你怎么迟到这么久呢？浪费我这么多时间！”那么对方一定会很不高兴，而且很有可能引发不愉快的局面。但如果“我”这样表达：“你过了约定时间这么久都没到，让我好担心，不知道你发生了什么。”不仅指出了对方迟到的事实，还表现出了我们的关心，对方的反应将会大不相同。关于更为复杂的反馈技巧，我们将在下一章讲到。

3. 转移

这是将注意力从引发情绪的事件上转移到其他活动上。比如工作上发生了不愉快的事，我们可以通过从事其他活动，如朋友聚餐、唱卡拉 OK、健身跑步、郊区爬山、读书看报、养花弄鱼、远足旅行……来让情绪渐渐淡化。

不过，这里需要注意两点：

一是转移并不等于解决。如果是严重的情绪反应，通过注意力转移也许会暂时消减，但当类似情景再次出现时，那个情绪有可能会重新浮现，且更加严重。因此转移只是权宜之计，而非治本良方。

二是转移是属于情绪管理的范畴，它不是情绪宣泄。比如我们从引发情绪的事件上转移到其他剧烈活动，如到健身房将沙袋想象成引发我们不良情绪的那个人猛力击打，或回家摔杯子、扔东西等，甚至找到不相关的人（如家人、朋友，或商场、餐厅的服务员等陌生人）大吵一架进行迁怒……这些都是情绪宣泄，而非情绪管理。情绪管理与情绪宣泄的区别是：情绪管理是理性转移，一般不对第三方造成伤害、损害或破坏；而宣泄是感性转移，情绪释放强烈，有可能对第三方造成伤害、损害或破坏。特别是迁怒，尤其要不得！

4. 脱离

这是脱离引发情绪的现场环境，转而寻找其他相对安静的环境调节自身情绪。因为当情绪来临的时候，你所说的任何话都将是不理性的。有一次我和两个朋友一起聊天，其中一位女士说话比较没有礼貌，属于无意识强势型行为，这令我感觉很不舒服，于是借口去洗手间暂时离开了交谈现场，到室外调整了一下呼吸和心情，五分钟后又回来继续交流，并设法提早结束了这场不那么令人愉快的会谈。

脱离的好处是避免情绪的发作，也给自己一些时间和新的空间来调整情绪和沟通策略，在保持礼貌的情况下相对优雅地结束会谈。

5. 认知再造

认知即我们看待自身和外部世界的方式。这里介绍一下 ABC 理论。该理论由美国临床心理学家阿尔伯特·艾利斯（Albert Ellis）提出。A 代表激发事件（Activating Events）；B 代表当事人自身的信念（Beliefs），即其对事件 A 的看法、评价或理念，也就是背包；C 代表该事件引发的结果（Consequences）。ABC 理论如图 4–4 所示。

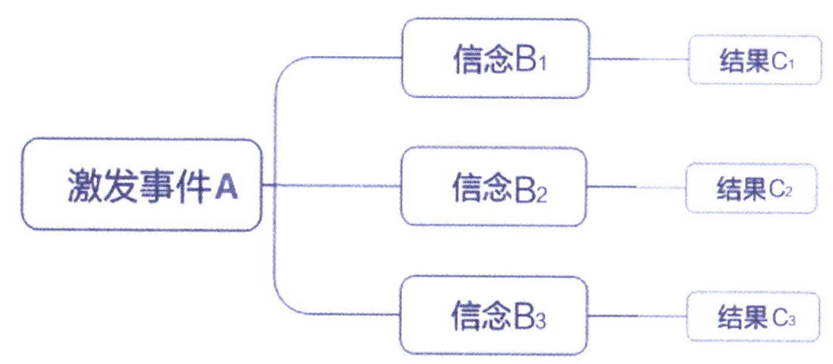

图 4-4　ABC 理论

比如某个周末我在开车，忽然右侧车道的一辆车在没有打转向灯的情况下忽然插到了我的车前方，导致我的车头差点儿撞到他的车尾（激发事件 A）。我非常恼火，于是一边猛踩刹车，一边大声鸣笛抗议，或口出秽语咒骂前方车子的司机（事件结果 C）。人们通常会认为是事件 A 直接引发了结果 C。但在艾利斯看来，引发 C 的并非 A，而是中间的 B（我们对事物的看法与信念）。在刚才这个事件 A 中，我的信念 B 是“交通规则很重要，如果变道要遵守规则，必须打转向灯”，而对方司机的行为违背了我的信念 B，导致事件结果 C 的产生——我很生气、踩刹车、鸣笛、咒骂对方司机等。由此可知，事件 A 本身的刺激情境并非引发情绪反应和事件结果 C 的直接原因，个体对刺激情境的认知解释和评价 B 才是引起情绪反应的直接原因。

该场景中，激发事件 A 是不可变量，即不可更改的，但 B 与 C 却是可变量，可以通过调整认知加以改变。假设刚才我们的信念“交通规则很重要”是 B_1，事件结果“我很生气、踩刹车、鸣笛、咒骂对方司机”是 C_1 的话，如果我们调整一下我们对事物的看法，把“交通规则很重要”（B_1）改为“人无完人，人都有犯错的时候，对方司机也许是忘了打转向灯，他不是故意的”（B_2），那么我们的情绪反应和事件结果可能完全不一样，我们就不会那么激动地“鸣笛、咒骂对方”（C_1），而是会变成“踩刹车，摇摇头，微微一笑”（C_2）。让我们进一步设想一下，假设我们看到对方车牌尾号得知那个司机是我的一个朋友，他是位外科医生，他开车这么快也许是着急去医院抢救一个危重病人（仅仅是假设），那么我的 B_1 也许就变成了 B_3“医生救死扶伤有时比规则更重要”（如救护车可以闯红灯），那么我的 C_1 也许会变成 C_3“踩刹车，内心对该医生周末也不能好好休息，而要去施救生命心生敬意”。

这个过程，我们叫认知再造，即通过调整我们对事物的看法、信念，从而调整我们对事件反应的情绪和行为。艾利斯在ABC理论的基础上，创造了心理学上的理性情绪疗法（Rational-emotive Therapy，简称RET，又称合理情绪疗法），该疗法的关键步骤是引导当事人对激发事件重新认知，进行批驳；因为个体受限于背包（详见第一章的背包原理）的影响，对事物的认知不一定是完全正确的，甚至很有可能是片面的或错误的，因而，通过对信念B_1进行批驳，引导当事人探索B_2、B_3……B_n的可能性，从而改善其情绪反应和事件结果C_1，形成新的C_2、C_3……C_n。

所以，当某事件发生激发了我们的某种强烈负面情绪时，我们可以静下心来思考一下：是什么观念让我产生了这个情绪？这个观念合理吗？是理性的、正确的吗？有没有其他的可能性存在……如此可以通过自我批驳，或寻求他人的帮助、找寻不同视角，来重新认知事物，改变我们的情绪反应。例如，某公司两位女生小陈、小靳在走廊里看见老板经过，两人都热情地向老板挥挥手，说了声“您好”，然而老板直接无视走过。于是小陈非常惶恐地思考“这几天哪里工作没有做好？是不是哪里得罪老板了？”连续几天都萎靡不振；而小靳则认为“也许老板在思考某个问题，没有注意到我”，继续心情愉快地工作。同样的事件，小陈、小靳两人看待事物的观点不一样，导致的情绪反应和行为结果完全不同。因此，批驳原有信念，寻求新的视角，进行认知再造，对情绪管理意义重大！

很多诸如“杯弓蛇影”“望梅止渴”“风声鹤唳”“草木皆兵”等的历史典故，都可以在 ABC 理论中得到解释。基于该理论的理性情绪疗法，对疑心病、抑郁症等心理类疾病也有良好的效用。

6. 针对情绪产生的原因采取行动加以解决

这指的是找出近期困扰你情绪最严重的一两件事，然后分析一下根本原因是什么，然后针对这个根本原因采取行动，来消除情绪源。

例如，小李一直为职称晋级而烦恼，细问得知要想获得晋级“必须通过行业/专业英语中级水平考试”，这是一条硬性要求。因此，小李当下的要务是放下一切手头不重要、不紧急的事务，将补习英语、通过考试放在第一位，制订行动计划，如上英语课、每天务必学习两小时等，在半年内一举拿下考试合格证，彻底消除这个影响情绪的根本原因。

再如，小张最近屡次被经理批评，情绪烦躁。细问得知，这是由于他近期的销售业绩不断下滑导致的，而现在是销售旺季，理应业绩增长才对。继续分析得知，他的母亲因病住院，作为独生子的他每夜需要去医院陪护，导致其精力分散，白天经常困倦，无法集中注意力到销售工作上去。因此，小张的当务之急是解决陪护问题，或者请护工或其他人员陪护，或者向领导申明情况，调整业绩考核标准。总之，一定要找到情绪产生的原因，并采取切实行动，从根本上解决问题！

情绪管理的目标是以最恰当的方式来表达情绪，特别是负面情绪。负面情绪与正面情绪的比例决定了人的幸福感。读者依据上述管理自身情绪的六种方法去纾解情绪，一定会有意想不到的收获！

四、自我激励

自我激励是指面对目标实现过程中的困难与挫折，有效排除情绪干扰，集中精力、聚焦目标，以积极的心态克服挑战的能力。

没有一个人的人生是一帆风顺、坦途通天的，总会有大大小小的困难与挫折在不期然的某时某刻出现在道路的前方。能否像唐僧师徒一样，一路降妖除怪，战胜九九八十一难，就成为我们每一个人所面临的挑战。

我刚到北京的时候，曾经有过一年的时间在某公司做户外拓展培训部的负责人，那是我从之前的新闻记者生涯到之后的培训顾问角色之间一个短暂的过渡。但在那一年里，我并不知道这是个短暂的过渡，我当时正处于职业生涯的迷茫期，不知道未来的路应该怎么去走。每天清晨，我会和其他几位同事一道来到户外拓展基地，迎着朝阳爬上十数米高的攀岩墙，然后在安全带的保护下在空中悬挂着安装高空器械。经过一天的带队拓展训练，又需要在傍晚等学员离开之后再次上到高空解除那些器械。往往，我是最后一个离开高空的人。有好几次，我一边孤独地解除着训练器械，一边遥看着天边的晚霞告诉自己："这不是你想要的生活，这样的生活一定会过去的……"那些时刻，有担心坠落的恐惧，有不得不去面对、担当的勇气，更多的是心里想着家人对我的期盼和自己对未来美好生活的梦想……正是那些期盼和梦想，帮助我度过了人生中最为艰难的一段时光！一年后，我调到国际合作项目部担任经理，开启了一段新的职业旅程。

自我激励，需要具备以下四种能力：

（1）聚焦目标：集中注意力，对目标矢志不移地认定与追逐；

（2）控制情绪：抑制冲动，排除情绪干扰；

（3）延迟满足：抵制瞬时满足的诱惑，做到延迟满足；

（4）乐观心态：以积极心态看待困难，以阳光心态自我激励。

1. 聚焦目标

聚焦目标就是要集中注意力，对认定的目标进行矢志不移地追逐。关于注意力的集中，《情商》一书第六章指出："注意力指向的方向，就是自己能量集中的地方。眼睛指向的地方就是行为取向的地方。足球运动员射门时如果一直想着别射偏了，他就很可能会射偏。如果担心失败，就可能失败。"另外，"龟兔赛跑""小猫钓鱼"的故事，我们大家都耳熟能详，都是讲关于注意力集中的道理，因此这里不再赘述。我们来简单说说目标。

哈佛大学曾在 1970 年对毕业生做了一项关于目标的调研。调研显示：3% 的人有清晰且长期的目标；10% 的人，有比较清晰但短期的目标；60% 的人，目标比较模糊；27% 的人，没有目标。经过 25 年的跟踪调查，研究者发现：3% 有清晰且长期目标的人，几乎都成了社会各界的顶尖成功人士，其中不乏白手创业者、行业领袖、社会精英；10%有比较清晰但短期目标的人，大都生活在社会的中上层，成为各行各业不可缺少的专业人士，如医生、律师、工程师、高级主管等；60%目标比较模糊的人，几乎都生活在社会的中下层，只能安稳平淡地工作与生活，但都没什么特别的成绩；27%没有目标的人，几乎都生活在社会最底层，常常失业，靠社会救济生活，并且常常抱怨他人与社会。

举这个例子是想告诉大家，你有什么样的目标，就会有什么样的人生。而我们当中的绝大多数人，或者没有目标，或者目标模糊。因此，这里请各位读者思考一下，你的目标是什么？长期目标是什么？近期目标是什么？事业目标是什么？生活目标是什么？你准备在何时达成各阶段目标？届时，衡量的标准是什么？只有设定了有意义的目标，才能集中注意力，聚焦在人生各个目标的实现上！

2. 控制情绪

关于这点，我们在前面已经论述过，在此不再赘述。

3. 延迟满足

这指的是拒绝眼前瞬时满足的诱惑，做到满足感延后。

20 世纪 60 年代，美国心理学家沃尔特・米歇尔（Walter Mischel）在斯坦福大学附属幼儿园 Bing Nursery School 做了一个著名的“棉花糖实验”。实验对象是 4 ～ 6 岁的儿童，他们所在房间的桌子上放着棉花糖、奥利奥饼干或椒盐脆饼。这些孩子被告知：屋里的大人（实验人员）一会儿会出去，稍后还会回来。对于桌上的棉花糖等零食，孩子们可以选择不等大人回来就吃掉，也可以选择等大人回来后再吃。如果选择立即吃，每人只能吃一个棉花糖；如果等大人回来再吃，每人就可以得到双倍奖励，即两个棉花糖。当实验人员离开房间后，一台隐藏的摄像机开始记录接下来发生的事情：有大约三分之二的孩子不等大人回来，就忍不住陆陆续续吃掉了他们被允许数量的零食，而有另外约三分之一的孩子选择了等大人回来之后再吃双倍的零食。实验人员从离开房间到再次回到房间的时间间隔是 15 分钟左右，这期间，那些选择等待的孩子，为了转移注意力、避开糖果的诱惑，有的用手盖住眼睛，有的去玩儿玩具，有的一起做游戏。

这个实验先后在约 600 名儿童身上展开。实验结束后，米歇尔对这些孩子进行跟踪，一直到他们高中毕业、参加工作、成家立业，持续了 40 多年。追踪结果显示：延迟满足能力强的孩子相较于延迟满足能力弱的孩子，意志力、忍耐力更强，目标导向更明确，做事更有效率，更有社交竞争力，更加自信，更善于面对生活的挫折，智力表现也更加优秀（表现在他们在相当于美国高考的 SAT 中，语文与数学分数比对比组平均高 210 分），成年后的自我管理能力更强，有更好的人生表现。

延迟满足，需要有较强的自控力与意志力，需要有对于目标实现的前瞻性眼光和想象力，更需要有足够的耐心与智慧。因为相较于漫长等待后的延迟满足，瞬时满足更具有诱惑力，毕竟瞬时满足唾手可得。可是，等待越久，回报越大，延迟满足比瞬时满足的成就感、愉悦感要更强。但绝大多数人看不到或不愿看到未来目标实现时的场景，因为，万一等不到呢？

类似的例子比比皆是。比如，很多人制订了每日或每周的学习计划、健身计划、工作计划，可这些计划经常被朋友邀约的饭局、临时的娱乐活动（比如刷抖音、打游戏等）打乱，因为聚会、游戏这些瞬时满足活动比起学习、健身、工作等枯燥乏味的延时满足活动更具有吸引力；又如，很多人宁可不停地换工作（瞬时满足，可以当月就拿到工资），也不愿意驻足思考一下“我到底想要什么？我要从事一份什么样的事业？”（延迟满足，需要长时间思考并做大量准备），从而导致日复一日，生活毫无新意……

延迟满足，需要有对未来目标实现的远见与前瞻性，更需要有较强的自制力、忍耐力与智慧。面对当下的诸多诱惑，和你头脑中的那些尚未实现的梦想，各位读者朋友，请思考一下：你能做出一个不让自己后悔的选择吗？

4. 乐观心态

乐观心态就是以积极的心态看待困难，以阳光的心态自我激励。挫折与压力，任何人都需要去面对，只是困难程度不同而已。但面对挫折的心态，个体间却有着巨大的差异：面对相同的困境，有的人看到了失败，有的人则看到了机会。美国管理专家史蒂芬·柯维在畅销书《高效能人士的七个习惯》中指出：“在刺激与回应之间，我们每个人都有选择的自由！”

负面心态会给我们更多的沮丧感，并会暗示我们“自己的能力不行”；乐观心态则会帮助我们更加客观、更加理性，从更多的角度、更全面地看待问题、分析问题，从而带来更多的关于问题解决的可能性。比如，受到拒绝的销售员，如果把失败简单地归咎于自己，那么他就有可能陷于自责之中，业绩也会受到负面情绪的干扰而下降。但一个有着积极心态的销售员，会更加客观地看待客户的拒绝，他会分析自己的销售能力，也会分析失败是否与具体的情境有关，比如对方现在不方便、心情不好、时机不对或销售方法不对，那么他就会对症下药，解决具体的问题，而不是一味自责，其业绩也会受到心态的影响和具体措施的改进而得到改善或提升。

五、认识他人情绪

认识他人情绪，即能通过他人细微表情、动作、语言以及声音的变化，体察对方当下的意图、想法和情绪的能力。

前面我们提到，人们了解自己的情绪都很困难，更不要说认识他人的情绪了。

所以，一个人如果能够敏锐地捕捉他人情绪的细微变化，可以说这个人已经是个情商比较高的人了。因为这是获知对方需求、确保顺利沟通和良好人际交往的另外一项重要能力。

识别他人情绪需要具备以下三个条件：

（1）3V 识别：敏锐捕捉对方发出的视觉信息、听觉信息和语言信息；

（2）感同身受：换位思考，站在他人立场，理解他人感受；

（3）同理心回应：能够以同理心回应对方的情绪。

1. 3V 识别

关于 3V 识别，我们在第二章第三节已有详细论述。这里特别强调的是人们的表情，因为表情是情绪体现最直接、最容易被观察到的方面。而且，不分种族、民族、肤色、文化、年龄、性别等，全世界人们的表情都具有相似性、共通性，也即表情的捕捉和解读是有规律可循的。

比如，人们在高兴时会嘴角上扬、额眉平展、面颊肌肉上提、嘴角上翘，生气时眼睛会眯起来、眉头紧皱、嘴唇闭紧……通过表情的细微变化，我们可以观察到人的喜、怒、忧、思、悲、恐、惊等多种情绪变化，这也成就了一门新兴的心理学学科——微表情心理学。微表情研究在美国已经应用到国家安全、医学临床和政治选举等领域：恐怖分子等危险人物也许会轻易通过测谎仪的检测，但很难逃脱微表情心理学家的眼光；一个政治人物是不是在撒谎，观察一下他表情的细微变化，就能知道其内心的真实感受和秘密——微表情在传递着语言无法传递的隐秘信息。

微表情从人类本能出发，不受思想控制，无法掩饰，也不能伪装。它是心理应激微反应的一部分，是个人内心想法的真实呈现。以下是一些关于虚假表情的列举：撒谎的时候通常没有与之相对应的表情，比如当事人说自己很开心，但面部表情呈现的往往是没有任何高兴的表情；惊讶表情超过一秒就可能是假惊讶（对普通人会有例外）；真微笑时眼角通常会有皱纹，假笑眼角是没有皱纹的；通常越受欢迎的人越会撒谎，因为他们善于隐藏自己的真实情绪，因此更容易受欢迎。微表情在实际生活中更倾向于应用在那些被抑制的感情，比如悲痛、恐惧、愤怒、蔑视等；之所以掩饰被抑制的感情，是因为人们不希望在人际交往中失态。

当然，表情不仅仅体现在面部，我们的身体、声音都可以作为微表情的一部分去加以分析，即我们整个的非语言信息（听觉信息和视觉信息）都在向外界传递着内心深处的真实情感。

2. 感同身受和同理心回应

关于感同身受和同理心回应，我们在第三章已经详细论述过。这里需要强调的是：越能够换位思考的人，越能够为他人着想；越具有同理心的人，越容易进入他人的内心世界，觉察、体验他人的情感状态。可以说，认识他人情绪的最高境界，就是同理心！

同理心越强，道德感越强，越倾向于为社会上的弱势人群和受害者代言、发声，甚至进行干涉。研究表明，旁观者对受害者的同理心越强烈，他进行干涉的可能性就越大。

同理心训练对缺乏同理心的人的作用，也是效果显著。美国心理学家威廉·皮瑟斯的研究显示：在狱中接受同理心治疗项目的性侵犯者与没有接受该项目的性侵犯者相比，他们刑满释放后继续实施侵犯行为的概率只有后者的一半。

关于认识他人情绪这一点，请读者与第三章中关于果敢表达中的同理心的相关内容对照阅读。

六、处理人际关系

处理人际关系，短期而言，是指善于调节与控制他人情绪反应，并能使他人产生自己所期待的反应的能力；长期而言，是指能通过与他人建立良好关系、预防及管理冲突、实现协作共赢的人际互动能力。

处理人际关系是属于管理他人情绪的一部分，也是前面提到的所有能力的综合体现。一个有着良好人际关系的人，即使智商一般，也往往能够通过合作来弥补自己的短板，实现个人的工作与生活目标，如三国时期的刘备、美国总统小布什等，古今中外类似的例子不胜枚举；一个缺乏良好人际关系的高智商者，往往会四处碰壁，而又自以为怀才不遇，不仅给他人留下傲慢无礼的印象，且在团队合作中也会屡尝败绩，如我们前面提到的阿波罗现象。

这里需要澄清两点：

第一，有良好人际关系的人，不等同于老好人。老好人有两个特点：一是关系第一，绝对不得罪人；二是毫无原则，任何事情只讲关系，不讲道理和原则。有良好的人际关系者也有两个特点：一是一定是个有着明确、正确目标的人；二是有原则、有底线、有良知的人，凡是违背了原则、底线、良知的行为，都是不被这样的人所认同和接受的。

第二，有良好人际关系的人，是会合理分配时间的人。有人误以为良好的人际关系就意味着和任何人都保持好关系，这是错误的认知。我们知道，一个人的时间与精力是有限的，一个有良好人际关系的人，指的是有良好而健康的人际关系的人，他会把有限的时间与精力分配给他生命中最重要的那些人（如亲密的家人、志同道合的朋友、合作密切的同事与客户等），把时间与精力分配给那些有助于目标实现的事务上去。总而言之，他的时间是高质量时间，即用在重要人物、关键事务上的时间。而那些有错误认知的人，往往关系不分亲疏远近，事务不分轻重缓急，只要是认识的人，都笑脸相迎、和睦相处。我们可以看到他每天都忙忙碌碌，迎来送往，饭局、酒局等各种社会应酬应接不暇，一天下来、一周下来，让他回顾一下收获，他可能会发现其实一无所获，家人因缺少陪伴而微词不断，真心朋友屈指可数，各种目标既模糊又遥远……

因此，要成为一个有着良好而健康关系的人，需要具备以下八项素质和能力：

（1）清晰的目标：有明确、清晰的目标，独到的愿景；

（2）健康的人格：有着健康的人生观、世界观、价值观；

（3）同理心待人：待人如己，“己所不欲，勿施于人”；

（4）有领导力与影响力：有感召力，影响他人共同实现符合多数人利益的目标；

（5）冲突管理能力：有效预防、避免冲突，协调关系，冲突发生时管控情绪与后果，挽回不良后果；

（6）耐力与必要的妥协能力：耐受挫折，在不违背原则的情况下，必要时做出妥协；

（7）沟通与协调能力：有效沟通，协调人际关系；

（8）问题分析与解决能力：识别真正问题，找到根本原因，提出创造性解决方案的能力。

具备以上素质、提升以上能力，需要各位读者长期聚焦、关注自己的情商改善目标，不断学习、刻意训练，长期坚持，定有收获！

这里笔者就一些处理人际关系的必要习惯做个简单、重点提示：

· 勤于沟通，果敢表达：有良好的人际关系者勤于沟通，表达事实，充分交流，避免猜忌，待人坦诚。

· 不抱怨、不批评：有良好的人际关系者一般不批评、不指责、不抱怨别人，而是理性、有技巧地对对方的行为给予建设性反馈，共同商议解决方案。因为他们知道，指责与抱怨于事无补，且容易传染不良情绪，建设性反馈才是解决问题的正确选择。

· 保持热情与激情：有良好的人际关系者对他人抱有热情，对工作与生活抱有激情，经常以积极的情绪影响他人。

· 包容和宽容：有良好的人际关系者心胸宽广，不斤斤计较，对他人有一颗包容与宽容的心。

· 善于聆听：有良好的人际关系者善于倾听，说得不多，都在关键点上，善于聆听，能够捕捉他人话语、表情中的信息与潜在需求，适度关切，令人感觉温暖。

· 经常赞美：俗话说："赞美就像冬日的暖阳！"总会给人带来温馨的感觉。有良好的人际关系者善于发现别人的优点，并发自内心地指出这些优点，给他人以信心，但这种赞美是实事求是、恰到好处的，而不是阿谀的、取悦的、虚伪的、违心的。

· 有责任心：有良好的人际关系者敢于担当，遇事不推卸责任，并且能够理性分析问题，协作解决问题。

· 富有同理心与爱心：对他人富有同理心，对弱势人群或普通民众怀有一颗关爱之心；在力所能及的范围内，有尊重地、适度地、授人以渔式地帮助他人，施以援手。因为他们知道，施与爱不等于泛滥爱，每个人都应该用自己的方式振作起来，而外力的非理性帮忙常常会剥夺一个人自主振作的机会。富有同理心与爱心的人，不会去剥夺他人成长的机会，不会去滋养他人依赖的心理，而是去唤醒每个人内心深处的那种与生俱来的独立自主、自力更生的精神力量。这，才是大爱之所在！

第四节 情绪挑战与情商教育

不得不说，我们现在所生活的时代，是一个历史上最为便捷的时代，万里之遥，一日可达；也不能不说，我们还生活在有史以来生活节奏最快、压力最大的一个时代。社会快速发展，人口流动性增加，科技进步改变了人们的生活方式，机器服务代替人工服务，人与人沟通减少、竞争加剧，宗教与信仰的缺失，家庭结构的破碎化（夫妻因工作原因两地分居，或加班时间延长，一子化或少子化，孩子缺少陪伴，离婚率升高，单亲家庭增多），家庭及社会支持系统的减弱，沟通方式的变化（长时间的亲人沟通越来越少，通过手机等电子媒介方式的碎片化、远程沟通越来越多）……所有这一切，导致人们的耐心、包容心、同理心越来越少，烦躁、焦虑、愤怒等情绪越来越频繁。

研究数据显示，美国现当代儿童的情绪幸福指数呈现明显下降趋势，儿童的困扰和问题更多、更严重，比如孤单、焦虑、不服管教和爱发牢骚等。2014年，《中国青年报》对84 740人进行了一项关于中国人情绪化问题的在线调研。调研显示，93.4%的受访者认为如今的中国人情绪化问题严重，其中85.1%的人认为非常严重；87.5% 的受访者坦言，自己在日常生活中就有情绪化表现。

由此可见，当今时代人们心理问题比较多，这些都对正常与健康的人际交往以及情商教育构成了挑战。

其中威胁最大的四个负面情绪分别是：愤怒、焦虑、抑郁、恐惧。

一、愤怒

愤怒容易引发心血管疾病。因为背包的原因（每个人都有背包，且不止一个背包），我们会经常产生愤怒的情绪。戈尔曼说："愤怒是最难控制的情绪……对惹我们生气的事情琢磨的时间越长，会让怒火燃烧得越旺。'远路无轻载'，再小的事情放在心里时间长了都会变成大事。"愤怒往往是因为我们感受到了被冒犯，自尊或尊严受到了损害，如被不公正或粗鲁地对待、被侮辱或被命令。因此，适度释放愤怒的情绪就显得尤为重要。压抑不仅无助于问题解决，反而会使愤怒的情绪不断发酵，损害自身健康，还有可能让情绪像被挤压的弹簧一样最后强烈爆发，带来可怕后果。如同亚里士多德所言："任何人都会生气，这没什么难的。但要能适时适所、以适当方式、对适当的对象恰如其分地生气，可就难上加难。"

二、焦虑

焦虑与压力会削弱人体的免疫力，使人很容易在情绪脆弱时生病。前面我们曾提到，很多焦虑是由于不切实际的过度担心造成的，也即非理性思维催生了焦虑。非理性思维主要有如下三种类型：

（1）绝对化：指个体以自己主观意愿为出发点，认为某一事物必定会发生或不会发生的信念。这常常表现为将"希望""想要"等诉求绝对化为"必须""应该"或"一定要"等，如"我必须成功""别人必须对我好""他是我男朋友，就应该理解并满足我的要求"……其他常用的绝对化词语如"理应""务必""完全""绝对"等。这种绝对化的要求之所以不合理，是因为每一客观事物都有其自身的发展规律，不可能以个人意志为转移。因此，当某些事物的发展与个体对事物的绝对化要求相悖时，个体就会感到难以接受和适应，从而陷入情绪困扰之中。

（2）概括化（或泛化）：指一种以偏概全的思维方式，典型特征是以某一件或某几件事来评价事物的整体价值，或通过对某个行为的判断扩大到对整个人的判断。常用的概括化词语有“从不”“总是”“无法”“永远”“毫无价值”“一无是处”等，如“文身的人都是黑社会”“这事办砸了，我真是一个没用的人”“××省的人都是骗子”“他说来没来，他一定是个没有信用、不负责任的人”……这个问题在于把“有时”“某些”概括化为“总是”“所有”，混淆了个体与整体、局部与全面、个别与全部的关系。

（3）灾难化：指当一件不好的事情发生时，将其无限放大，认为会导致灾难性后果的信念，比如，“孩子不争气，没考上大学，他这辈子完了，我的后半生也没指望了”“没能在老板指定的日期前提交报告，我在他眼里是彻底‘凉凉’了”“身上长了一个痦子，下一步它会不会发展成肿瘤啊”……我们知道，任何事物都有两面性，“塞翁失马，焉知非福”，灾难化的思维方式只能令个体情绪焦虑感增加，于事无补。

三、抑郁

抑郁会引发癌症，或加速已有疾病的恶化。悲观地看待生活中的挫折，感到无助或绝望，是抑郁症的来源。

据世界卫生组织在2017年发布的《抑郁症及其他常见精神障碍》（*Depression and Other Common Mental Disorders*）报告中的数据：目前世界范围内预计有超过3亿人饱受抑郁症的困扰，抑郁症的全球平均发病率在4.4%左右；女性发病率明显高于男性；中国有超过5 400万人患有抑郁症。

关于抑郁症的治疗手段，目前主要有药物治疗与心理治疗。然而，增加对外部世界的了解与互动，经常参加社会活动与人际活动，敞开心扉，开阔视野，才是最好的治疗方法。

四、恐惧

恐惧是对未知事物、危险处境、安全威胁或已有严重负面刺激的应激性情绪反应，其中严重负面刺激（如他人的施虐或自然灾害）通常会引发创伤型恐惧。施虐者可能是亲人（如父母）或陌生人（如陌生的性侵者），受害者通常难以恢复正常的心理状态。自然灾害的受害者，较之于前者在恢复正常心理状态方面要相对容易一些。

消除恐惧的办法有：①自我认知，再学习、再认知（面对曾经遭受的创伤并重新认知）；②他人的帮助（如家人或外界人员持续的心理施助）；③环境的改变（如生活在一个更加充满爱的环境中，或学习瑜伽、冥想等放松练习）；④药物治疗。

以上对负面情绪挑战的认知，有助于我们勇敢地面对这些严重破坏情商发展的心理问题，从而更好地治愈它、规避它，重新树立对培养良好情商的信心。

情商教育的第一场所是家庭。父母要以身作则，不断学习，相亲相爱；对孩子要包容理解，避免命令式、要求式、判断式、居高临下式等家长式沟通方式，最好与孩子（尤其是青春期孩子）建立起伙伴式关系，用协商、征询的方式进行沟通；以身作则，凡是自己做不到的事情，就不要对孩子提出要求（如自己都没有考上清华大学，有什么理由一定要让自己的孩子考上）；觉察、管理家庭成员的每一个反常的情绪变化，并做出回应与反馈，营造健康的情绪氛围；对家人特别是孩子鼓励、赞美与肯定，会给孩子和家人以更加健康的互动氛围。情商教育的最佳阶段是儿童时期（7 岁以前），因此，家庭的作用至关重要！

情商教育的第二场所是学校。戈尔曼《情商》一书中指出：“社交与情绪学习项目已经覆盖了全世界数万所学校。目前美国很多地区把社交与情绪学习列为学校的必修课程，规定学生必须掌握这种不可或缺的生活技能，学生的情商竞争力必须像数学和语文那样达到一定的水平……例如美国伊利诺伊州制定了详细、全面的社会情绪能力（SEL）标准，覆盖了从小学到高中的各个年级：小学低年级学生要学会识别和准确表述自身情绪，并了解情绪如何引发行为；小学高年级开设同理心课程，要求儿童根据非言语线索识别他人的感受；初中阶段，学生应当学会分析哪些东西会造成压力，哪些东西能激发出最佳表现；高中的社会情绪能力学习重点包括：通过有效地倾听和交谈解决冲突，防止冲突升级，并协商出双赢的解决办法。”

在中国，有些人对于情商教育存在着错误的认知，这是非常令人遗憾的事情。希望本书的出版在推动中国情商教育方面能够起到一定作用。

情商教育的第三场所是社会，也即我们每天在工作生活中与他人的互动过程。人无法脱离社会，我们每日都需要与他人互动、沟通。每一件事情的处理，每一次沟通，都会或多或少地引发我们的感受，或强或弱。情绪的一端是没有或少有情绪反应，另一端是情绪敏感过度。通过觉察自己的情绪变化，辅以理性应对，才是正确的应对之道。但是，也正如我们之前的分析，理性与情绪的平衡与斗争，在很多情况下是情绪获胜、理性失败。这是由于人的动物性本能造成的（详见本章第二节关于杏仁核的内容）。也正因为此，更需要我们把情商训练当成每日必修之课，时时警醒，处处反思。由是，我们方可在前两者教育缺失或不足的情况下，自省提升！

18 世纪的英国作家霍勒斯·沃波尔（Horace Walpole）曾经说过：“生活对于理性的人来说是喜剧，对于感性的人来说是悲剧。”这是提醒我们要当心情绪造成的陷阱。但是，控制情绪不意味着扼杀情绪。社会的发展令人类理性思考能力不断提升，但情绪在表达情感方面（如爱与哀伤）仍是理性不可替代的，毕竟，我们是“人”！

通过面对情商挑战，重视情商教育，我们至少应该在一些基本的情绪体验与认知中获得一些技能，如觉察与识别感受、表达感受、评估感受强度、管理感受、延迟满足、控制冲动、了解感受与行为的差异等。要记住，情商不是天生的，通过正确的学习是可以后天习得，并得到改善的！

除了美国“情商之父”丹尼尔·戈尔曼的《情商》之外，笔者这里还要推荐一部美国“现代成人教育之父”戴尔·卡耐基（Dale Carnegie）的在世界影响深远的经典之作《人性的弱点》，该书在人际互动与情商教育方面，是一部惊世之作，必读之书，读者有时间不妨拿来一阅。

最后，请各位读者牢记：**情商管理的最低标准是不伤害自己、不伤害他人；最高标准是通过自己与他人的互动，创造最佳效果——情绪愉悦，结果双赢！**

国际标准情商测试题

这是一组欧洲流行的关于情商的测试题，可口可乐、麦当劳等众多世界500强公司曾以此作为员工EQ测试的模板，帮助员工了解自己的EQ状况。本测试共33题，测试时间25分钟。假如你已经准备就绪，请开始计时。

第1～9题：请回答下列问题，选择一个和自己最切合的答案。

1．我有能力克服各种困难：________

A. 是的　　B. 不一定　　C. 不是的

2．如果我能到一个新的环境，我要把生活安排得：________

A. 和从前相仿　　B. 不一定　　C. 和从前不一样

3．一生中，我觉得自己能达到我所预想的目标：________

A. 是的　　B. 不一定　　C. 不是的

4．不知为什么，有些人总是回避我或对我很冷淡：________

A. 不是的　　B. 不一定　　C. 是的

5．在大街上，我常常避开我不愿打招呼的人：________

A. 从未如此　　B. 偶然如此　　C. 有时如此

6．当我集中精力工作时，假使有人在旁边高谈阔论：________

A. 我仍能用心工作　　B. 介于A、C之间　　C. 我不能专心且感到愤怒

7．我不论到什么地方，都能清晰地辨别方向：________

A. 是的　　B. 不一定　　C. 不是的

8．我热爱所学的专业和所从事的工作：________

A. 是的　　B. 不一定　　C. 不是的

9．气候的变化不会影响我的情绪：________

A. 是的　　B. 介于A、C之间　　C. 不是的

第 10 ~ 16 题：请回答下列问题，将答案填入右边横线处。

10．我从不因流言蜚语而气愤：________

A. 是的　　B. 介于 A、C 之间　　C. 不是的

11．我善于控制自己的面部表情：________

A. 是的　　B. 不太确定　　C. 不是的

12．在就寝时，我常常：________

A. 极易入睡　　B. 介于 A、C 之间　　C. 不易入睡

13．有人侵扰我时，我：________

A. 不露声色　　B. 介于 A、C 之间　　C. 大声抗议，以泄己愤

14．在和人争辩或工作出现失误后，我常常感到战栗、精疲力竭，而不能继续安心工作：________

A. 不是的　　B. 介于 A、C 之间　　C. 是的

15．我常常被一些无谓的小事困扰：________

A. 不是的　　B. 介于 A、C 之间　　C. 是的

16．我宁愿住在僻静的郊区，也不愿住在嘈杂的市区：________

A. 不是的　　B. 不太确定　　C. 是的

第 17 ~ 25 题：请回答下列问题，选择一个和自己最切合的答案。

17．我被朋友、同事起过绰号、讥讽过：________

A. 从来没有　　B. 偶尔有过　　C. 这是常有的事

18．有一种食物使我吃后呕吐：________

A. 没有　　B. 记不清　　C. 有

19．除去看见的世界外，我的心中没有另外的世界：________

A. 没有　　B. 记不清　　C. 有

20．我会想到若干年后有什么使自己极为不安的事：________

A. 从来没有想过　　B. 偶尔想到过　　C. 经常想到

21．我常常觉得自己的家庭对自己不好，但是我又确切地知道他们的确对

我好：________

A. 否　　B. 说不清楚　　C. 是

22．每天我一回家就马上把门关上：________

A. 否　　B. 不清楚　　C. 是

23．我坐在小房间里把门关上，但我仍觉得心里不安：________

A. 否　　B. 偶尔是　　C. 是

24．当一件事需要我做决定时，我常觉得很难：________

A. 否　　B. 偶尔是　　C. 是

25．我常常用抛硬币、翻纸、抽签之类的游戏来猜测凶吉：________

A. 否　　B. 偶尔是　　C. 是

第 26 ～ 29 题：请回答下列问题，仅须回答“是”或“否”即可，在你选择的答案下打“√”。

26．为了工作我早出晚归，早晨起床我常常感到疲劳不堪：

是________　否________

27. 在某种心境下我会因为困惑陷入空想，将工作搁置下来：

是________　否________

28. 我的神经脆弱，稍有刺激就会使我战栗：

是________　否________

29. 睡梦中我常常被噩梦惊醒：

是________　否________

第 30 ～ 33 题：本组测试共 4 题，每题有 5 种答案，请选择与自己最切合的答案，在你选择的答案上打“√”。答案标准如下：1. 从不；2. 几乎不；3. 一半时间；4. 大多数时间；5. 总是。

30．工作中我愿意挑战艰巨的任务。1 2 3 4 5

31．我常发现别人好的意愿。1 2 3 4 5

32. 我能听取不同的意见，包括对自己的批评。1 2 3 4 5

33. 我时常勉励自己，对未来充满希望。1 2 3 4 5

参考答案及计分评估：

计分时请按照计分标准，先算出各部分得分，最后将几部分得分相加，得到的那一分值即为你的最终得分。

第 1~9 题，每回答一个 A 得 6 分，回答一个 B 得 3 分，回答一个 C 得 0 分；计 ____ 分。

第 10~16 题，每回答一个 A 得 5 分，回答一个 B 得 2 分，回答一个 C 得 0 分；计 ___ 分。

第 17~25 题，每回答一个 A 得 5 分，回答一个 B 得 2 分，回答一个 C 得 0 分；计 ___ 分。

第 26~29 题，每回答一个“是”得 0 分，回答一个“否”得 5 分；计 ______ 分。

第 30~33 题，从左至右分数分别计为 1 分、2 分、3 分、4 分、5 分；计 ______ 分。

总计为 ______ 分。

测试说明：

本《国际标准情商测试题》最大 EQ 分值为 174 分。

测试后，如果你的得分在 90 分以下，说明你的 EQ 较低。你常常不能控制自己，你极易被自己的情绪所影响；很多时候，你轻易被激怒、动火、发脾气，这是非常危险的信号——你的事业可能会毁于你的暴躁。对此最好的解决办法是能够给不好的东西一个好的解释，保持头脑冷静，使自己心情开朗。正如富兰克林所说：“任何人生气都是有理由的，但很少有令人信服的理由。”

如果你的得分在 90 ~ 129 分，说明你的 EQ 一般。对于一件事，你在不同时候的表现可能不一，这与你的意识有关。你比 90 分以下者更具有 EQ 意识，但这种意识不是常常都有。因此，需要你多加注意，时时提醒。

如果你的得分在 130 ~ 149 分，说明你的 EQ 较高。你是一个快乐的人，不易恐慌、担忧；对于工作，你热情投入、敢于负责；你为人正义正直、同情关怀。这些是你的长处，应该努力保持。

如果你的EQ在150分以上，那你就是个EQ高手。你的情商很高，这不但是你事业稳定的保证，更是你事业有成的一个重要前提条件。

第五章

果敢表达中的反馈技巧

果敢表达在很多情境下都需要对对方的行为给予反馈。反馈不当，容易影响意愿表达的效果，甚至会损害彼此的关系。那么，如何有技巧地给予对方反馈呢？

本章我们将从什么是反馈、乔哈里视窗、为何人们需要反馈、反馈与暗示的区别、FITA 反应过程、反馈的类别、如何反馈等多个方面阐述反馈的机理，并举例说明。

第一节
反馈与乔哈里视窗

一、反馈

情景一：晓峰和小丽在谈恋爱。晓峰对小丽的各方面都很满意，包括相貌、身材、家庭、学历、工作等，但就是有一点不满意：小丽吃饭的时候总爱吧唧嘴，发出一些声音。终于有一天，晓峰提出分手，这让小丽非常惊讶，小丽问："为什么啊？"内向的晓峰说："不合适！""哪里不合适？""不知道，反正就是不合适！"无奈之下，两人分手了。小丽热心的好友玲玲私下询问晓峰分手的原因，得知是因为吃饭习惯的问题后，玲玲说："我以为多大事儿呢，这个问题我来解决！"可喜的结局是：在玲玲的提示下，小丽慢慢改掉了吃饭吧唧嘴的习惯，并在玲玲的撮合下，与晓峰和好如初了。

情景二：某公司销售部小李负责每月底前将销售数据提交给财务部对接人小王，小王汇总各部门数据后，将汇总数据提交给公司领导用于经营决策。小李比较粗心，每次提交报表都会有几个错误数据。一开始小王都是通过和小李同事小赵电话确认核实后，再汇总数据。之所以这么做，是因为小王不好意思和小李直接确认，但她和小赵关系不错，所以采用了这种“迂回战术”。不过这个方法一是增加了小王的工作量（需要反复核对）；二是时间久了小赵也会不耐烦，毕竟这不是她的工作职责。终于有一天，忍无可忍的小王拿着当月有着错误数据的报表来到小李面前，把报表往小李桌上一扔，说道：“你这工作还干得了干不了？干不了换个人干！”小李异常纳闷，问：“怎么了？什么干得了干不了的？”“你自己看看，每个月报表都出错，谁还老给你擦屁股！”“你怎么说话这么难听？”……结局可想而知，两人在办公室大吵一通，发生了冲突。进而，两个部门的负责人也被惊动，最后通过部门间会议协商的方式，制订了一套防止数据出错的流程监控措施，事件才得以解决。然而，小王和小李的关系却受到了破坏，两个部门间的问题也传到了其他部门中。

情景三：某公司两名中方副总陈刚、李倩和一名外方副总Michael去外地出差，因航班延误，只好在机场候机厅坐着等候。陈刚习惯性地在座位上脱下鞋子、跷着二郎腿看手机。一旁的李倩感觉这个动作十分不雅，特别是在外方管理者在场的情况下，显得格外不合适。她用胳膊肘碰了一下身旁的陈刚，给他使了一个眼色，说：“哎，你看看这个机场，人多么多啊！”陈刚顺着她的眼神往机场大厅看了看，说：“是啊！人真是挺多的！”说完低下头继续看手机，气得李倩“啪”的一声，用手掌打了陈刚的小臂，吓得陈刚抬起头看着怒目而视的李倩不知所措。

上面我们列举了三个生活和工作中常见或似曾相识的一些场景。在这些场景中，都有一个共同的特点：就是其中一方当事人在没有给予另一方反馈的基础上，就直接采取了行动。这些行动，有的造成了冲突，有的造成了误解，有的造成了关系的短暂破裂。

什么是反馈呢?

反馈就是直接谈论对方的行为，让对方明白自己的行为和行为方式对他人造成的影响。

为什么要这么定义呢?

二、乔哈里视窗

我们先来介绍乔哈里视窗（Johari Window）的概念，如图 5–1 所示。

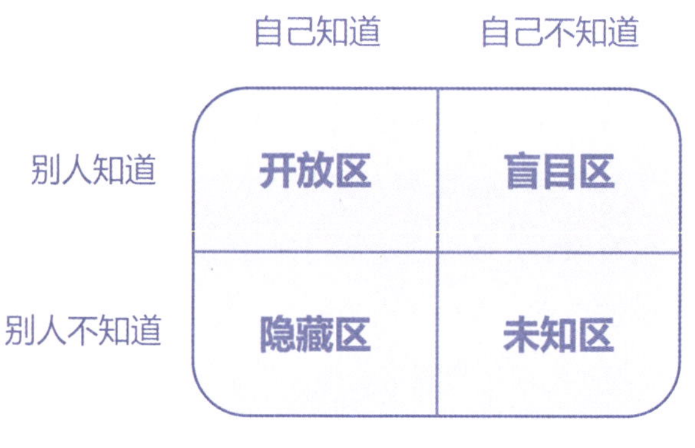

图 5–1　乔哈里视窗

乔哈里视窗是 20 世纪 50 年代美国心理学家约瑟夫·勒夫特（Joseph Luft）和哈里·英格拉姆（Harry Ingram）提出的一个关于自我意识发现的反馈模型，又称视窗理论。该理论依据“自己知道—自己不知道”和“别人知道—别人不知道”这两个维度，将人际沟通信息划分为开放区、盲目区、隐藏区和未知区四个区域。

开放区指的是自己知道、别人也知道的信息，比如你的姓名、兴趣爱好、过去经历、工作状况等。各位可以想想：哪些人对你的这些信息十分了解呢？答案是我们身边最熟悉我们的那些人，比如家人、亲朋好友、熟悉的同事等，这些人都是我们十分信任的人；反过来说，如果我们想增强与某个人的信任，那么彼此的开放区越多越好。这就是为何当我们想加强与某人关系时，我们会对对方提出很多的关于其背景信息的问题的原因。因此，这个区域又称为信任区。总之，双方的开放区越大，信任感就越强，关系越有可能增进。

盲目区指的是自己不知道、别人知道的信息。有一些信息别人知道，而我们自己不知道，比如我们性格上的弱点、不良习惯、某些处理问题的方式等，它们给他人带来什么影响，有时候我们自己并不清楚。因此，该区域又称为多问区或寻求反馈区，意为如果你想多了解自己的盲目区，增大自己的开放区，那么不妨多向对方询问其对自己某些行为的看法、寻求对方的反馈。一个人盲目区很大，那么他通常给人的印象是夸夸其谈、眼高手低、高高在上、自以为是。我们看到很多身居高位的人，很难听到关于自己的真话，就是由于围绕在自己身边的人多是一些阿谀逢迎、爱拍马屁的人。如果这些身居高位者再不反思、不耻下问，就很容易做出错误决策，最后把事情搞砸，还要背负罪名。因此，一个谦虚的、智慧的人，一定是个在盲目区喜欢多问、多寻求反馈的人。

隐藏区指的是自己知道、别人不知道的信息，比如自己的秘密、心愿、希望、好恶或某些痛苦的经历等。由于各种原因，我们有可能不太愿意过多披露自己的隐私。适当保护必要的隐私无可厚非，但如果自己什么信息都不向对方披露，就会给他人以封闭、神秘、难以信任的感觉。特别是在信息不对等的情况下，比如你是领导，很了解下属，但你却不告诉下属你的想法、你的信息，那么你就很难获得下属发自内心的信任与尊重。因此，该区域又称为多说区或给予反馈区，意为除了多向对方透露自己的信息，扩大自己的开放区外，还要适度给予对方反馈，告知你对他人行为的看法，以增强彼此的信任。

以上两个区域，即盲目区和隐藏区，通过多问和多说，可以扩大开放区的范围，增进双方的互信。

未知区指的是自己不知道、别人也不知道的信息，例如自己不知道的隐藏的疾病、自己在某些方面的潜力、一些自己拟采取行动但仍未行动的结果等。未知区是一个等待开发的潜力区，通过上面提到的多问、多说，以及多尝试、多行动，那么未知区就会不断缩小；反之，不问、不说、不行动，很多潜在的机会就会从身边悄悄溜走。

乔哈里视窗将人的心理分成四个部分：公开的自己、盲目的自己、隐藏的自己、未知的自己。通过多告知、多给予反馈，以及多探询、多寻求反馈，扩大开放区，减少盲目区和隐藏区，不仅可以增强彼此信任度，更可以令双方的沟通更加顺畅，减少误解，防范冲突。这也是反馈的意义所在。

三、给予反馈

回到本节开始的三个情景，每个情景都是由于缺乏反馈，而导致了误解与冲突。在第一个情景中，小丽吃饭吧唧嘴是自己的盲目区，晓峰不喜欢这个生活习惯的感受是自己的隐藏区。晓峰没有给予小丽关于其生活习惯的反馈（多说，告知小丽自己的隐藏区感受），小丽也没有寻求晓峰对自己的看法（多问，寻求反馈，减少自己的盲目区），导致两人暂时分手。在第二个情景中，小王没有及时给予小李关于其报表出错的反馈（小李工作的盲目区），导致发生冲突，进而引起连锁反应。在第三个情景中，李倩没有给予陈刚关于其脱鞋子的反馈（陈刚生活习惯的盲目区），导致李倩非常生气，而陈刚还不知道原因为何，产生了误会。

综上所述，**给予反馈，主要是针对对方的盲目区和自己的隐藏区（自己对对方行为的观点与看法）；寻求反馈，主要是针对自己的盲目区和对方的隐藏区（对方对自己行为的观点与看法）**。这就需要多说、多告知，多问、多探询。

如果不给予反馈，即不告知自己对对方行为的看法，那么对方很有可能误以为你认同其行为方式，因而在采取行动时，就不会考虑、顾及你的感受，从而做出令你非常不满意的行为；如果不寻求反馈，即不探询对方对自己行为的看法，那么很有可能会在一定程度上影响到或伤害到对方，从而引发误解、冲突，甚至破坏双方的关系。

生活与工作中有很多类似的例子。比如父母与子女关系紧张，大多是由于父母急于去了解子女的一些信息（父母的盲目区），而子女又不主动告知父母自己的想法或现况（自己的隐藏区）；又或者下属不告知领导自己的工作进展（领导的盲目区），或对领导某些管理方式的看法（自己的隐藏区），而领导又因为工作忙碌疏于探询（自己的盲目区或下属的隐藏区），导致上下级关系逐渐紧张，以至于互相猜忌、防范；同事间类似的情况就更多了。

有一个有意思的现象：现在很多人都将自己的微信朋友圈朋友查看的范围

设置为“最近三天”，请读者思考一下：这是属于哪个区的行为呢？它会带来什么结果？在本节最后各位可以看到参考答案。

前面说过：**反馈就是直接谈论对方的行为，让对方明白自己的行为和行为方式对他人造成的影响。**

有人会有疑问：为什么要直接谈论呢？那多不好意思！万一对方听了不舒服、得罪对方怎么办？可不可以间接谈论呢？

生活中，我们每天早晨出门前，都需要照镜子，目的是确认自己的形象好看，别人看我们也舒服。镜子会直接反馈出我们的形象，因为我们使用的镜子都是平镜，不会是扭曲形象的哈哈镜。同理，每个人的内心深处其实都渴望获得他人的直接反馈，而不是间接反馈。然而，因为有些人没有掌握反馈的技巧，说出来的话不好听，因而看上去好像大家都不喜欢直接反馈。

古语说：“忠言逆耳利于行。”对于那些特别豁达、包容的少数人而言，直接的甚至不好听的反馈，他们也能听进去；凡夫俗子就未必有那么大的度量了。然而，一旦掌握了反馈技巧（详见后文），那么我们基本可以做到“忠言未必逆耳”！

如果直接反馈让你觉得不好意思，说明你的心理倾向于退让型行为；如果你担心对方听了不舒服，怕得罪对方，说明你的潜意识里认定“只要是反馈，就一定是强势型行为”。这两种思想负担，都是给予他人反馈的心理障碍，需要克服！

下面我们来说一说“可不可以间接反馈”的问题。**间接反馈有两种方式，一种是暗示，另一种是借助第三方之口。**

在上述第三个情景中，李倩用胳膊肘碰了一下身旁的陈刚，给他使了一个眼色，说：“哎，你看看这个机场，人多么多啊！”这就是一种暗示。暗示指的是人们为了达到某种目的，不直接告知，而是通过含蓄的语言、表情、动作、符号或其他间接方式，会意被暗示者，希望被暗示者做出某种特定回应动作的行为。因为暗示的信息模糊和间接性特征，使被暗示者必须具有较高的智商、情商以及推理能力，方能理解暗示者的意图。因此，80% 左右的人通常要么是会错意，要么是一头雾水，要么是无动于衷（比如情景三中的陈刚）；那些

20% 能够准确做出回应动作的人，要么之前有过接收类似暗示信号的经历已形成条件反射，要么在之前已被暗示者告知暗示规则，要么就是IQ、EQ非常高。也就是说，暗示失败的比例会非常之高。生活与工作中类似的例子也是比比皆是。

借助第三方之口也是一种间接反馈的方式。比如说，我非常想涨工资，于是告诉同事小李："哎，你和领导关系好，你和领导提提涨工资的事儿呗！"请你想想：此时小李该如何看你？如果他真的转述了你的话给领导，领导又会怎么看你？即使小李以他自己的名义向领导提出涨工资的需求，没有提及你，小李心里就真的对你没有看法吗？再如，你非常喜欢一个女孩，而又羞于表白，于是让朋友小张代为传达爱意，请问：小张会怎么看你？他会愿意传话吗？如果他不愿意你该怎么办？如果他传了话，那个女孩会怎么看你……当然，借助第三方之口未必就不会成功。然而这样做会有四个问题：一是其成功率不高；二是会令对方为难；三是有可能会对你的形象造成负面影响（要么会被人看作是不敢担当、没有责任感，要么是缺乏勇气、能力不够）；四是万一你在借助他人之口时还隐藏了自己的部分动机（比如借刀杀人），一旦东窗事发，则双方关系必然破坏不说，自己的名声也会因此受到影响。

那么，应当如何给予对方直接反馈呢？我们将在下一节进行论述。

在结束本节之前，不知道各位读者是否思考好了我们之前的提问——现在很多人都将自己的微信朋友圈朋友查看的范围设置为"最近三天"，请问这是乔哈里视窗中哪个区域的行为呢？它会带来什么结果呢？

微信朋友圈是一种维护中距离关系的社交工具，将朋友查看的范围设置为"最近三天"实际上是一种维护隐藏区的行为，它限制了开放区的扩大，本质上是不利于彼此信任关系的增进的。但是也应看到，当今浮躁的社会中，人们通常会不经过全面思考和分析，就轻易对他人做出判断，类似于盲人摸象，只摸到了一小部分，就对整个人得出结论，从而影响了彼此的好感度和亲密度。作为一种防御性、自我保护措施，避免不必要的误解和他人的误判，因此许多人选择将朋友圈朋友查看的范围设置成“最近三天”，这也是一种无奈之举，也是社会发展过程中人们彼此信任度降低的一个悲剧化的缩影。解决这个问题，需要大家增强同理心，提升情商技能，多些沟通与交流，多些理解和包容！

第二节 FITA 反应过程

一、什么是 FITA 反应过程？

先来想象一下这样一个场景：你正在路上开车，忽然看到前方十字路口的数字交通灯显示，还有三秒钟，绿灯就将变成黄灯，你一下子浑身肌肉变得紧张起来，眼睛睁大，然后开始迅速思考。你需要在这三秒之内快速做出判断：刹车停下，还是快速冲过？你的大脑迅速地计算了一下你和交通灯的距离以及车速，你判断在三秒之内是可以通过红绿灯的，于是一脚油门“嗖”的一下，在绿灯变成黄灯之前快速通过了十字路口……

这是我们生活中经常会遇到的一个场景，类似的需要我们做出快速反应的场景还有很多。在这个场景中，不知道读者是否注意到：我们从反应到采取行动的过程中，不是同时完成的，而是需要一个过程，这个过程，我们叫 FITA 反应过程，如图 5–2 所示。

“FITA”是英文“Fact、Impact/Feeling、Thinking、Action”四个词的第一个字母的缩写，意为“事实、影响 / 感受、思考、行动”。“FITA”指的是人从感知事物发生到采取行动的过程中的反应步骤。

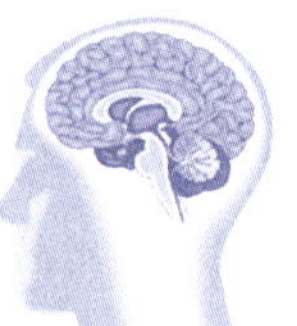

Fact-Impact / Feeling-Thinking-Action

图 5-2 FITA 反应过程

FITA 反应过程包括以下四个步骤：

（1）事实（Fact）的发生，是感觉器官眼、耳、鼻、舌、身所对应的视觉、听觉、嗅觉、味觉、触觉通过收集外部信息而获知的。这些信息通常都是直接的、客观的，也是比较真实的、不易篡改的。上例中，你通过眼睛看到了绿灯变成了黄灯这个事实，这个事实不能通过我们的臆想加以改变，如变回绿灯。

一个人用于收集外部信息的感官越多，对这个事物的认知就越全面。但一个人，即使动用了身体所有的感官，也许只能看到、感知到某一事物的局部或某一方面，他需要收集、综合其他人提供的更多的信息，才有可能看到、感知到比较大的、更加全面的图景。

（2）影响 / 感受（Impact/Feeling），指的是事实 / 事件给当事人带来的影响或感受。事实 / 事件直接触发了你的直觉、情绪、感受、回忆、经验。上例中，当你看到绿灯变黄灯时，一下子肌肉变得紧张起来、眼睛睁大。这是由于外界事物的刺激，引发了你对于过去的经验的回忆：如果你不停车，就很有可能闯红灯、收到罚单，甚至有可能撞到人或车。这些可怕的过去发生在你或别人身上的经历，引发了你情绪上的紧张感受，因而肌肉变得紧张。

这个过程是一个自然的生物反应过程。各位还记得前面讲到的杏仁核吗？纽约大学神经学专家勒杜克斯在他的研究中，揭示了当我们的新皮质思维中枢尚未做出决策时，杏仁核有可能越俎代庖，支配着我们的行为反应。勒杜克斯说："情绪系统可以不依赖于新皮层自动做出反应。有些情绪反应和情绪记忆可以在完全没有任何意识和认知参与的情况下形成。"（戈尔曼《情商》第二章）

也就是说，在事实发生之后，大脑判断之前，外界信息先是刺激到了杏仁核，它令我们迅速产生了直觉反应、情绪反应等。

（3）思考（Thinking），指的是事实发生与影响／情绪产生之后，大脑做出分析、判断的过程。如果说上一个过程是感性反应过程的话，那么这个过程就是一个理性反应的过程。我们的大脑依据事实与经验，做出一个理性的分析与计算，然后做出决断。这个过程是理解、分析、判断，或寻找目的、意义、价值、重要性的过程。

上例中，你通过眼睛看到了绿灯还有三秒钟就将变成黄灯这个事实，这个事实不能通过我们的臆想加以改变，如剩余三秒不会变成剩余六秒。你的大脑通过计算车与交通灯的距离以及车速，做出了一个判断：你的车能在三秒之内通过红绿灯，这个判断就成为下一个步骤的前提。如果通过分析与计算，你认为车子在三秒之内通过红绿灯会很危险或来不及，那么你的下一个动作就有可能完全不同。

（4）行动（Action），指的是人基于理性的分析、判断，而采取的动作、行为、举措或解决方案。上例中，你的分析与判断是车子能在三秒之内通过红绿灯，所以你一脚油门将车子迅速开过了十字路口；如果你的分析与判断是车子不能在三秒之内通过红绿灯，那么你将不会踩油门，而是踩刹车制动，将车子停在红绿灯前。

不同的分析与判断，将导致我们采取不同的行动措施。

以上就是我们从感知事物发生到采取行动的 FITA 反应过程。为了便于记忆，我们可以把上述反应过程简化理解为“眼→心→脑→手脚”的过程，即“感知事实→影响／感受→分析判断→采取行动”的过程。

二、了解 FITA 反应过程

FITA 反应过程是连续的、不可切断的一个反应过程。切断了其中任何一个过程，我们认知外部世界、对外部世界做出能动反应的过程都将会是残缺的、不完整的。

如果切断了对事实的全景信息的收集，我们感知到的将是一些碎片化的信息，不能完整地、全景化地认知事物，也就无法做出明智的决策。如果是团体，将无法确定彼此讨论的是同一件事，就如盲人摸象时，每个人都认为自己所感知到的是真实的，那么将很难达成共识，做出一致决策或采取一致行动。

如果切断了影响／感受的步骤，那么我们将无法处理内心深处的直觉、情绪与感受，无法唤起过去的回忆、经历与体验，也无法深入联结下一步的对意义、价值、含义的思考与追索，从而导致迷惑、困扰、不满、挫败，甚至抗拒。

如果切断了思考的步骤，那么我们将会像动物一样，本能地、被动地应对外部世界的刺激，无法做出积极的、能动的、有效的反应，如同行尸走肉一样没有自主意识地生活在这个世界上。

如果切断了行动的步骤，那么我们前面所做的一切，都几乎是在浪费时间，也是在痴人说梦、纸上谈兵，或是成为一个思想的巨人、行动的矮子。

这里面最容易被我们大多数人切断的，是中间两个步骤：影响／感受和思考。比如，父母经常会这么问孩子："你看你们班上的小兰，学习成绩那么好，你就没有什么奋起直追的改进计划吗？"又如，单位里的上司经常会这么与下属对话："你的工作业绩这么糟糕，你有什么行动方案或解决办法吗？"诸如此类。这样的对话直接将事实与行动对接，忽略、切断了中间两个步骤，那么对方很有可能会无法表达内心的真实感受，感觉压抑、不满甚至愤怒，也无法深入分析思考面临的现状与相应的对策，甚至没有时间去思考事件的意义与价值，从而产生反感、愤懑甚至抵触、抗拒的情绪，令沟通无法进行下去，甚至引发误解与冲突。

更糟糕的是，即使当事人（这里提到的孩子与下属）迫于压力或层级关系，被迫制订了一个仓促的行动计划，然而情绪被压抑了。这种不满的、被压抑的情绪，在其他场合或适当时机，会重新显露出来。比如，下属在其他场合向同事或客户抱怨自己的领导不近人情，或孩子在之后的某一天因为行动计划不能按时完成而与父母大吵一架，等等，造成效应滞后的情形发生。

因此，了解 FITA 反应过程对于我们理性、有效地给予对方反馈至关重要。我们的反馈技巧，也是基于 FITA 反应过程而提出的。

第三节 正向反馈与负向反馈

一、FIT 正向反馈法和 FIFA 负向反馈法

一个好的反馈，可以帮助对方提升个人认知，保持对方的动力与热情，增进彼此的感情与合作，促进双方的理解与信任，有利于长期关系的建立与维系。一个不恰当的或不好的反馈，会使对方反感、抵触、抗拒，削减对方的动力与热情，令对方产生误解，引发矛盾与冲突，进而会损害双方的合作与关系。

在给予反馈的时候，要及时、具体、明确、客观，要给予对方充分的时间去感悟与思考，要选择适当的环境；不要情绪化，不要过于仓促或逼迫对方，尽量不要将对方与他人做比较，更不要对人做判断！

前面我们说过：反馈就是直接谈论对方的行为，让对方明白自己的行为和行为方式对他人造成的影响。影响有正面影响，有负面影响。因而，我们将反馈分为正向反馈与负向反馈两种。相应的 FIT 正向反馈法和 FIFA 负向反馈法，如图 5-3 所示。

FIT 正向反馈法

· Fact：事实

· Impact / Feeling：影响 / 感受

· Trait：品质

FIFA负向反馈法

· Fact：事实

· Impact / Feeling：影响 / 感受

· Finding thoughts：发掘对方的想法

· Action：行动

图 5-3　“FIT 正向反馈法”和“FIFA 负向反馈法”

二、正向反馈

正向反馈指的是当对方做出的行为可以产生正面影响的时候，我们所给予的希望该行为能在今后得以持续、重复发生的反馈。

比如，中学生小明英语考了100分，他的父母和老师都希望这个行为持续、重复发生，因而会给予小明正向反馈。又如，员工小赵在服务客户的过程中，因为态度好并解决了客户的技术难题而受到客户表扬，小赵的领导希望小赵的这个行为得以在今后继续、重复发生，还希望小赵的行为被部门员工广为学习，因而也会给予小赵正向反馈。

依据FITA反应过程原理，正向反馈的技巧可以用FIT正向反馈法来进行。“FIT”是英文“Fact、Impact/Feeling、Trait”三个词的第一个字母的缩写，意为“事实、影响/感受、品质”，即正向反馈要从这三个方面来进行。

比如，小明英语考了100分的例子，我们可以先问小明：“小明，你英语考了100分的原因是什么啊？”小明也许会说“我上课认真听讲了”，或“我现在每天回家都会用30分钟的时间来复习当天学过的内容”等。又如，小赵被客户表扬的例子，我们可以问小赵：“客户为什么会表扬你呢？”小赵也许会说“因为我觉得客户很重要啊，没有客户，哪里有我们的业绩”，或“客户是我们的衣食父母啊”等。这个在给予反馈前的提问过程，是发掘对方做出某个特定行为背后的原因、动机和品质的过程。这个过程很重要！

之后，就要用到FIT正向反馈法了。我们可以这么说：“小明，我看到你英语考了100分（Fact：事实），感觉非常开心（Impact/Feeling：影响/感受），我觉得你这个上课认真听讲的习惯（Trait：品质）特别棒！”

我们同样可以用FIT正向反馈法给予小赵正向反馈：“小赵，当我听到你因为服务周到而被客户表扬时（Fact：事实），我特别为你骄傲（Impact/Feeling：影响/感受），我觉得你这种‘以客户为第一’（Trait：品质）的服务理念，非常值得我们学习！”

再来一个复杂一点的例子：“小陈，感谢你在这一次合同执行过程中，给我们部门的及时协助！这是在客户突然提出退货要求时，你加班加点在三天内给出了最新的检测报告（Fact：事实），使客户认同了我们产品的品质，维持了合同的执行，为公司创造了近十万元的利润，客户十分满意，并愿意与我们继续合作（Impact/Feeling：影响／感受）。你这种‘急客户所急，想客户所想’的精神（Trait：品质），令我们感动，和你的合作非常愉快！”

前面我们提到，给予反馈要选择适当的环境。在给予正向反馈的时候，我们要尽量“开门说”！所谓“开门说”，即当众说，当众表扬。因为我们期待这个行为持续、重复发生，期待这个行为不仅被当事者重复，而且被其他人复制。复制的次数越多、重复的次数越多，正面影响就越大！因此，我们可以在教室里当众表扬小明，这样全班同学就可以学习小明这种“上课认真听讲”或“每天回家复习”的良好品质了；也可以在办公室当众表扬小赵，这样全部门同事都可以学习小赵这种“以客户为第一”的服务理念了！

有人问：“为什么一定要说‘品质’？不说不行吗？”不说品质，当然可以，比如我们可以这么表扬小明和小赵：“小明，你英语考了100分，非常棒！继续努力啊！”“小赵，你这次得到了客户的表扬，很好！加油干！”这里，同学们听到的仅仅是小明考了100分，但他是怎么考到的100分，是什么原因让他考到100分，大家都不知道，因而也不知道从哪里入手可以令自己也取得那么好的成绩。小赵的同事听到的仅仅是客户因为某事而表扬了小赵，而他为何能做出那个动作，其背后的动机是什么，大家并不清楚，因而也对复制其行为无从下手。事实上，在生活和工作中，我们当中的绝大多数人，包括父母、老师、同事、领导、朋友等，都是这么表扬我们的好的行为的。然后，表扬之后，就没有然后了。

所以，如果不说品质，我们就不知道行为背后的原因、动机是什么，也就不知道我们真正要持续、重复的是什么样的行为。因为能够激发行为的，特别是能够持续地、重复地激发行为的，一定是某个思想、价值观或品质！比如雷锋、特蕾莎修女，能够激发他们长久、持续、重复地做出那些有着巨大的、深远的、正向影响行为的，是利他的思想、价值观和品质。这种品质，令他们能够做出不同但都是利他品质的行为来，比如帮助孤寡老人、捐助贫困学生、帮助贫困妇女、收养贫穷孤儿等。

如果给予正向反馈时不说品质，那么即使他人模仿，模仿的也只是单一行为而已，而不是品质激发出来的不同行为。比如，曾有媒体报道：中国某地某学校的小学生在老师们的带领下，在重阳节这一天，来到附近的养老院给老人们洗脚。结果第二年，该地的其他学校的老师们带着各自的学生，纷纷来到该养老院给老人们洗脚。这种"突击敬老"产生的原因，就是媒体只是报道了"小学生给老人洗脚"这种行为，而没有挖掘这种行为背后深层次原因和品质，从而导致其他学校纷纷模仿的仅仅是给老人洗脚这种行为，而不是尊老爱老这种品质衍生的其他诸多行为，比如平时的关爱、陪伴、帮助（如可以帮老人理发、洗衣服、做卫生、整理被褥等），造成了重阳节这一天老人们的脚被不同学校的学生反复搓洗、剩下 364 天无人光顾这一可笑的社会现象。而且，这种一窝蜂式的做好事、做单一行为的好事的荒诞现象，在当今社会不胜枚举！

这就是我们刚才所提到的，在给予正向反馈前要通过提问来发掘对方原因、动机和品质的原因。如果不能够发掘出这个品质，不能够在正向反馈过程中说出这个品质，那么我们所模仿、重复的就仅仅是一个单一行为，而不是该品质衍生出来的不同行为。比如小赵的"以客户为第一"的品质，可以令同事们产生不同的，但都体现了该品质的行为，而不仅仅是小赵"解决客户的技术难题"这一单一行为。

"70 后""80 后"应该都记得《一分钱》这首歌："我在马路边捡到一分钱，把它交给警察叔叔手里边……"这首歌所倡导的拾金不昧的品质，在那个时代影响了整整一代人，几乎每个人都有着该品质衍生出来的捡到钱、捡到物品交还失主或警察的经历，或其他助人为乐、坦荡无私的事情，而不仅仅是捡到几分钱上交的单一行为。这就是品质催生出来的不同行为的典型例证。

有人说，正向反馈的 FIT 正向反馈法，对比 FITA 反应过程，还缺少"Thinking：思考"和"Action：行动"两个步骤。下面我们来解释一下这个问题。

当我们获知小赵因为解决了客户技术难题而获得客户表扬时（Fact：事实），我们的感受是感动、骄傲（Impact/Feeling：影响／感受）。通过在给予小赵反馈前的提问过程，我们发掘出对方做出该行为背后的动因和品质（Thinking：思考），于是决定对小赵给予正向反馈，鼓励小赵和其同事持续、重复这一类型的行为（Action：行动）。表现在语言上，即是："小赵，当我听到你因为服务周到而被客户表扬时（Fact：事实），我特别为你骄傲（Impact/Feeling：影响／感受），我觉得你这种'以客户为第一'的服务理念（通过思考发掘出的对方的品质），非常值得我们学习（正向反馈，鼓励小赵和大家重复其行为）！"

由此可知，FIT 正向反馈法和 FITA 反应过程其实是一一对应的关系，符合我们对事物的反应过程，只不过省略了"A"（Action：行动），因为有时候行动已经暗含在品质引发的行为中了。

综上所述，当我们期望某人持续、重复做出那些能够产生正面影响的行为时，依据 FITA 反应过程，我们可以给予 FIT 正向反馈法，以鼓励当事人和他人能够持续、重复做出那些良好的行为。

古希腊神话传说中有一个故事，说的是塞浦路斯国王皮格马利翁非常善于雕刻，他用象牙精心雕刻出了一位美丽可爱的少女，并给雕像取名盖拉蒂。他深深爱上了这个美丽的雕像，还给雕像穿上美丽的长袍，拥抱它、亲吻它。然而雕塑毕竟是雕塑，象牙终究是象牙。失望之余，皮格马利翁来到爱神阿弗洛狄忒的神殿向她求助，爱神被国王真挚的爱情感动了……当皮格马利翁回到家后，发现雕像渐渐发生了变化：雕像的眼睛开始放出光芒，脸颊变成了粉红色，嘴角也露出了甜蜜的微笑——雕像复活了！从此，美丽的盖拉蒂成为国王的妻子，这段故事衍生出的心理效应也被称为皮格马利翁效应（Pygmalion Effect），意为只要你心怀期望，不断赞美，对方就能按照你所期望的，成为你所赞美的那个样子！

请各位读者今天尝试着用这一方法，对你的家人、朋友或同事，给予一下正向反馈，并不断练习，看看会有什么不同的情形发生！

三、负向反馈

下面我们来说一下负向反馈。

负向反馈指的是当对方做出的行为有可能产生负面影响的时候，我们所给予的希望该行为能在今后不再重复发生或可以做得更好的行为的反馈。

注意，这里的“向”意为“针对”。正向反馈，即正面反馈指的是针对能产生正面影响的行为的反馈。但负向反馈，不等同于负面反馈。负面反馈，比如说“小李，你又把事情搞砸了”，或“小兰，你是咱们班学习最差的学生”等，是直接给予的不好的、负面的反馈，是无技巧的、不符合 FITA 反应过程的反馈。负向反馈，指的是“针对”有可能产生负面影响的行为的反馈，是有技巧的、符合 FITA 反应过程的反馈。

具体来说，依据 FITA 反应过程原理，负向反馈的技巧可以用 FIFA 负向反馈法来进行。“FIFA”是英文“Fact、Impact/Feeling、Finding thoughts、Action”四个词的第一个字母的缩写，意为“事实、影响／感受、发掘对方想法、行动”，即负向反馈要从这四个方面来进行。

“FIFA”和“FITA”（Fact、Impact/Feeling、Thinking、Action，即事实、影响／感受、思考、行动）是一一对应的关系，这里不再赘述。

兹举三例如下：

例一：你的一位下属小李最近一个月来经常迟到，作为管理者，你需要给予他负向反馈，以令其停止这种行为。你可以这么说：“小李，你好！我注意到你上个月迟到了四次，每次迟到二三十分钟（Fact：事实）。这不仅影响了你在同事心目中的印象，也给我管理其他员工带来了困难（Impact/Feeling：影响／感受）。请问你能解释一下最近发生了什么吗？（Finding thoughts：发掘对方想法）”依据小李的回答，你和他可以共同寻找解决方案（Action：行动）。

例二：你需要同部门同事小张每月提供相应的数据完成月报表，但你发现该同事提供的数据资料中，每次都有两三个小错误。你多次指出，他却不以为然，你需要给予负向反馈。你可以这么说：“小张，你每月负责向部门提供的数据中，有时会有错误发生。这个月的部门月报表因为你提供的数据再次出现错误被财务部退回，这已经是部门月报表因同样的问题第四次被财务部退回了（Fact：事实）。这不仅令咱们部门失去了财务部的信任，也让同事对你的工作能力产生了不信任，我担心这样的情况如果再持续下去，你的绩效也会受到影响（Impact/Feeling：影响／感受）。你能告诉我什么原因吗？发生了什么事情？（Finding thoughts：发掘对方想法）”然后依据小张的回答，你和小张共同寻求解决方案（Action：行动）。

例三：周鸣与你分属不同部门，但级别相同。最近他被指派与你一起承担一个重大项目，该项目安排了几位有资历的成员一起参与，周鸣是其中一员，整个项目组由你负责牵头。然而，在最近的前三次会议中他两次没来，说是有紧急任务。这一次会议他又迟到了30分钟，你迫切需要找他沟通一下。你可以这么说：“周工，您好！最近怎么样？……（寒暄）嗯，我知道最近公司同时给您安排了许多工作，而且每项工作都要求您在短期内完成。我能体谅您的处境（表达同理心），但我也担心我们的项目会受到延误。最近我们召开了四次会议，您来了一次，有两次没来，这一次您迟到了30分钟（Fact：事实）。现在，项目进度已经受到了很大影响，这样下去我担心我们不能在规定期限前完成任务（Impact/Feeling：影响／感受）。请问您能告诉我发生了什么吗？我们怎么解决这个问题？（Finding thoughts：发掘对方想法）”然后依据周鸣的回答，你与周鸣共同寻求解决方案（Action：行动）。

从以上三例我们可以看到：FIFA负向反馈依据FITA反应过程，给了对方表达情绪与思考解释的足够空间，可以最大化地避免对方情绪化反应或反感。而且通过第三、第四步骤的开放式问题，发掘对方想法，共同找出解决问题的行动方案，以增强对方行为主动性。

这里需要注意以下六点：

（1）在给予负向反馈前，为避免对方抗拒，增强对方心理舒适度，我们可以适当寒暄，对他之前做得好的一些工作给予适度肯定，或对对方的境地表达同理心，拉近双方心理距离。

（2）要选择适当的环境。如果说，正向反馈需要“开门说”，以令更多人模仿、重复好的行为的话，那么负向反馈就需要“关门说”，即只有你和当事人在私下沟通。要“关门说”有两个原因：一是保全对方的颜面；二是我们需要了解对方真正的原因。因为导致那些能产生负面影响的事件，其产生的原因各不相同，有些甚至比较复杂，必须在充分了解背后的原因之后，才可以做出准确的判断。

在小李迟到案例中，如果小李迟到的原因各异，那么解决方案亦各不相同。如果小李有可能是因为几次给客户送去急用的资料而迟到，那么就不可对其处罚，甚至有可能表扬（那就不仅仅是正向反馈了）；如果小李因为要照顾生病住院的母亲而导致迟到，那么就需要在不伤害其孝心的情况下，来共同商议解决迟到问题的办法；如果小李因为晚上玩游戏导致睡眠不足而迟到，那就需要给予严肃批评来纠正错误行为了。

总之，在弄清楚真正的原因之前，建议在给予负向反馈时“关门说”！

（3）在给予反馈的时候，态度要真诚，表述要客观，理由一定要有事实依据，不可用道听途说、子虚乌有的不实之词与对方沟通。这既可以避免对方情绪化，也可以避免对方看低自己的判断能力。

（4）不要情绪化，不要批评对方这个“人”。不要将对方与他人做比较，不要使用“总是”“从不”“应该”等泛化词，更不要对人做判断！

不要批评对方这个“人”，比如不要说“你这个人怎么这样啊”“你怎么这么差劲啊”“你看看你过去的品行”等。这些由对事上升到对人的指责，往往会引发对方强烈的反感，因为这已经损害到对方的尊严和人品了，因而极易引发冲突。所以反馈过程要就事论事，不要对“人”轻易否定。

不要将对方与他人做比较，如“你看看小王，从来不迟到”“怎么别人都能做到，你就做不到呢”“部门的同事都能完成业绩，就你完不成”等。这些比较，实际上是贬低对方的一种方式，也是对对方尊严的一种侵害行为，易引发强烈的抵触心理。

不要使用“总是”“从不”“应该”等泛化词，如“你总是不能按时上班”“你从来没有正点来过”“你应该准时上班，知道吗”等。这些泛化词的使用，是将发生的个别案例扩大化了，即人为地、主观地、情绪化地夸大了对方的错误，扭曲了事实，进而会引发对方的强烈反感。

更不要对人做判断！**判断是基于自己的标准或假设而对他人行为或某事件做出的一种论断，**即通过自己背包（见第一章的背包理论）里的某一标尺，将对方行为或事件与该标尺核对后所做出的论断。这个论断是单方面的，未经对方、第三方或客观现实所确认的，因而具有片面性、主观性。比如“小方，你这么做是不对的”“小郑，我看客户那么做就是故意的，他就是想刁难你”“小林，你怎么总是犯这么低级的错误”等。这些判断往往主观、片面、不准确，容易引发纠纷、冲突，甚至猜疑、误解。

关于判断，我们将在下一章详细论述。

（5）**如对方不能提供有效解决方案，我们可以提出自己的方案。**当然，我们鼓励大家在给予对方反馈的时候，先通过开放式问题挖掘问题背后的真实原因，进而针对这个原因，让对方主动提出解决方案或改进措施。比如，上述小李迟到的案例中，如果小李迟到的原因是几次给客户送去急用的资料而导致的，那么我们可以这么问他：“小李，‘急客户之所急’很好，但是你看怎么才能做到既满足客户的需求，又不让领导和同事误解你呢？”令其自己拿出解决方案。又如，小李因为要照顾生病住院的母亲而导致迟到，我们可以这么问小李：“你非常孝顺，这一点我很欣赏，也很敬佩。但是公司有规定，上班不能迟到，你看有什么办法没有，既能照顾好你妈妈，又能不迟到？”这些都是鼓励对方拿出“自己”的解决方案，增加其解决问题的主动性。

但是，如果对方不能提供有效的解决方案，我们作为反馈方，就有必要给出我们所建议的方案了。比如在上述周鸣不能及时参与项目会议的案例中，如果周鸣强调自己手头工作很多，无法抽出更多时间来参与到此项目中去，那么我们可以这么表述：“周工，我非常尊重您的工作安排，我相信正是由于领导对您资历、经验的器重，才将您放到这个项目组，我也特别希望您能够全身心投入到这个项目中去。如果您从现在起能按时参与项目，我们再加快些进度，项目勉强可以按时完成。但是如果您实在拿不出时间来投入进去的话，项目很有可能不能如期完成。作为项目负责人，我将承担进度滞后的责任，这是我不希望看到的，我相信您也不希望看到这个结果。您看这样如何？如果您不能全身心投入项目，我只能向公司要求另一位同事来代替您。当然我不希望这样做，因为您的经验丰富，我希望与您合作一起完成这项工作。您看怎么样？”

在这个“Finding thoughts：发掘对方想法”的过程中，切记要多问开放式问题，鼓励对方主动解决问题，拿出“Action：行动”计划和方案来。如果对方实在拿不出来，那么我们就要给出我们的建设性方案了。

（6）解决方案要有对方的承诺和考核的标准。为了彻底解决问题，在给予负向反馈时，当对方或我们给出行动计划或解决方案后，我们要与对方核对计划、方案执行的路径、监督措施等，以获得对方的承诺，并共同商定检核标准，以期实现真正、彻底地解决该问题的目标！

综上所述，当我们期望某人不再重复做出那些能够产生负面影响的行为的时候，或鼓励其改进某些行为的时候，依据 FITA 反应过程，我们可以给予 FIFA 负向反馈法。这可令沟通双方在事实层面进行核对，在影响／感受层面进行核对，在思考层面进行核对，在行动方面寻求共识。因而，这是符合人对事物的反应规律的，通过实践证明也是非常有效的！

熟练使用 FIFA 负向反馈法，可以有效地帮助对方改正错误，改进行为，解决问题，获得成长！

请各位读者今天尝试着用这一方法，对你的家人、朋友或同事给予负向反馈，并不断练习，看看会有什么不同的结果发生！

第四节
接受反馈、向上反馈及应用

一、无反馈与建设性反馈

前面我们论述了正向反馈与负向反馈及其表达技巧。还有一种行为是无反馈，指的是当事件发生后，我们没有给予反馈的行为。无反馈的原因有很多：有可能是因为我们习以为常了，以至于没有感知；也有可能是觉得事情不要紧，没有必要给予反馈；还有可能是没有技巧或不好意思，所以干脆就不反馈了；或者是因为职责不同、层级不同等原因，有各种各样的顾虑，不敢给予反馈，索性也就不反馈了。但是我们要知道，如果对方的行为是能产生正面影响的行为，而我们没有给予反馈，那么对方就有可能不知道其行为带来的正面效应，这种行为重复的动力不足，会造成该行为不能持久或最终停止；如果对方的行为是能产生负面影响的行为，我们没有给予反馈，那么对方就不知道其行为给他人带来的负面效果甚至伤害，导致该行为持续发生，最后积重难返，酿成大祸。这样的例子数不胜数！

无反馈如果作为一种策略，如担心对方产生骄傲心理（而不给予正向反馈），或有意纵容对方引诱其犯错（而不给予负向反馈），则另当别论（其中“有意纵容对方引诱其犯错”是一个需要辩证看待动机的行为）。但千万注意，当想反馈而由于种种原因不能及时、当面给予反馈，事后就不要在背地里进行抱怨或指责了（指负向反馈），因为有句老话说得好“没有不透风的墙”，背后反馈搞不好会影响双方的人际关系。

还有一个大家耳熟能详的说法，叫建设性反馈。建设性反馈是负向反馈的一种，指的是方向性的、框架性的改进建议。也正由于此，具体如何改进、采取何种行动，通常由被反馈者自行决定。比如小张是公司新员工，在工作上暂时还摸不到门道，我们可以给出一些诸如找老员工请教、看专业书籍、多与客户交流等的方向性、框架性改进建议。但小张向哪个老员工请教、看什么专业书、与哪个客户交流，则由其自行决定。因而，建设性反馈通常不具有强迫性，给对方采取行动的空间也比较大。

二、接受反馈

就像出门前如果不照镜子，我们就看不到自己的外在形象是不是合适、得体；与人交往，如果缺少彼此的反馈，我们就不知道自己的行为会给别人带来什么样的好的或不好的影响。因而，我们在自己的盲目区寻求对方的反馈，并在对方的盲目区给予对方反馈，不仅可以增强彼此的信任与关系，还可以帮助我们更好地认清自己的优劣势，获得更大的成长！

前面我们讲了很多关于正向反馈和负向反馈的技巧，掌握了这些技巧，将能有效地帮助我们规避心理障碍（如不敢或不能提出负向反馈），避免可能发生的因不当反馈导致的误解、矛盾与冲突。那么，如果别人向我们提出反馈，我们该如何接受呢？

我们不能保证每一个向我们提出反馈意见的人都掌握了 FIT/FIFA 反馈技巧，很有可能他们的反馈是无技巧的，是非常直接的甚至不太好听的。第一，要避免情绪化反应。第二，要分析对方的动机。如果对方的动机是善意的、有利于我们成长的、有利于长久合作和关系发展的，那么就要抱着积极的态度去回应；反之，对方的动机是恶意的、不利于双方关系发展甚至有可能引发冲突的，我们就要相机行事、策略性回应（详见第六章关于冲突管理的内容）。第三，我们要对那些勇于给予我们反馈的、心直口快而又怀着善意的人表达我们的衷心感谢。因为这个世界上真正为你好而又敢于表达出他们对你看法的人，实在是少之又少，所谓忠言逆耳利于行。如果有这样一个诤友，请多加珍惜。第四，积极倾听，多提问（澄清具体的内容和疑问）、少解释，特别是不要做防御性的争辩或解释。这么做有三点原因：一是因为彼此的背包不同，我们只需汲取对方提出的有益的反馈与建议即可，过多争辩容易引发不快、情绪化甚至误解；二是因为少解释更容易引发对方的同理心，如《诗经》所言："知我者谓我心忧，不知我者谓我何求”；三是过分防御会阻塞视听，下次对方就不愿意再给你有益的反馈了。第五，自己决定如何应对反馈。主动权在自己手里，有利于行动与成长的，一定要虚心接受并加以改进；反之，在表达感谢之余，自行决定取舍！

三、向上反馈

在所有的反馈中，给予上级反馈是相对比较难的。因为上级直接掌握了我们工作的资源配给、评估考核等权力。向上反馈稍有不慎，我们的职业发展将会受到严重影响。

关于如何向上级给予反馈的具体案例，历史书中不乏此类典故或野史，类似臣子给帝王巧言进谏的故事汗牛充栋，这里笔者就不再赘述了，读者可以翻阅典籍查看。但这里我们所说的向上反馈技巧，绝不是阿谀逢迎拍马屁、睁着眼睛说瞎话，而是如何建立更好的、更健康的、更长远的上下级合作关系。下面给出六条原则性建议：

（1）态度要谦虚、大方、果敢、坦荡。

（2）说事实，讲数据，做到客观、有据。

（3）说明事件可能产生的后果，以及解决方案（至少两个，但不可过多），然后征求上级意见与建议。

（4）可以说感受，但要少说、慎说或不说评判。

（5）不说负面词汇，尽量用中性词语表达。比如，不要说“这事不好办”，而要说“这事处理起来的难度有一些大”；不要说“小王把事情搞砸了”，而要说“小王处理事情的经过是这样的……现在的结果是产生了一些负面效果”；不要说“我们的预算不够”，而要说“我们现在的预算有些紧张”。

（6）重要的是说出来，而不是积压在心里，导致事件扩大，最终产生无法收拾的局面。

四、应用反馈

因为笔者辅导的对象绝大多数都是企业的管理者，而最令管理者头疼的事情之一，就是每年都要给下属进行的绩效评估反馈。反馈不当，会引发不满与冲突，搞不好员工会因此离职。即使管理者的自我感觉良好，员工的感受也是未知数，反馈之后的行为改进，也是因人而异，很难预判。

但如果采用 FIT 正向反馈法和 FIFA 负向反馈法，那么绩效反馈的效果就会改善很多。这里笔者以实例来说明。

有一次我赴东北给某德国公司的中基层管理者做领导力提升方面的提升辅导。在辅导中，我采用角色扮演的方式，让管理者学员演示他们在工作中的绩效评估反馈过程。

其中一组在上台演示中，A 扮演上级，B 扮演下属。以下是沟通过程：

A：“来，小 B，我们来做一下今年的绩效评估。先说说你的缺点。第一，你不遵守劳动纪律，今年你迟到了好多次；第二，你和同事的关系不好，今年你和两个同事发生了争吵和冲突；第三，你的岗位技能不行，只掌握了一个技能；第四，你的工作状态不好，工作散漫，夜班打瞌睡时我叫醒了你好几次；还有你的工服太脏……”

说到这里，我赶紧叫停。

这时候 B 的脸拉得很长，下边观看的学员也都表情僵硬。

我问 B：“你在听到 A 给你做这样的绩效反馈时，你心里感受如何？”

B 说：“不舒服！我动手的心思都有了！”下边一阵哄笑。

这时我问大家：“A 在表述反馈时你们都听到了什么？”

有人说“事实模糊”，有人说“判断太多”，有人说“没有提问”……

接下来我让每人依次发言，举例说明。

说“事实模糊”的，指出“今年迟到了好多次是使用了‘泛化词’，‘好多次’没有说明具体次数”；说“判断太多”的，指出“反馈中使用的‘缺点’‘不好’‘散漫’‘脏’等，都是自己的判断，而判断容易引发对方的反感与抗拒”；说“没有提问”的，指出“缺少了提问，就缺少了与对方的事实的核对、想法的核对”等。看来大家对角色扮演之前的理论吸收还是比较快的。

我说："对！在绩效评估中如果不按照人的FITA反应规律来给予反馈，那么势必会引发下属的情绪反弹和反感，容易引发矛盾和冲突。那我们用FIFA负向反馈法来改善一下如何？"

接着，我引导A和其他学员对以上评估反馈做了改善，过程如下：

A："来，小B，我们来做一下今年的绩效评估。先说说你的'不足'（或'有待提升的地方'，把判断词、负面词'缺点'去掉，换为中性词），好吗？"

B："好！（要与被反馈者有沟通互动）"

A："第一，先说说劳动纪律方面（把判断词'不遵守'去掉），今年你迟到了三次，每次5～15分钟不等（事实），对吗？（双方就事实进行确认）"

B："对！"

A："你怎么看待这个问题？你觉得这件事情对你和同事的影响是什么？（征询对方对影响/感受的看法，寻求对方的想法）"

B："我觉得老迟到确实不太好，让大家觉得我比较散漫，也给新同事做了不好的榜样。"

A："那你有什么改善的计划吗？（行动）"

B："我想……（行动方案略）"

A："好的，那就按照你所说的，以后再迟到，按次数和严重程度给予相应的处罚（获得对方承诺，商定检核标准）……我们再来说说同事关系方面（把评价'不好'去掉），今年你和两个同事发生了分歧（指出事实，并用中性词'分歧'来取代负面词'争吵和冲突'）。虽然后来问题得到了解决，但是我还是想听听你对这件事的反思和想法，可以吗？（征询对方对影响/感受的看法，寻求对方的想法）"

B："嗯，好的。这件事有对方的不对，也有我的不对……今后再遇到类似事情时，我……（被反馈者说出自己的行动、改善计划和检核措施，此略）"

A："很好！（对对方的正向态度给予肯定）那我们再说说第三点，你的岗位技能方面（把判断词'不行'去掉）。我们这个岗位对技能的要求有三个，目前你掌握了一个（指出事实，把'只'等暗含判断色彩的词语去掉）。你怎么看呢？（征询对方对影响/感受的看法，寻求对方的想法）”

B：“嗯，比起要求，我还差得很远，我也很着急。您看有什么好办法吗？”

A：“你看这样好吗？这个问题你先回去好好想想，整理出一个你个人的改进计划。你可以自己想，也可以和你师父商量，然后明天下午下班前，我们一块儿商讨。（商议行动，尽量让对方自己想出解决方案，增强其主动性，并给出建设性意见‘可以自己想，也可以和师父商量，然后明天下午下班前一块儿商讨’）”

…………

A：“还有，依据公司对工服的规定，你的工服是不符合要求的（指出事实，与标准对照，将负面词、判断词‘太脏’去掉）。你有什么改善计划吗？（因是小事情，此处略过了影响/感受和寻求对方想法的步骤，而是直接过渡到行动方面的探询，寻求被反馈者的改善计划）”

B：“您也知道，我是单身，没人给我洗衣服。这件事，我也没办法！”

A：“我不认为单身是理由（果断否定对方的不合理解释）。你知道，我们公司的单身男生很多，但并非每个单身男生的工服都不符合要求，这点你认同吗？（以正向标准引导下属）”

B：“认同！”

A：“那你有什么改善计划吗？（继续征询对方的行动计划）”

B：“那，那我就洗呗！”

下边学员一阵哄笑。

改善后的评估反馈在看似轻松愉快的氛围中结束了。整个过程中，由于使用了 FIFA 负向反馈法，并改进了表达方式（如使用中性词代替负面词，去掉判断等），避免了被反馈者的不满、抗拒以及冲突发生的可能性。

我问 B：“这回你感觉怎么样？”

B 说：“我感觉好受多了。而且这么说，我也愿意改！”

在做完以上绩效评估反馈的公开演练之后，现场的学员开始分小组演练……当所有演练环节结束，这些学员都非常兴奋，说：“这个反馈工具太实用、太给力了！”

从这个案例可以看出，很多时候并不是下属不愿意改正不当行为，而是上级的表述没有遵循人的FITA反应规律，或用词、表述不当，这样就容易引发下属反感，从而产生抵触、抗拒心理，造成绩效面谈失败。

这里需要强调一点，反馈的目的是让对方重复某个正面行为，或停止、改进某个负面行为，所以最后一定要落实到行为上，即落实到行为重复、行为改进、行动计划、解决方案上去，也即最后的行动，这一步骤万不可或缺。否则，反馈效果将会大打折扣。

本章对果敢表达中的反馈原理、技巧与应用做了详细论述，各位读者可以在生活与工作中尝试应用，相信定会大有收获！

第六章

判断与冲突管理

当我们与沟通对象进行互动，果敢表达我们的意愿时，有一个危险的“水雷”经常会游弋在交流的“水面”之下，如不小心触碰，沟通交流就会遭遇危险，引发不满、猜忌、抵触、抗拒甚至冲突。这个“水雷”，就是我们的判断！

因为判断是如此容易地触发冲突，因而我们将这两点放在一章里来论述。

第一节
判断、假设与价值观

一、判断

判断是基于自己的标准或假设而对他人行为或某事件做出的一种论断，即通过自己背包里的某一标尺，将他人行为或事件与该标尺核对后所做出的论断。在本书第一章中，我们曾指出过：“在这个世界上，没有任何两个人曾有过完全相同的经历或认知。每个人都是独特的，包括我们的年龄、性别、家庭背景、成长经历、受教育程度、生活习惯、当下的情绪、情感、职业、看问题角度、种族、文化背景、信仰、价值观等，所有这些区别我们彼此的一个或多个特征，统称为隐形的背包。”

背包在 FITA 反应过程中是属于影响 / 感受和思考的。即使我们所看到的事实是一样的，但由于影响 / 感受和思考不同，因而我们最终采取的行为也有可能不同。这就需要我们在认可事实的基础上（这一点很重要，即事实需要核对，因为没有核对的事实，就如同盲人摸象，每个人的信息都是片面的、碎片化的），通过沟通交流，核对彼此的背包，看看能否在行动上达成共识。

在沟通的过程中，判断对人际关系的损害是很大的。爱是人际关系中最为重要的一种关系。下面我们就以爱作为示例，来说明一下判断是如何损害这一重要的人际关系的。

常见的判断如“你不爱我了吗”“你怎么能这样”“你太自私了”“我不允许你用这种方式对待我”等。

对上面的例子，分析如下：

“你不爱我了吗”指的是以“自己”对爱的标准的理解而对他人行为的一种论断。但“自己”的爱的标准（比如“你每天必须给我一个亲吻”或“你每天必须按时回家”等），是基于“自己”对爱的理解或“自己”的价值观设定的，它未必是真实的、正确的或被对方认可的。也就是说，对方的行为可能违背了“自己”的标准，但未必违背了公众或对方的标准。

“你怎么能这样”，意为“你不可以这样”，同样是以“自己”的标准来衡量的。对方可不可以这样，实际上有多种标准衡量，即对方的行为未必违背了公众或对方的标准。比如说，“你不可以以这种冷漠的口气和我说话”，也许对方未必认为这种口气是冷漠的口气。

出现以上判断的原因在于我们习惯于以“自己”的标准来衡量对方行为，这种单向标准往往未必是真实、正确和被对方认可的。因而，这种判断很容易被对方否认或质疑，表现形式就是反问或争吵，如“你凭什么说我不爱你了”“我这样怎么了”“我怎么就自私了”“我哪种方式对待你了？我这种方式怎么了？有什么不对吗”等。不满、误解、抗拒、冲突因此而发生，爱的关系也因此受到损害！

归根结底，是由于双方的背包、标准不同，导致了看法、观点各异，从而引发矛盾、冲突。

在生活与工作中的其他事例也大同小异，如小张认为小李工作不负责任（判断）；小李认为小张要求过高、吹毛求疵（判断）；小王认为小赵不靠谱，说话不算数（判断）；小赵认为小王教条死板，缺乏灵活性（判断）。龃龉、矛盾，都是由于上述原因导致的。

二、假设

除了以“自己”的标准来判断对方行为容易导致对方的反感、反对或质疑外，另外一种判断的依据——假设，就更为荒谬。

假设是依据自己看到的所谓的事实，结合自己对该事实的理解，而产生的一种判断。假设的常见形式是“我以为”！

比如，“我”看到同事小王提着礼品进入老板的办公室，“我”的判断就可能是“小王去拍马屁了”。又如，“我”看到男朋友去见了一个女生，“我”的判断就可能是“他对我不忠，和其他女生幽会”。

第一个例子中，“我”看到的事实是：小王提着礼品进入老板办公室。这个事实有问题吗？没有，但可能有问题的是后边的判断，即“小王去拍马屁了”，因为它是基于“我”对这种行为的理解、猜测，未必是真实的情况。这就是假设性判断。当“我”后来了解到那是老板委托小王出去买的礼品，或客户送老板的礼品后，“我”可能会抱歉地对小王或对自己说：“哦，‘我以为’小王是去拍马屁了，真是不好意思！”

第二个例子中，“我”看到的事实是：男朋友去见了一个女生。同样，这个事实没有问题，问题是后边“我”的基于自己理解和猜测的判断，即“他对我不忠，和其他女生幽会”。这就是假设性判断。当“我”知道那个女生是男朋友的妹妹，或男朋友只是去还借来的书以后，“我”可能会抱歉地对男朋友或对自己说：“哦，‘我以为’你是另有所爱了，真是抱歉！”

在这两个例子中，典型的假设性判断形式就是“我以为”。所以在人际互动中，要有意识地去除“我以为”，不要想当然地以为或假设某种现象或行为，要与对方确认这是否是真实的情况，还是虚假的、杜撰的、以为的情况。

“我以为”这种假设性判断同样会对人际关系造成损害，因为它未必就是真实的、正确的或被对方认可的。

17 世纪佛兰德斯[①]画家彼得·保罗·鲁本斯（Peter Paul Rubens）创作的一幅著名作品《西门与佩罗》(*Cimon en Pero*)被挂在波多黎各国家美术博物馆门口，如图 6–1 所示。画中一位年轻的女性袒露着胸部，而一位衣衫不整的老人正吮吸着她的乳头。很多首次进入博物馆的人看到这幅画都表现出惊讶、难以理解甚至嘲讽的表情，但知道这幅画背后故事的人大多会肃然起敬，甚至感动落泪。

“西门与佩罗”的故事又被称作是“罗马善举”（Roman Charity），其内容取材于罗马帝国时代：一个被判死刑的基督徒西门在狱中挨饿，他的女儿佩罗来到狱中探望父亲，并偷偷以自己的乳汁喂他。佩罗的行为被狱卒发现并被报告当局。她的无私举动打动了当权者，西门最终被释放。几个世纪以来，许多著名的欧洲画家都以该故事为题材，创作了许多油画，故事宣扬的博爱与利他精神也感动了无数人。

然而，初次看到画作的人与了解背景故事的人对画作的感受与判断完全不同。我们经常说眼见为实，而这幅画作告诉我们一个道理：眼见未必是实！即使是我们亲眼所见，也需要通过大量的信息收集、比对与核对，方能看到事物的大致轮廓！

图 6–1　油画《西门与佩罗》

① 佛兰德斯是西欧的一个历史地名，泛指古代尼德兰南部地区，位于现在的德国、比利时、荷兰交界处。

三、价值观

在所有影响我们判断的背包中，价值观无疑是一个非常重要的衡量事物的标尺。价值观引导着我们生活的方向，价值观指导着我们日常的行为举动。

价值观不同，人们彼此的行为选择亦不相同。比如我们看到一个倒在马路边上的老人，有着“救人于危难”价值观的人会选择上前帮助老人；有着“安全第一”价值观的人会选择报警或其他谨慎的救助措施以避免被讹诈；有着“事不关己，高高挂起”价值观的人则会选择悄然离去。

我们通常会用自己的价值观去评判他人的价值观对错，或他人的价值观指导下的行为的对错。这就导致一个现象，即物以类聚，人以群分：与“我”价值观相同或相近的人，就是朋友或好人；反之，就是敌人或坏人。然而，我们要知道，世界之大，大而无边。各色人等，各种价值观，想要统一，难上加难。如果我们的价值观是非黑即白，那么可以想见，我们身边的朋友将会非常之少，与我们打交道的人也会经常与我们发生矛盾和冲突！因此，尊重价值观的多样化、行为的多样化，将是人生必修的课程！

这是前面我们所提到的具有同理心的条件之一，也是创造彼此尊重的人际关系环境的要素之一。

当然，这并不是说要我们放弃自己的价值观。我们所秉持的那些指导我们人生方向的重大的价值观，是一定要保留的。如何选择其他价值观，或如何与具有不同价值观的人交往，往往取决于我们对自己的人生目标的追求程度。不必以价值观作为我们的交友准则，但需要坚守基本的做人的原则与底线，比如善良、爱人（爱他人）、平等等。

还有一点也请大家知晓：价值观并非一成不变，它会随着时间、空间、环境和个人情况的改变而改变。空间与环境的改变，如我们到国外留学、工作或移民到异域生活，这是属于外力（他人与我们的互动而产生）的影响；个人情况的改变，如我们通过看书学习或某个突发事件激发了我们的思想，令我们价值观发生改变，这是属于内力（自我与自我的互动而产生）的影响。

还有两个会导致判断差异的因素。

第一是动机与行为的关系：我们通常会以自己的动机来解释自己的行为，而以他人的行为来判断他人的动机。比如“我”向领导汇报了同事小丽经常利用上班时间在网上购物的事情，“我”的动机是为了她好、为了部门好、为了公司好，因而“我”的行为是合理的、善意的、应该被理解的；如果反过来是小丽向领导汇报了“我”经常利用上班时间在网上购物，那么她的动机一定是为了陷害“我”、嫉妒“我”、想整“我”，因而她的行为是不合理的、恶意的、难以理喻的。

了解这个差异有助于我们将心比心、换位思考，即每当我们要做出一个针对某人的动作或行为时，要想一想对方会怎么想、怎么认为、怎么看，他会不会接受、理解，会不会引发对方误解；同理，当他人做出某个针对我们的动作或行为时，要想一想他为何要这么做，其初衷、动机是为了我们好还是相反，有没有证据证明他这么做不是为了我们好。

也就是说，不要轻易地以对方的行为来判断对方的动机。因为对方的无心之话、无意之举，有可能并无恶意或特殊目的。如果单纯地仅凭对方行为而非真凭实据去评判他人意图或动机，则非常有可能是错误的。《列子》中的一个故事“疑邻盗斧”[①]讲的就是这个道理！

第二是成败与内外部因素的关系：我们通常会将自己的成功归因于自身的努力，将自己的失败归咎于环境的限制；将他人的成功归因于环境的有利，将他人的失败归咎于其自身的懒惰。比如“我”获得了领导的表扬，那是由于“我”工作努力；小孙获得领导表扬，则很有可能是因为她与领导关系不错，领导照顾她。“我”学习成绩不好，是因为父母的遗传基因就很一般，而且邻居每晚都

① 《列子·说符》有记：“人有亡斧者，意者邻之子，视其行步，窃斧也；颜色，窃斧也；言语，窃斧也；动作态度，无为而不窃也。俄而扣其谷而得其斧，他日复见其邻人之子，动作态度，无似窃斧者。”意为从前有个人，丢了一把斧子。他怀疑是邻居家的儿子偷去了，便观察那人。看那人走路的样子，像是偷斧子的；看那人的神色表情，也像是偷斧子的；听那人的言谈话语，更像是偷斧子的；那人的一言一行、一举一动，无一不像偷斧子的。不久丢斧子的人在翻动他的谷堆时发现了斧子。第二天再见邻居家的儿子，就觉得他言行举止没有一处像是偷斧子的人了。

很吵，“我”很难静下心来学习；小方学习成绩不好，肯定是因为他不够努力。“我”没有成功，是因为“我”没有一个像比尔·盖茨一样的老爸；小李成功了，是因为他的爸爸能帮他搞定很多事情。

了解这个规律，有助于我们对成败原因和事物变化做出客观、理性的分析。内因是变化的根据，外因是变化的条件，外因通过内因而起作用。任何事物的发展与变化都会遵循这样一个哲学规律，它不以人的意志为转移。所谓水到渠成、瓜熟蒂落、苍蝇不叮无缝蛋等，说的都是这个意思。因而，对每一个个体的成功与失败，我们都要抱着客观而理性的态度去分析，不能因为个体差异而区别看待。

小结一下：在人际互动中，判断对人际关系的损害是很大的。所以，要减少判断，慎重判断。最好的解决办法就是：①去除或重新评估自己的标准 / 假设；②与对方或第三方核对事实（是真实的情况还是虚假的情况）；③找到双方共同认可的衡量标准；④修正（自己的或对方的）行为。

在上述表述中，有一点需要说明：如果行为没有触犯法律，或重大道德标准（指当地、本民族文化所公认的重大道德标准），则只有不当的行为，没有不对的行为！

不对的行为有法律和道德去约束；对于不当的行为，我们可能会去约束，但更多的情形是我们没有权力约束的，我们只能去影响。我们可以通过在本书中所学到的人际互动技巧或外界力量、环境力量来施加影响！

第二节 无意识偏见

一、偏见与无意识偏见

偏见是由于背包中的某一个标尺的衡量差异而产生的，它会导致优越感或自卑感。

如把教育背景作为标尺，则受过高等教育的人有优越感，没有受过高等教育的人有自卑感；如把成长环境的资源充裕度作为标尺，则在城市长大的孩子有优越感，在农村长大的孩子有自卑感。

标尺衡量指数高的一方，即有优越感的一方，对另外的指数低的一方会产生傲慢与鄙视；反之，标尺衡量指数低的一方，即有自卑感的一方，对另外的指数高的一方会产生嫉妒或仇恨。这两者互为偏见。

这两种互为指向的偏见情绪，都有可能是潜在冲突的导火索。

之所以说它们是互为偏见，是因为标尺或标准是相对的概念，不是绝对的概念。比如在某些地域皮肤白就是美的标尺，在另一地域美的标尺也许是皮肤黑。又如受过高等教育就一定高人一等吗？未必，这是单一维度的比较。如果放到多个维度去比较，我们会发现某个受过高等教育的人其实综合能力一般，未必比没有受过高等教育的另一个人综合能力强。再如在城市长大的孩子一定是傲慢的吗？未必，很多在城市长大的孩子都很谦虚、有爱心、能平等待人。因而，那些认为在城市长大的孩子是傲慢的观点，就是一种偏见。

有些偏见是有意识的、可以觉察到的，也比较容易通过理性控制加以避免。而无意识偏见则根深蒂固，难以意识、觉察或识别，其所带来的危害则相对隐蔽。

在详细阅读本节前，请读者先闭上双眼用一分钟的时间来想一下：如果让你描述一幅科学家的画面，你会怎么描述呢？

请闭眼在你的大脑中想象一下。

…………

当我向一个朋友提出上述要求时，她说：“我头脑中的科学家应该是在实验室里手里拿着一些仪器，嘴里叼着烟斗，蓄着大胡须……”

我说：“等等，请问他是男的，对吗？”

“对啊！要不然呢？”朋友答道。

毫无疑问，我的这位朋友的头脑中，已然对科学家这个职业有着明显的无意识偏见。

那么，什么是无意识偏见呢？**无意识偏见指的是对某一群体及其个体成员的无意识消极态度或情绪反应，它是基于社会规范和刻板印象的心理捷径。**在上面这个例子中，我的朋友基于刻板的社会印象，快速地将科学家描绘成了一个男性（心理捷径）。但我们知道，科学家未必都是男性，还有可能是女性。据美国的一项调查研究显示，在美国，62% 的中学生会把科学家描绘成男性，只有38% 的学生会把科学家描绘成女性；在中国，两者比例的差距更大（无意识偏见更加明显与突出）！

下面我们就从无意识偏见的来源、影响、识别、性别与对策五个方面来论述一下无意识偏见。

二、无意识偏见的来源

为何我们会不自觉地将某种特点与某一类人自然而然地联系到一起？比如，提到东北人，就会想到豪爽、打架很厉害；提到上海男人，就会想到疼老婆或财迷、抠门。这与我们大脑的思维习惯有关系！

在第四章第二节中介绍过两个概念：情绪反应与理性反应。情绪反应指未经理性分析的、身体直觉的生理反应；理性反应指经过理性分析的、有控制的身体生理反应和心理反应。

情绪反应是由于千百万年以来进化形成的对外界的迅速的、直接的、无意识的反应；与之相应，理性反应则是缓慢的、理性的、有意识的反应。如我们看到室内的桌子晃了一下，立即冲出门，沿着楼梯飞奔下楼，逃出大厦——这是情绪反应。理性反应会怎么样呢？大脑会冷静下来分析一下桌子为什么会晃：有可能是地震了，也有可能是邻居装修导致的，还有可能是被桌子那头的狗碰了一下，但狗被桌子挡住了，我们只是没有看到那只狗而已。理性反应做出的判断更加准确，但情绪反应更加快速。因为“懒得思考”，所以我们通常放任理性反应休息，而只是让情绪反应工作：因为情绪反应快速、高效，但情绪反应有可能是错的！

类似情形发生的情绪反应的累积，会形成习惯性行为或下意识判断，如看见红灯亮了就立刻停车，看见个高的人就本能地回避一下，天长日久，就逐渐形成了不同的偏见，即无意识偏见：比如女性的反应速度、智力不如男性；外国人一定比中国人懒惰；南方人肯定比北方人矮；农村人肯定不如城市人富裕。

包括丹尼尔·卡尼曼（Daniel Kahneman）在内的许多行为心理学家曾列举了数十种人类的无意识偏见，兹举两种。

（1）证实偏见，是刻意寻找或专注于能证实个人已有信念或假设信息的倾向。该偏见会使根深蒂固的信念或任何能引起情感反应的东西变得更加强烈。比如某人特别喜欢苹果手机，因此无论何种其他品牌的手机与其苹果手机相比较，他都能找出苹果手机的性能优越之处，并加以证实！

（2）群体归因错误偏见，是一种倾向认为一个人的特征反映了这个人所来自的群体的整体特征的偏见，或是认为一个群体的决定或结果一定反映出每个群体成员的偏好（即使有信息表明事实并非如此）。比如我们看到某位来自中东的男士出手大方，于是断定所有中东男士（至少是大多数中东男士）都很有钱（其实未必）。再比如某部门新招来一个来自新疆的女性员工，大家都认为她一定会跳舞，而且跳得很好（将能歌善舞的新疆人形象投射到了该名女性员工身上），虽然该员工其实也许并不会跳舞！

类似的无意识偏见还有许多种！

三、无意识偏见的影响

这些无意识偏见被带入组织中，就会给组织造成很大困扰，甚或不公平。比如，招聘的时候，同等资历的候选人，男性比女性有优势；晋升的时候，我们会倾向把机会给那些与我们关系亲近的人，尽管那些人的能力未必比与我们关系不亲近的人高；我们在设立新部门的时候，我们会倾向依据我们对传统部门的刻板印象而设置（比如某杂志社设立洗印部），而不管这个部门是否是必需的（现时应当设立的是图像处理部而非洗印部）。

如果把这些无意识偏见带入业务中，那造成的后果会更加可怕。它有可能会阻碍我们的创新，扼杀新颖的创意，也有可能会给产品设计带来缺陷（如在美国有一款白人设计师专为公共卫生间设计的自动感应洗手液盒，这个感应盒只能感应到白种人或浅肤色人的手，但无法感应识别黑人黑皮肤的手，因而也无法为黑人的手自动滴出洗手液），还有可能给我们的售后服务带来盲点（如服务点大都设在大中城市，小城市、农村或偏远地区不仅没有服务点，甚至连不会产生多大成本的服务信息都没有），导致老客户大量流失。

特别值得注意的是，在人力资源管理方面，无意识偏见造成的影响将会带来明显的不公平现象！

四、无意识偏见的识别

以下情况出现时，就说明无意识偏见有可能已经在你身上发生了：

（1）业绩：你的业绩总能达到预期，但你还是得不到晋升，特别是你的领导经常给你设定的是一些非特定的、无法量化的目标。当然，有些无法量化的目标是与岗位性质紧密相关的，特别是支持与服务岗位。但是这些岗位上的员工（大多是女性）经常被设定模糊的、难以衡量的目标。虽然你完成任务出色，但每次你问起晋升这件事，领导都告诉你要有耐心。与此同时，其他人（有些人的绩效还远不如你）正在获得晋升。

（2）评价：有些人不喜欢你工作得出色，而且经常诋毁你的工作成效，并将其归功于是环境而不是你的努力，赞美你的人总是少数。而且无论你多么努力，领导者却似乎熟视无睹。

（3）反馈：虽然领导也许很清楚你的工作成果，但很少或几乎没有给你直接的、有效的、及时的反馈，你工作表现好还是坏你并不清楚。而当你某件事真的干砸了，负面评价要么是如潮水般涌来，要么是在暗地里被人传来传去。

（4）会议：你受邀参加一些会议或活动，但没有人倾听或在乎你的声音。当会议在进行决策时，你发现你的意见和建议并没有被采纳。

（5）观点：当你对某些事件提出自己直接而坦诚的见解时，旁人会用一种奇怪的眼神看着你，那眼神似乎告诉你：你是个另类，与众不同，难以相处。

（6）比例：你发现你在人群中（比如部门或公司中）是少数（如少数族裔），

你的声音微弱且容易被忽视。

（7）改变：经常会有人期望、劝诫或建议你做出改变，以适应周遭的环境。

以上现象是比较明显、容易察觉的无意识偏见。当然，无意识偏见还有其他的表现形式，这里不一一赘述！这些无意识偏见不仅会影响你的工作绩效发挥，也会在心理、生理等方面严重影响着你、周围环境和社会的健康！

五、无意识偏见在性别方面的影响

无意识偏见不仅对小众群体、独特观点、优秀绩效、独特行为等方面有潜在或显著影响（前提是所有行为都没有违犯组织规章或社会法律），在性别方面的影响更为显著！

英国《经济学人》杂志曾做过如下调查：某大型跨国公司，女性在基层员工中所占比例为 35% ～ 40%。但在基层以上的各个级别中，这一比例都在下降。到了高层，女性只占最高级别职位的 20%。但当分析数据时，该杂志发现男性和女性的行为几乎没有明显差异。女性与男性接触的次数相同，她们花在高层领导身上的时间也一样多，而且她们与担任相同职位角色的男性分配的时间也差不多。此外，男性和女性在上网、集中精力工作和面对面交谈的时间上，有着难以区分的工作模式。在绩效评估中，男性和女性的得分在统计学上也是相同的。然而，女性并没有获得与男性同等比例的晋升。

在中国大陆，每 100 名适龄女性中就有 69 人参加工作。中国大陆是亚太国家和地区女性劳动力参与率最高的，该比例甚至高于许多欧洲国家。然而，在中国大陆，只有 11% 的女性进入了企业高管层或董事会，在政府机关，这一比例更低。

接受《经济学人》访问的女性员工表示，第二次产假后重返工作岗位的难度更大，男同事和女同事都表现出了更明显的不满情绪。很多女性觉得，如果为了照顾年幼的孩子或年迈的父母而不得不中断工作一两年，这将意味着她们职业生涯的终结。

在招聘方面，很多岗位设置了明显的有意识偏见而非无意识偏见，如筛选候选人时特别要求仅限男性、未婚、无子女、已婚已育、35 岁以下、简历无空白等作为条件。

据麦肯锡咨询公司 2015 年的调研显示：如果各国男女平等状况[①]达到本地区最佳水准（如北美洲所有国家和地区达致该地区最佳水平——美国的 0.74；或欧洲所有国家和地区达致该地区最佳水准——挪威的 0.79），则到 2025 年全球 GDP 将会在现有稳步增长水平的基础上再增长 12 万亿美元；如果各国男女平等状况达到完全平等（指标值为 1），则到 2025 年全球 GDP 将会在现有稳步增长水平的基础上再增长 28 万亿美元。

也就是说，仅仅消除无意识偏见中的对女性的偏见，就不仅可以惠及女性，而且可以惠及男性、儿童、老年人以及地区经济！

六、无意识偏见的对策

既然无意识偏见对个人、组织与社会这么重要，那么社会和组织可以采取什么样的措施来防止或减少这些偏见所带来的负面影响呢？以下是可以采取的一些建议措施：

（1）设立标准：对工作岗位设定统一标准，并用该标准客观地评价所有该项工作参与者。

（2）制订决策流程：对某些决策制订科学流程，避免主观意见影响决策的科学性与客观性。

（3）培训：对管理者和员工进行无意识偏见培训，帮助管理者和员工有效规避无意识偏见，最大限度地减少其对组织、产品、客户和社会的负面影响、不公平现象，甚或伤害。

（4）审核工作岗位描述：列出某个岗位必需的职业技能，考虑一下该岗位真正需要的条件是什么，然后去掉不需要的内容，包括不必要的资格，确保在多样性方面（如年龄、性别、口音、教育等问题上）无意识偏见没有渗透到招聘过程与决策中。

① 衡量男女平等的指标值，满分为 1。

（5）建立服从或解释机制：要求经理解释为什么他们没有选择女性或文化背景多样化的候选人，这将有助于发现无意识偏见，且有助于加强未来领导职位候选人的多样性。

（6）建立女性领导者晋升渠道：确保接受管理职位面试的候选人性别比例均衡。组织由男性和女性共同组成的面试小组来筛选高级职位的求职者也很有帮助。

（7）组织内部建立由志愿者运营的企业女性沟通网络或论坛：建立沟通机制，互相鼓励，并分享职场经验、感受以及领导力技能。

（8）实行弹性工作制：特别是对于已有子女的员工及女性员工，该制度非常有助于其满足工作与生活的平衡。当然，该制度的前提是基于完成绩效且保证有效沟通（如建立关键时间段沟通机制等）。

（9）树立榜样：特别是在中高层管理者中树立榜样。新加坡一家国际咨询公司的女性合伙人表示："如果你在高级职位上看不到任何像你这样的人，你就很难对前进的道路有信心。"组织除了为女性设立辅导项目（尤其是在科学、技术、工程和数学等领域）外，还需要对女性、少数人给予特别的关注和领导力辅导。

建立有效的应对策略可以显著降低无意识偏见。如在20世纪70年代以前，美国主要管弦乐队的乐手95%是男性，女性只占5%。当负责招聘的乐队评审团意识到偏见可能影响了女性比例时，他们改变了面试流程：所有竞聘的乐手需要在悬垂的幕布后面的舞台上进行演奏，避免评审团成员看到乐手的脸和性别。这项措施实行后的效果非常显著：乐手不再被依据性别做出评判，而是基于其实际的演奏水平。目前，美国主要管弦乐队的男女比例是1∶1。

无意识偏见是公平、公正的潜在的绊脚石，也是组织管理、社会进步以及人际互动的隐形障碍。消除这个障碍，需要对其有理性认知、具体措施与技巧，以消除其负面影响，避免潜在冲突的发生。

第三节
核心特质与厌恶

在生活中是不是有一些你非常羡慕的人，比如你的某个老师、同学、朋友或者某位明星？你生活中是不是也有一些你非常不喜欢甚至讨厌的人，比如你的某个同事、客户或者影视剧里某个反派角色？你生活中有没有遇到过这样的人，你和他曾经打得不可开交，现在又和他亲如兄弟，正所谓不打不相识？或者即使你没有遇到这样的人，但是你是否听说过这样的不打不成交的故事，比如武松与孙二娘？

你有没有想过，你为什么会羡慕一个人？厌恶一个人？又或者有些人通过冲突反而成为好朋友？接下来我们就来说一说其中的奥妙。

一、核心特质模型

首先，我们必须明确两点共识：人无完人，每个人都有其优点和不足之处；一个人所擅长的有可能是另外一个人所缺乏的，反之亦然。

其次，我们来明确四个概念：核心特质、陷阱、挑战与敏感。

我们自己身上的某个或某几个特别突出的优点，是我们引以为傲的特点，也是我们区别于他人的核心特点，比如我非常热心、小张很认真、小李很诚实等。这些构成我们的突出特点，区别于他人的关键优势特征、独特性格的可识别行为或技能，统称为核心特质。

不可否认，有时候我们的优势表现过度的时候，会给自己或他人带来困扰。比如我很热心，但热心过头了会让对方感觉别扭，他会觉得我过于关注他而显得不好意思，感觉背上了人情债，让我也看上去显得自轻自贱或自我忽视。当我们的核心特质表现过度而走向极端，原来的优势特征就变成了缺点，这被称为陷阱。

我很热心，是因为我很善良，喜爱帮助他人。因此，我很反感那些不爱帮助他人的人，非常厌恶他们，因为我认为他们太冷漠了，没有人情味儿。我们将核心特质的消极对立面，即核心特质的相反特质，称为敏感（如热心这个核心特质的相反特质就是冷漠）。

如果我们深究一下陷阱和敏感，会有一个有趣的发现：热心的陷阱是自轻自贱或自我忽视，是由于我们过多地考虑了对方的诉求而忽略了自己的诉求（帮助别人不应以牺牲自己的尊严为代价），即我们还应该多考虑一下我们自己；热心的敏感（我们所厌恶的特质）是冷漠，冷漠是只考虑自己而忽视别人的诉求的一种表现。如果我们把陷阱（自我忽视）与敏感（冷漠）中和一下（陷阱前进一步，敏感退后一步），就会得到一个理想的状态：相对的理性和冷静，在别人需要帮助的时候去帮助他人（不那么冷漠），同时也应要多考虑一下自己（不要自我忽视）！核心特质的理想状态，即我们自身优势特征的互补状态，被称为挑战。挑战可以弥补我们自身核心特质不足的那一部分，也是核心特质所欠缺的那一部分，它还是我们核心特质表现过度的陷阱的积极对立面。

核心特质模型如图 6-2 所示。

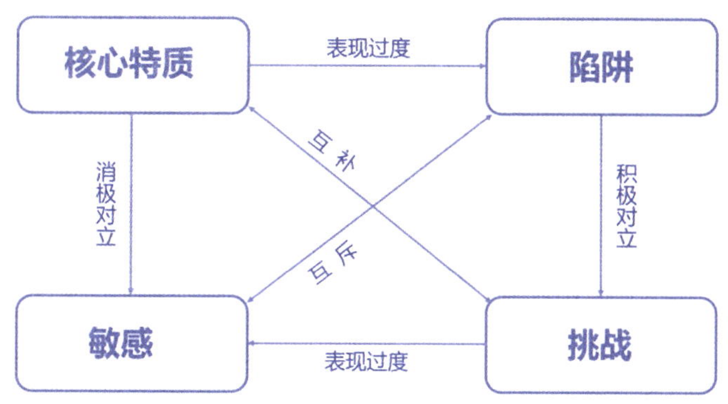

图 6-2　核心特质模型

核心特质（如热心）的互补状态挑战（理性和冷静）是我们表现过度的陷阱（自我忽视）和我们所厌恶的敏感（冷漠）的一种中和状态，也是我们所羡慕的那些人身上的品质。比如我很热心，喜欢帮助他人，可是我经常处于一种缺钱或时间不够的状态，因为我拿出了太多的属于我的物质和时间去帮助别人，导致我几乎很少有时间、精力去做我自己想做的事情。这就让我很羡慕那些事业有成、也有闲钱和时间去帮助别人的人，他们显得理性、冷静、有节制。比如某企业家或某个明星，他们有时间和金钱去做自己想做的事情，也会在别人急需的时候帮助他人，即他们正好处于我的核心特质（热心）的互补状态挑战（理性和冷静）。

再进一步说，那些冷漠的人（处于我们所厌恶的敏感地带的人），他们的行为也许是处于挑战地带的理性和冷静的过度表现，即他们在冷静那一方面表现过度了，从而显得冷漠。换句话说，那些我们厌恶的冷漠的人的特质中，潜藏着我们不具备的一些优点。

这个核心特质模型又被称为奥弗曼模型，是美国心理学家丹尼尔·奥弗曼（Daniel Ofman）提出的一个有助于我们重新整合被否认的自我、了解厌恶背后的积极意义的模型。

我们把上面所举的例子再详细说明一下，如图 6-3 所示。

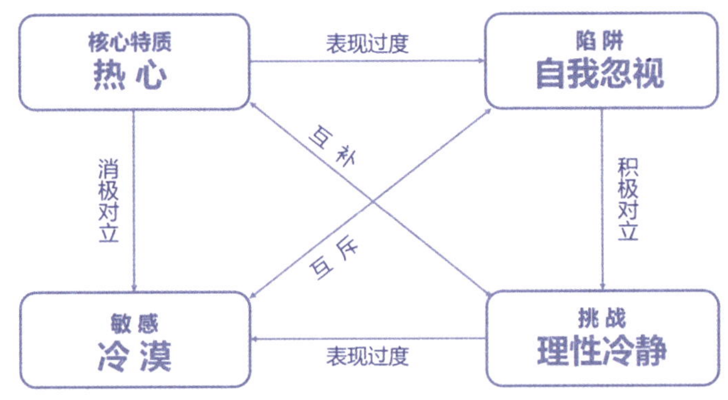

图 6-3　核心特质模型例 1

我很热心，这是我的核心特质。

如果它表现过度，那么就忽略了我自己的需求，令我看上去显得自我忽视，这是我的陷阱；也有可能是别人看到的我，即别人也许并不认为我是热心的，而是认为我过于关注他人，从而显得自贱、自我忽视。

因为我很热心，所以我非常厌恶那些不那么热心、非常冷漠的人，冷漠就是我的核心特质热心的反面特质，是我的敏感。

我羡慕的那些人，他们在热心与自我关照方面做得很好，既能够照顾自己的需求，也能在别人需要帮助的时候去帮助别人，显得理性和冷静，而这正是我所缺乏的、需要弥补的，这是我的挑战。

理性和冷静如果表现过度，就会变得冷漠，成为我们所厌恶的冷漠的特质；反过来说，那些自认为理性和冷静的人，在别人的眼里也许是冷漠的，因为他们表现过度，也即冷漠是那些自认为理性和冷静的人的陷阱。那么对于理性和冷静的人而言，热心就是他们的挑战；而自我忽视，就是他们所厌恶的敏感。

这是一个彼此互视的关系，即我们如何彼此看待对方：我们所厌恶的人身上，暗藏着我们自身所不具有的甚至有可能是我们所羡慕的某种特质，只不过那种特质被表现过度的表象遮掩住了。当对方看我们不顺眼时，他并不知道，其实我们自己身上有着他不具有的、需要弥补的另外一种特质，只不过这种特质被我们表现过度的表象遮掩住了。总而言之，彼此讨厌的其实都是自身核心特质的过度表现；彼此的身上其实都有着对方所缺乏的、应该学习的、潜藏的优点！

二、核心特质的应用

这是一个相对比较复杂的人际认知模型。为了更好地让读者理解，下面再举两个例子。

假设小 A 很诚实，这是他的核心特质，那么他一定特别讨厌不诚实的人，比如小 B，因为小 B 经常撒谎。通过核心特质模型，我们可以画出他们的核心特质模型，如图 6-4 所示。

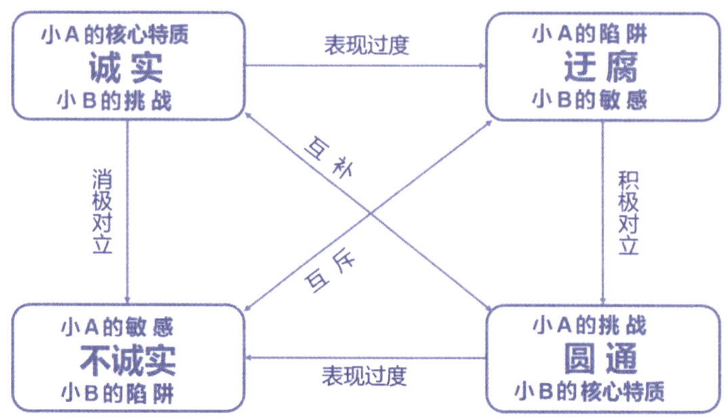

图 6-4 核心特质模型例 2

小 A 很诚实，这是他的核心特质。

如果这表现过度，使小 A 什么话都说，口无遮拦，毫无城府，那么在别人的眼里就显得有点迂腐，这是小 A 的陷阱。

因为小 A 很诚实，所以他非常厌恶撒谎的人，比如小 B。小 B 的不诚实，就是小 A 的核心特质的反面特质，是小 A 的敏感。

其实小 A 所欠缺的，或他比较羡慕的那些人，是比较圆通的。他们知道哪些话该说、哪些话不该说，哪些话在什么时间可以说、哪些话在什么时间不可以说，这种圆通就是小 A 的挑战。

小 B 认为自己的核心特质是圆通。

但如果这表现过度，让人搞不清楚小 B 哪些话是实话、哪些话不是实话，在别人的眼里小 B 就显得不诚实。这是小 B 的陷阱，也是小 A 厌恶的地方。

因为小 B 比较圆通，所以他不太喜欢那些迂腐的人，比如小 A。小 A 的迂腐，就是小 B 的核心特质的反面特质，是小 B 的敏感。

小 B 所缺少的，或他需要改进的特质，其实是诚实。他需要给别人留下言行一致、心口如一的印象，而不是油头滑脑、鼓舌如簧的印象，所以诚实是小 B 的挑战，而这恰恰是小 A 的核心特质。

小 A 厌恶小 B 不诚实的特质，其实是小 B 圆通的过度表现；而小 B 讨厌小

A 迂腐的特质，其实是小 A 诚实的过度表现。如果他们两人都能够看到彼此被掩盖的核心特质（自己的挑战其实是对方的核心特质），并放下成见，加以弥补、互相学习，那么两人都可以取他人所长，补自己所短，成为更全面、更成熟的人。

假设小 C 很谦虚，这是他的核心特质。那么他一定特别讨厌骄傲的人，比如小 D，因为小 D 看上去傲慢无比。通过核心特质模型，我们可以画出他们的核心特质模型，如图 6-5 所示。

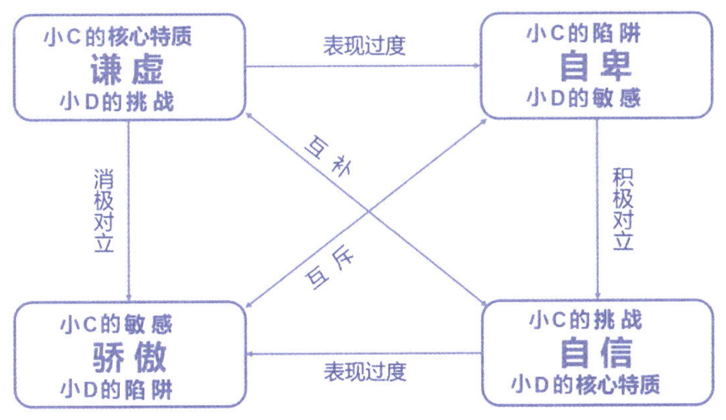

图 6-5　核心特质模型例 3

小 C 很谦虚，这是他的核心特质。

如果这表现过度，使小 C 凡事都说“没什么”“我做得还不够好”“真的差远了”等，那么在别人的眼里就显得比较自卑、不自信，这是小 C 的陷阱。

因为小 C 很谦虚，所以他特别讨厌骄傲的人，比如小 D。小 D 的骄傲，就是小 C 的核心特质的反面特质，是小 C 的敏感。

其实小 C 所欠缺的，或他比较羡慕的那些人，是比较自信的。他们进退有度、言谈得体、不卑不亢，给人安全感，这种自信就是小 C 的挑战。

小 D 认为自己的核心特质是自信。

但如果这表现过度，小 D 什么事都拍胸脯说没问题，什么事都吹嘘自己做得很好、很棒、很出色，那么在别人眼里小 D 就显得很骄傲。这是小 D 的陷阱，也是小 C 厌恶的地方。

因为小 D 比较自信，所以他不太喜欢那些自卑的人，比如小 C。小 C 的自卑，就是小 D 的核心特质的反面特质，是小 D 的敏感。

小 D 所缺少的，或他需要改进的特质，其实是谦虚。他需要表现得克制一些，说话留有一些余地，实事求是，不夸大、不缩小，适度照顾别人的感受，所以谦虚是小 D 的挑战，而这恰恰是小 C 的核心特质。

小 C 所厌恶的小 D 骄傲的特质，其实是小 D 自信的过度表现；而小 D 所讨厌的小 C 自卑的特质，其实是小 C 谦虚的过度表现。如果他们两人都能够看到彼此被掩盖的核心特质（自己的挑战其实是对方的核心特质），并放下成见，加以弥补、互相学习，那么两人都可以取长补短，成为更加优秀的人。

好了，我们前面已经举了三个例子来说明核心特质理论。总体而言，如果你特别讨厌某个人，那么一定是你忽略了这个人身上的一些潜藏的、你所缺乏的某种特质。而且，这个人很有可能也不太喜欢你，特别是你身上所表现出来的表现过度的某种特质。而这个特质，还是你引以为傲的核心特质。

下面给各位读者留一道思考题：小 E 平时表现得平和稳重，这是他的核心特质。他非常不喜欢小 F 的高调招摇。请依据以上核心特质模型，画出小 E 和小 F 两人之间的特质关系图（答案在本节最后）。

三、厌恶

挑战是我们发展得不够成熟的方面，是需要我们提升的地方，也是潜藏在我们意识深处的、很有可能被我们自己否认的另一部分的自我。

我们有时候宁愿把挑战看作是对抗的力量而不愿意接受它们的互补性。例如，如果我们很谨慎，那么我们很可能不喜欢那些看上去比较唐突，但实际上比较果敢的人。这就需要我们正确处理核心特质与挑战的关系。这两者不是有你没我、非此即彼的关系，而是可以并存的、互补的关系，关键是要找出这两种特质的平衡点。

核心特质理论可以用来帮助我们预测生活中有可能发生冲突的地方，比如我们的敏感地带，即我们所厌恶的那些特质，有可能会成为我们与他人发生冲突的导火索；反过来说，我们核心特质表现过度的地方，即我们的陷阱，也有可能变成引发他人不满的、诱发他人与我们发生冲突的导火索。

这个理论也可以帮助我们找到彼此的盲目区，并给予彼此反馈，告知对方我们对其不满意的是什么，或寻求对方对我们自身不满意的是什么，以规避冲突，更好地合作。

小结一下：我们厌恶一个人是因为他具有与我们核心特质相反的特质（敏感），而这个相反的特质中却包含了我们所欠缺的某一种特质（挑战），只不过这个相反的特质是我们所欠缺特质的过度表现罢了。我们要做的，就是去除相反特质中的过度表现，还原它本来的那个面目（挑战），然后加以学习。反之亦然，对方需要去除他眼中的敏感，即我们的陷阱，才能看到我们身上的核心特质，而这正是他要发展的挑战。

如前文所述：我们彼此讨厌的，都是自身核心特质的过度表现；然而我们彼此身上其实都有着对方所缺乏的、应该学习的、潜藏的优点！

我想现在你也许知晓了本节一开始提出的那些问题的答案：我们为什么会羡慕某个人，厌恶另一个人；又或者为何有些人通过冲突反而成为好朋友，即所谓不打不相识——那是由于通过“打”、交往、矛盾冲突，彼此深入了解，发现了对方身上所具有而各自缺乏的一些特质。那些特质，正是彼此所需要弥补、学习的。

各位读者可以依据核心特质模型的四个组成部分中的任意一个作为起始点，来分析一下自己的强项是什么，自己的陷阱是什么，自己的敏感和挑战又是什么。

这里留三道思考题：①分析一下自己，看看你是否了解自己的发展潜力，以及有可能与他人发生冲突的导火索是什么；②找到一个朋友，帮他分析一下他的核心特质模型；③分析一下不打不相识的武松和孙二娘的核心特质模型，并把它画出来。

下面是我们刚才留给读者的思考题的答案，即小 E 和小 F 两人之间的核心特质模型，如图 6-6 所示。你画对了吗？

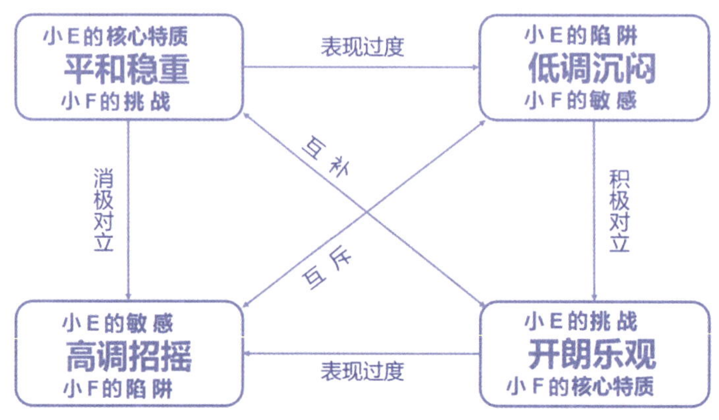

图 6-6　核心特质模型例 4

第四节 冲突管理

一、冲突

只要有人，就一定会有冲突，这不是危言耸听，而是由人的本性决定的：人只要活着，就一定有需求，无论是物质的，还是精神的，抑或是灵性方面的。只要有需求，就有基于不能满足或不能完全满足需求导致的各种冲突。

这些冲突，有自我内心深处两个不同声音的冲突，有人的需求与自然资源之间的冲突，有人与人之间的冲突，有集体与集体、组织与组织、民族与民族、国家与国家之间的利益冲突。翻看一下古今中外历史，人类发展的历史就是一部充满冲突的历史，只不过这些冲突有大有小。就像如果没有了冲突，戏剧就不好看，人生没有了冲突就太平淡，人类社会没有了冲突也就失去了发展的活力。

冲突没有我们想象中的那么可怕，关键是要认识冲突、管理冲突、利用冲突。本节所讲的冲突管理，主要是人际冲突的管理。

其实，如果我们已经仔细阅读了前面的内容，学习并掌握了包括沟通、果敢表达、同理心、反馈等方面的技巧，已经可以避免生活与工作中90%以上的冲突。剩下的，就是如何看待、应对、处理、管理冲突了。

据美国的一项对中层和高层管理人员的调查显示：管理者平均要花费20%的时间处理各种冲突。

冲突指的是个人与个人之间、个人与团体之间或团体与团体之间，由于对同一事物持有不同的观点、态度与处理方法，或因利益需求与资源供给之间存在差异而产生不同诉求，导致分歧与矛盾，进而激化与发展的过程。对这个过程的管理就是冲突管理。

由此可知，冲突一方面源于我们的背包（观点、态度、个性、目标、价值观等），即形而上的；另一方面来自对利益的追索，即形而下的。[①]

冲突在表现形式上有两个主要的类型：一个是以人为中心的冲突，如观点差异、期望差异、能力差异、个性差异、沟通风格不同、责任压力不同等导致的冲突；另一个是以事为中心的冲突，如时间安排不同、工作重点不同、资源短缺、政策模糊、管理程序问题、组织结构问题等导致的冲突。

对于组织而言，有学者将冲突的类型分为建设性冲突与破坏性冲突两种。

建设性冲突指的是在各方目标一致的基础上，以解决事务和问题为导向的冲突，即因实现目标的途径、手段不同而产生的冲突。其特点是：双方关心的重点是实现共同目标和解决现有问题，以争论问题为中心，愿意了解彼此观点，基于促进不同意见交流的信息沟通不断增加等。

① 一些管理学家或心理学家对冲突的来源有不同看法与分类，如有的归因于组织结构，有的归因于沟通过程，有的归因于性格差异等，分类方法与依据各不相同。这里将冲突的来源依可见与不可见的标准仅归因于两个方面，即形而上的与形而下的。

建设性冲突的作用是能暴露组织中存在的不良功能和问题，有利于纠正错误，激发创意与活力，促进良性竞争，提升决策质量与效率。因其对组织有积极影响，因而又被称为功能正常的冲突。

破坏性冲突指的是在实现目标的过程中，因彼此认知、利益诉求、资源分配等不同而导致事务性分歧上升为人际层面矛盾的冲突。其特点是：人与人之间发生抵触、争执甚至攻击等行为，双方关心的重点是己方利益或观点是否获胜，不愿听取对方观点，因情绪化导致信息交换与沟通减少甚至中止等。

破坏性冲突的负面效果是人际关系紧张，团队士气与凝聚力降低，组织资源被浪费，彼此协作受到干扰，目标有分散或偏离的危险，共同目标的实现受到阻碍。因其对组织有消极影响，因而又被称为功能失调的冲突。

建设性冲突与破坏性冲突却并不容易区分，因为建设性冲突中也有一些破坏性冲突的杂音，破坏性冲突中有时也隐藏着一些建设性冲突的身影，有时两者是交互并存的状态。但有一个关键衡量标准可以有效区分两者，那就是最终的工作绩效。所以组织管理者的工作重点一是不要偏离工作绩效这个衡量标准，二是要尽量把团队冲突往建设性方向引导。

人们通常认为“冲突一定是不好的”。其实，事物都有两面性，既要看到消极的一面，也要看到积极的一面。

冲突的消极意义包括：影响情绪与健康，阻碍交流与沟通，耗费时间与精力，有损形象与资源，制造对立，影响团结，破坏信任与关系，降低效率与绩效。

冲突的积极意义包括：暴露问题，增强活力，鼓励竞争，激发创意，释放负面能量，有利于沟通交流，增进彼此了解，促进士气与凝聚力，提升效率与绩效。

冲突并不可怕，它是一种能量，是生活和工作中不可避免的一部分；它是学习、成长的契机，并往往伴随着变革而产生，是个人、组织、社会发展的一种动力。冲突并非不可控制，也不一定要分出赢家与输家，关键是要利用冲突过程中的有利因素，因势利导，促进问题解决、绩效提升、合作双赢和目标实现。

二、冲突的发展过程

冲突的发展过程是有规律可循的。

举个例子：小艾入职某公司市场部四个月了，同一部门的小惠比她早来两个月，她们的岗位职责一样，都是负责公司市场营销方案策划、活动推广、沟通协调、促销验收等工作，但有些工作也存在交叉的部分，比如两人会被经理要求分管同一个项目中不同的步骤与内容。入职以来有一个现象令小艾渐渐心生不满，那就是同为新人，经理每次出差都带着小惠，到处游山玩水，而自己却经常被要求留守办公室不停地撰写、修改方案，和业务代表、合作方通过电话、邮件沟通，既无聊又枯燥。每次经理和小惠出差那几天，都是小艾心里最烦闷的日子。小艾在与小惠的工作配合上渐渐出现了微妙的变化：小艾经常会推迟与小惠工作交接的期限，导致小惠在完成自己的那一部分工作时经常手忙脚乱；她对小惠的询问也是爱搭不理，或故意给出模糊的、错误的信息，让小惠自己再去核对。这些变化也被小惠感知到了，这令小惠非常生气，她不知道哪里得罪了小艾。终于有一天，两人因为小艾再次推迟工作交接期限让小惠忍无可忍。小惠质问小艾为何总是那么拖沓导致自己工作经常被动，小艾也正好借这个机会狠狠地冲小惠发了顿火。两人在办公室的争吵毫无意外地传遍了整个市场部，弄得经理不得不找两人分别谈话，询问根由，并依据自己的判断让两人分别写了检讨书，做出了轻微警告。从发生冲突的那一天起，小艾、小惠和经理之间彼此的关系，就成为三个人头痛的开始。

这是个典型地反映了冲突四个发展阶段的案例。冲突的四个发展阶段分别是：隐藏期、感知期、爆发期和发展期／结束期。

（1）隐藏期：矛盾的双方存在潜在冲突的可能，但都未意识到，表现为一方或双方对对方的某个行为产生困惑或不满的情绪。比如上例中小艾对小惠与经理经常一起出差的行为产生不满，因为她感觉到不公平，认为对方在游山玩水，而自己却在做乏味的工作，这些都是她的背包引发的情绪。该阶段尚处于潜意识阶段，并直接作用于情绪反应（参见第四章第二节情绪反应与理性反应的相关内容）。

（2）感知期（又称浮现期）：矛盾的一方或双方感知到了对对方行为的困惑或不满（也有可能是第三方告知某一方），以及潜在的冲突，但这种感知有可能并不通过行为表现出来（如表面上礼貌性地隐忍），也有可能通过某些行为表现出来（如彼此不配合、设置障碍或明争暗斗）。如上例中小艾有意推迟与小惠工作交接的期限，或提供模糊的、错误的信息给小惠等。该阶段处于有意识阶段，并作用于理性反应（注意：理性反应指的是经过大脑理性分析的、有控制的身体生理反应和心理反应，但它不一定是正确的反应），因而行为选择是可控的。

这个阶段是一个量变累积的阶段，时间越长，爆发冲突的强度越高。因为一方或双方在此过程中都受到被压抑的情绪（紧张、不满、愤怒、挫败感）的困扰，从而产生比较严重的焦虑或抑郁，对个人身心健康的损害是极大的，如不加以解决或释放，会导致严重后果。

（3）爆发期：通常由某一导火索引爆，一方采取间接的、非公开的、严重程度不等的行为损害对方的声誉或利益，或双方发生直接的、公开的、严重程度不等的对抗与冲突。如 2013 年复旦大学上海医学院研究生林某某因琐事对室友黄洋产生不满，在饮水机中投毒，致使黄洋中毒，在送医院半月后死亡；又如上例中忍无可忍的小惠终于爆发并质问小艾为何工作不配合。这一阶段的冲突通常由一方行为直接作用于对方（行为方式可能是间接的，但行为目的指向是直接的），或双方行为同时作用于彼此，表现为争吵、公开拒绝合作或暴力相向等。

该阶段是冲突发展过程中的高潮阶段，后果的严重程度视双方情绪反应与理性反应的比例不同而不同。情绪反应越大，错误的理性反应越大（如林某某在投毒时很理性，他知道自己的行为有可能会导致对方死亡），后果越严重；情绪反应越小，正确的理性反应越大，后果越可控。

（4）发展期／结束期：冲突继续向前发展和／或冲突结束的阶段。把发展期和结束期放在一起的原因是有些冲突在爆发期之后就结束了，但有些冲突在爆发期之后会继续发展，没有结束。

比如，小王在排队买票的过程中发现有人加塞，于是上前与加塞者沟通无果后发生了争吵。争吵完加塞者退出队伍，排到队尾，或加塞者坚持不退出队伍，小王干预失败回来继续排队。当买票行为结束后，双方散去不再相遇，这个冲突在爆发后也就结束了（结束期），它没有继续发展。

也有一些冲突在爆发后会继续发展，没有结束。比如巴以冲突，1948 年 5 月以色列建国后，分别于 1948 年、1956 年、1967 年、1973 年、1982 年爆发了五次中东战争。但直至今日，双方的冲突仍未结束，还处于发展过程中（发展期）。

还有一些行为在爆发之后会继续发展，直至结束。比如上例中，小艾和小惠在办公室里爆发争吵后，经理让两人分别写了检讨书，做出了轻微警告。如果三人从此恢复了正常的工作合作关系，那么就可以说这个冲突结束了（结束期）。但如果三人仅仅是表面恢复了工作合作关系，但心里的疙瘩仍未完全消除，那么冲突会重新回到第二阶段，并为下一次冲突累积能量，那么这个冲突就没有结束（发展期）。从案例结尾的描述来看，三方的矛盾并未真正消除，即冲突仍处于发展期中，且矛盾的涉及面由双方扩大为三方。

认识冲突的发展阶段对我们管理冲突非常有帮助。由上可知，**冲突发展的前两个阶段是处于隐性的、间接的冲突阶段，后两个阶段是显性的、直接的冲突阶段。在冲突的发展过程中，介入、处理得越早，损失越小，效果越好；介入、处理得越晚，损失越大，效果越有限。**

在隐藏期，如果矛盾的一方或双方对自己的情绪及早发现、感知，并检查自己的背包，分析原因，主动采取行动予以解决，或寻求帮助来解决，那么冲突就会被扼杀在萌芽状态。

在感知期，如果矛盾的一方或双方能够冷静下来，检讨自己的非理性思维（参见第四章第四节），做出正确的理性反应，释放被压抑的情绪，通过沟通、反馈等行为，消除误解或产生冲突的根源，那么潜在的冲突就会转化为增进理解与合作的契机。

在爆发期，如果冲突的一方能够采取正确的理性反应，控制情绪化，果敢表达，有效反馈，或借助第三方力量加以协调，那么冲突造成的后果就会被控制在有限范围内，将冲突对双方的损害降至最低。

在发展期 / 结束期，如果冲突的一方或多方能够采取有效的冲突管理策略，缩短发展期，或直接进入结束期，彻底解决产生冲突的问题根源，那么就会变坏事为好事，将不愉快的过去画上一个句号，增进理解，并开始建立新一阶段的关系。

三、冲突管理的策略

冲突影响的领域主要有两个：利益与关系。依据这两个维度，美国行为心理学家 K. 托马斯（K. Thomas）和拉尔夫 · H. 凯尔曼（Ralph H. Kilmann）创建了托马斯 – 凯尔曼冲突管理模型，又称冲突管理策略模型，如图 6–7 所示。模型的横轴为关系轴，反映了冲突方与他人合作的意向程度；模型的纵轴为利益轴，反映了冲突方对自身利益的关注程度。基于此，该模型将管理冲突的策略分为五种：竞争型（关注利益、忽视关系）、回避型（既忽视利益，也忽视关系）、迁就型（关注关系、忽视利益）、妥协型（在利益与关系上各退一步）与合作型（既关注利益，也关注关系）。

（在本节后附有托马斯 – 凯尔曼冲突管理模型测试，建议读者做完测试后再阅读以下内容。）

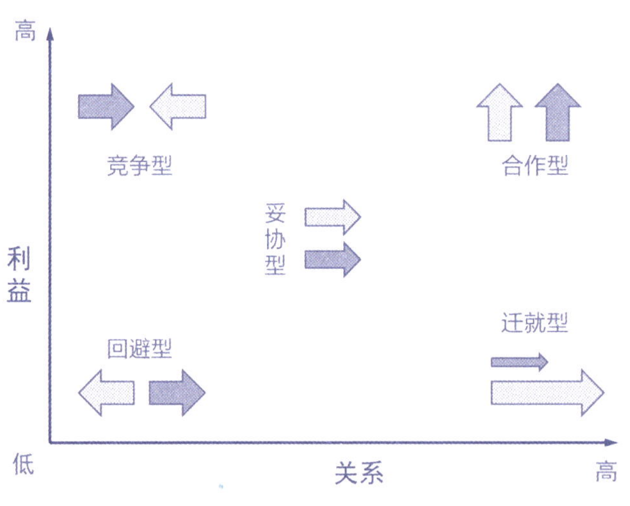

图 6–7　托马斯 – 凯尔曼冲突管理模型

竞争型策略：关注个人目标，追求我赢你输；将自身利益置于他人利益之上，不惜为个人利益牺牲对方利益和彼此关系。

行为表现：不愿倾听，坚持己见；如有权力则威胁、压制对方；不耐烦，不合作；属于强势型行为。

适用情境：遇到不正当竞争行为时；当个人利益受到重大损害时的报复性行为（如 2015 年 10 月，美国威斯康星大学控告苹果公司非法使用该大学专利，结果苹果公司被判罚 2.34 亿美元）；关系不重要，或短期关系（如与商贩讨价还价，只要利益不要关系；旅游区“宰客”现象也是由于游客与商家再次见面的机会微乎其微的原因而导致的）；需要快速采取行动，或在压力下必须做出决定（如火灾发生，强制要求现场人员紧急撤离）；当自己是事件主要负责人，需要承担后果与责任；作为管理者需要推行不受欢迎的组织决定或上级决定时；坚信个人立场是正确的。

利：目标、利益较易达成；给人果断、坚决、有勇气的印象。

弊：利益的获得是以牺牲关系为代价的；身边可交往的朋友与同事逐渐减少；如果过于强势，那么围绕着你的谎言将会增多（没多少人敢说实话）。

回避型策略：既不关注个人目标，也不关注对方目标；既不合作，也不竞争；输赢无所谓，三十六计走为上；对问题与冲突采取逃避的“鸵鸟主义”策略。

行为表现：不合作，不坚持；不表达立场，不申明主张，“佛系”；属于退让型行为。

适用情境：目标毫不重要；有可能被他人利用，或无谓地被卷入毫不相关的事件中去，而自己又不想参与时（比如某同事希望借你之口向上级反映某个他自己的诉求）；自己力量太过薄弱，无力改变现状时（如会议中大多数人同意或反对某方案，你无力改变结果，因此选择保留己见）；当有更强大的人或力量去改变现状、解决问题时；如果竞争带来的损害更大；事件不是很紧急，需要有更多时间去收集更多信息时（如要给 1 岁孩子选择一个好的幼儿园，还有两年时间去考虑、考察，所以暂不参加一些幼儿园发出的招生活动邀请）；

当职能划分不清晰，而现在又有更重要的工作要处理时；当冲突源即将消失，冲突能自行解决时（如冲突中的一方即将离职，另一方则无须再在工作上与之竞争）；需要保持中立时（如第二次世界大战中的瑞士、瑞典等国）。

利：避免冲突，明哲保身；暂时获得安全。

弊：因无立场，有时给人无原则、和事佬、和稀泥的负面印象；给人软弱无能、不负责任的印象；冲突很多时候并不因回避而消失，甚至有时候冲突的能量会因回避而累积，导致今后发生更大的冲突；不当回避有时会助长不正之风或不良习气。

迁就型策略：关系导向，个人目标或个人短期目标不重要，对方需求与关切优于自身当前利益，宁可你赢我输的一种自我奉献与牺牲的策略。

行为表现：友好，服从，听从，认同；关心，回应，倾听，肯定；忍让，纵容，违心；无私，慷慨；属于偏退让型行为。

适用情境：长久合作关系更为重要时（如对家人或亲密的朋友多采用迁就策略）；为了更长远的声誉或利益（如春秋末期范蠡，官至相国，但他能急流勇退，拜别庙堂，以保留清誉与性命）；当事实证明自己是错的，以表明自己的通情达理和谦虚理性；目标与团结更为重要时（如某管理者为了激励团队士气、实现更大目标，将自己应得的奖金分予部下）；目标或利益对对方更为重要（比如慈善是一种基于善意的迁就）；虽然你的目标很重要，但对方力量更强大时；你比对方更强大而当下的目标不重要时。

利：获得对方认可或感激，给人大度的感觉；关系得以维系。

弊：不当或无原则地迁就给人不自信、不自尊、好欺负、自轻、缺乏担当精神的印象；容易纵容不良习气或不正之风。

妥协型策略：既关注双方目标，也比较关注关系，但是在压力与资源紧张下的折中策略，“部分赢”。妥协并不代表在冲突中屈服，而是在竞合两难情境下的一种明智选择；它是一种平衡、交换、权宜之计；它不是最优，但接近最优。

行为表现：关心彼此的关注点，愿意通过谈判、协商适度满足彼此需求；求同存异，懂得妥协，各退一步；属于偏果敢型行为。

适用情境：目标的重要性中等，即次重要（如清代康熙年间安徽桐城六尺巷的故事，大学士张英令家人把三尺宅地让与吴姓邻人，致令吴姓邻人非常感动，也退地三尺，形成六尺巷）；耗费太多时间与精力对双方都是浪费；为达成共同目标但资源不够；时间压力下复杂事件的临时解决方案；双方势均力敌，短时间内无法获胜（如1215年英国国王约翰在贵族集体胁迫下签署《大宪章》法案，国王同意让渡一部分权利给贵族，贵族则重申对约翰效忠）；合作与竞争策略失败时的备份策略。

利：解决问题比较快速、果断；有限资源下的最大获益。

弊：不能完全满足任意一方的全部需求；目标不能完全实现。

合作型策略：关注双方目标，追求双赢；既关注彼此利益，也关注彼此长久合作关系的建立与维系。

行为表现：乐于倾听，肯于合作，寻求多种选择，保持开放创新；属于果敢型行为。

适用情境：目标对彼此都非常重要；对方是重要合作伙伴；为创造新解决方案，双方必须合作；竞争会对长期合作关系造成损害；合作是为了彼此的学习与成长，且彼此均会获益（如有些企业强强联合，目的是发挥各自所长，让双方利益最大化）。

利：创造双赢，双方总体上均较满意。

弊：需要花费时间与精力进行商谈与建立信任。

我们在日常的工作与生活中，并不会总是一直采用某种单一策略处理所有冲突，而是会依据当时的情境需要（如彼此力量的对比、时间的紧迫性、事件的重要程度等）采取不同的策略。但我们通常会采用一种我们比较倾向的、与我们性格或习惯接近的策略，这就是我们个体管理冲突过程中的主导策略。它反过来又会影响我们的个性和与人互动的习惯性行为。

很多人在做托马斯－凯尔曼冲突管理模型测试时表示，竞争型的人并不是最让人反感的，最让人反感的是回避型的人。因为回避型的人表现出的没有任何主张、立场的状态，令人无所适从。对于一个你不知道其内心真实想法、真实需要的人，你的每一个行为都有可能成为回避型的人利用的地方，因而回避型的人很容易失去他人的信任。

上面我们介绍了五种冲突处理的策略，它们告诉我们在什么样的情境下，大的、方向性的管理策略应该是什么样的。但是，冲突来临的时候，我们具体应当怎么做呢?

第一，要明确冲突解决的四个原则：①双赢原则，搞清楚自己需要的是什么，对方需要的是什么；②同理心，做到换位思考；③避免情绪化，聚焦在事务与问题上；④权变原则，依据情境灵活处理。

第二，请永远记住，沟通是解决冲突的永恒之道！我们前面学到过的果敢表达、同理心沟通、FIFA 负向反馈法等技能，可以帮助我们最大限度地减小冲突带来的损失。有效沟通能消除刻板印象带来的偏见与负面情绪，增进理性认识。会议、谈判①、正式与非正式会谈等都是沟通的有效形式，因本书重点就是果敢表达与人际沟通，故此处不展开叙述。

第三，改变一些外在因素有利于冲突的解决。比如，升级目标：提出一个超越现有目标的、新的、更高层次的共同目标，该目标不经过双方协作努力不可能达到；通过升级目标与双方共同努力可以逐步缓解对立情绪，提升成员对组织共同目标的忠诚度，弱化彼此分歧，避免潜在冲突；该策略在解决由目标不兼容和差异化导致的冲突时尤为有用。又如，增加资源：资源不足常常是导致冲突的原因之一，当解决由资源匮乏导致的冲突时，增加资源无疑是非常直

① 关于谈判，有人认为谈判是妥协的表现，其实妥协只是谈判众多结果中的一种。谈判的结果也可以是合作或迁就等。无论怎样，谈判的目的是双方利益与满意度最大化。这就要了解彼此的具体需求是什么、底线是什么、有什么资源、满足条件是什么等诸多因素。谈判是一门艺术，在解决重大矛盾冲突的沟通选项中，谈判是一个常用选项。

接与有效的方法，但管理者需权衡资源增加成本与冲突造成损失这两者之间的利弊。再如，明确规则与程序：重新划分工作职权能有效解决由模糊性带来的冲突，有利于消除误解，建立公平、公正的工作环境。还有，创新思维：创新思维往往可以在双方各自建议方案的基础上，开辟出第三条、第四条甚至更多的道路，是解决冲突的思想利器，等等。

第四，寻求第三方帮助。第三方必须是中立的、公平的、公正的。第三方可以是利益不相关者、权威人士（如上级）甚至专门的调解委员会、仲裁小组等。无论是谁，必须保证客观中立、程序公正、结果公平。

第五，如果是组织机构或高级管理者，可以通过改变组织文化、改革组织结构、降低彼此依赖性，或加强管理人员的冲突管理技巧、培训员工人际关系处理技巧等方式，减少工作冲突的发生。

第六，关于情绪对冲突解决的影响，请务必谨记以下要点：在处理冲突的过程中，先解决情绪，再解决事务，即先回应情绪，再回应内容；情绪反应先于理性反应，并会对理性反应造成严重干扰；以人为中心的冲突相较于以事为中心的冲突更难处理，因为对事的冲突解决问题本身即可，而对人的冲突涉及情绪、习惯、观点等深层次背包；发生冲突，尽量往事务方面引导，消除人的因素，将破坏性冲突引导到建设性冲突方向上去。

托马斯－凯尔曼冲突管理模型测试

说明：以下30组句子分别描述了人们在不同情境下的不同行为反应。请依据你的自身实际情况选出你认为最符合你过往行为特征的描述（而非你认为的应该采取的行为），圈出句子前面的字母。也许两种描述和你的行为都不是十分相似，但是，请你从中选择一个和你的行为比较接近的描述。

1. A．有时，我会让别人来承担解决问题的责任。

   C．在协商时，我强调共同点，而不是针对不同点。

2. D．我努力寻求折中的解决方案。

   E．我试图考虑到别人和自己关切的全部事情。

3. B．我总是坚定地追求自己的目标。

   C．我也许会为了维护关系而尽量安抚别人的情绪。

4. D．我努力寻求折中的解决方案。

   C．有时，为了满足他人的意愿，我会牺牲自己的意愿。

5. E．为了解决问题，我不断寻求别人的协助。

   A．我尽量避免产生无端的紧张气氛。

6. A．我尽量避免给自己带来不愉快。

   B．我努力使别人接受我的立场。

7. A．我尽量把问题延后，直到自己有时间对此进行仔细考虑。

   D．我会放弃自己的一些观点，来换取别人放弃他们的一些观点。

8. B．我总是坚定地追求我的目标。

   E．我尽量把所有的忧虑和问题公开化。

9. A．我觉得差异并不总是值得担忧的。

   B．我努力按照自己的方式做事。

10. B．我总是坚定地追求我的目标。

    D．我努力寻求折中的解决方案。

11. E．我尽量把所有的忧虑和问题公开化。

C. 我也许会为了维护关系而尽量安抚别人的情绪。

12. A. 有时，我不会坚持自己的立场，以避免不必要的争论。

D. 如果别人接受我的部分观点，那么我也会接受他们的部分观点。

13. D. 我选择保持中庸之道。

B. 我竭力坚持自己的观点。

14. E. 我告诉别人我的观点，并询问他们的观点。

B. 我努力让别人看到我的观点的逻辑性和好处。

15. C. 我也许会为了维护关系而尽量安抚别人的情绪。

A. 我会做一切努力以避免紧张气氛。

16. C. 我尽量不伤害他人的感情。

B. 我努力阐述我的观点的好处，以此说服别人。

17. B. 我总是坚定地追求我的目标。

A. 我尽量避免产生无意义的紧张气氛。

18. C. 如果可以让别人感到愉快，我也许会允许他们保留自己的看法。

D. 如果别人接受我的部分观点，那么我也会接受他们的部分观点。

19. E. 我尽量把所有的忧虑和问题公开化。

A. 我尽量把问题延后，直到自己有时间对此进行仔细考虑。

20. E. 我试图立刻解决双方的差异。

D. 我努力寻求双方的得失平衡。

21. C. 在进行协商时，我尽量考虑别人的意愿。

E. 我总是倾向于直接讨论问题。

22. D. 我试图在自己的观点和别人的观点之间寻求共同点。

B. 我坚持自己的意愿。

23. E. 我总是希望能够满足所有人的意愿。

A. 有时，我会让其他人来承担解决问题的责任。

24. C. 如果别人的想法对他来说很重要，那么我会尽量满足他。

D. 我尽量让别人接受大家都让一步。

25. B. 我努力让别人看到我的观点的逻辑性和好处。

    C. 在进行协商时，我尽量考虑别人的意愿。

26. D. 我选择保持中庸之道。

    E. 我总是希望能够满足所有人的意愿。

27. A. 有时，我不会坚持自己的立场，以避免不必要的争论。

    C. 如果可以让别人感到愉快，我也许会允许他们保留自己的看法。

28. B. 我总是坚定地追求我的目标。

    E. 为了解决问题，我通常向别人寻求协助。

29. D. 我选择保持中庸之道。

    A. 我觉得差异并不总是值得担忧的。

30. C. 我尽量不伤害别人的感情。

    E. 我总是和别人共同探讨，共同解决问题。

数一数各个字母被圈的次数，分别填写在下面的横线上。

____+____+____+____+____=30

A　　B　　C　　D　　E

五个数字相加应该等于 30。得分最高的，就是你习惯的处理冲突的方式；得分最低的，就是你不常采用的冲突处理的策略。

A 是回避型；B 是竞争型；C 是迁就型；D 是妥协型；E 是合作型。

第五节
拒绝与甜言蜜语

一、中国文化与冲突处理方式

在做过托马斯－凯尔曼冲突管理模型测试的中国人中，竞争型与合作型相对较少，妥协型也不多，比较多的是回避型与迁就型。

我们曾在第二章第二节中介绍过文化与宗教对东亚人缺少果敢型行为的影响，这里我们深入说一下中国的一些特有的文化现象。

相较于西方文化的任务导向特征，中国文化具备关系导向的特征。这种文化孕育了一些特有的抑制人与人之间表面冲突的文化现象，典型的如面子文化、以和为贵、隐忍等。

照理说，文化中的关系导向特征应该会有很多的合作冲突管理模式出现。但我们知道，凡事皆有度，超过了一定的度，就是过犹不及，甚至物极必反了。面子文化、以和为贵、隐忍等现象就是过度的表现，它促发了很多回避型与迁就型冲突管理模式的出现，并引发其他后果。

表面冲突被抑制，深层冲突在累积。说它抑制了人与人之间的表面冲突，是因为冲突并没有因为回避与迁就而消失；相反，冲突只是在表面上被抑制了、掩盖了，但它要么会在背地里被悄悄地解决掉，要么会继续存在，慢慢累积、发酵，变成深层冲突，直到下一次更大的、更强烈的冲突爆发。

无法体现原则性与公平公正，并导致冲突处理的低效率。面子文化、以和为贵、隐忍等现象在本质上是一种只以关系为唯一度量的单一维度衡量标准的文化现象，对于事务的是非曲直、公平公正缺乏应有的、原则性的尊重与考量。当冲突发生时，它鼓励人们选择忽略或回避，既没有体现公平公正的原则，也选择性地忽视了冲突的积极意义。而且，对面子、人情等的重视，往往会导致在处理冲突时采取多次协商的方式，因而延误了最佳处理时机，最后大事化小、小事化了，往往不了了之。

人的尊严被忽视了。隐忍文化在中国尤其备受推崇。自古以来的格言名句数不胜数，如“君子矜而不争”“小不忍则乱大谋”“忍得一时之气，免得百日之忧”“忍一忍风平浪静，让一让海阔天空”等在民间广为流传。也许有人认为，冲突发生时，依据中国的等级观念（而非平等观念）思想，一定是冲突中处于较低等级的那个人会失去尊严，其实未必，“唾面自干”就是一个非常极端的、令人讶异的例子。

这个故事出自《新唐书·娄师德传》，说的是唐朝武则天时期，大臣娄师德的弟弟被任命为代州刺史。上任前，弟弟来到娄师德家中，向其辞行，并询问娄师德还有没有什么要交代的。娄师德说：“我现在是官至朝臣，你现在又要出任代州刺史，这么高的荣宠待遇，已经很令人嫉恨了，所以你一定要谨慎行事，懂得忍让。”弟弟马上跪下说：“哥哥别担心，从今往后就算是有人将唾沫吐在我脸上，我也不动怒，擦去就是了！”娄师德说：“这我就要为你担心了——别人把唾沫吐在你脸上，是对你不满。你当面擦掉了，等于是违背了他的泄愤之意，反而会增加他的愤怒。那个唾沫，你不擦它也会自己干的，所以你只要微笑着接受就可以了。”

冲突发生时，如果问题被解决了，或者人的尊严得以维护，这两者中的任一目的达成都是不错的。但如果问题也没有解决，人的尊严也丧失掉了，那就得不偿失了。

重人轻事导致科技与生产力发展受限，社会资源不足，一定程度上限制了冲突的解决。很多冲突实际上是由于资源稀缺造成的（比如贫穷，所谓“贫贱夫妻百事哀”）。中国传统文化重点放在对人的管理上，发展出了一整套管理人、调节人际关系的理论、方法和手段。但是科技发展与经济增长远未获得应有的重视，导致历史上有一段时间我们在科技发展、经济发展与社会财富的创造方面与西方有很大差距。这些差距，在一定程度上限制了社会资源对冲突解决的贡献。

人际导向的冲突处理方式，限制了组织的创新与活力。这种现象在国有企业和以家族企业为代表的一部分民营企业中表现比较明显。这些组织缺乏对建设性冲突的积极认知，在管理上存在普遍的唯上现象，凡事“唯上级马首是瞻”，不敢向上级提出不同意见，对上级唯命是从。上级在决策过程中也很少听取下属的意见与建议，导致组织中看似一团和气，实际上气氛沉闷，缺乏活力与创新。

这些文化现象，令国人在很多的冲突处理场景中，宁愿选择回避、迁就或妥协，也不愿或不敢尝试竞争与合作，即使后者可以带来更大的好处。在人际方面，也产生了两个特别突出的、互为极端的沟通现象：不会拒绝和甜言蜜语。

二、拒绝

很多人一提到拒绝就会直摇头：“那太可怕了，我做不到！”他们到底怕什么呢？他们怕的是一个尚未发生的、想象中的场景：拒绝对方之后，对方可能非常愤怒，双方关系因此受损。也就是说，他们还没有采取拒绝的行动，就被自己的想象打败了。人们如此害怕拒绝的另外一个原因，就是上面提到的面子文化、以和为贵、隐忍等文化观念。

在果敢表达中，拒绝是一个非常重要的技能！如果我们不能够在我们不想做的事情上对对方说“不”（比如对方想找我们借一笔大金额的钱救急，或领导布置了一个我们自己完全没有经验的、有很大难度的工作任务），那么就会给对方一个错误的信号，那就是“没问题，我可以做”，但这远远超出了我们自己的能力范围；另外一个影响就是这违背了我们内心深处自己的真实意愿，这令我们对自己产生挫败感，懊悔、沮丧、焦虑等负面情绪接踵而来，严重影响了我们的自信和情绪。最糟糕的是，我们要为自己发出的错误信号付出代价，即你要想办法把自己捅的窟窿补上，把答应别人的事儿，再难也要咬牙去完成。否则，你就是一个食言的、辜负了他人期待的、缺乏责任感的、没有信誉的人。

如果我们能够在我们不想做的事情上清晰、明确地对对方说“不”，并且是适时地、果敢地并不多余冒犯他人地说“不”，那么我们不仅会令对方了解我们自己的真实能力，理解我们的难处，而且会令自己心安，不会为无谓的承诺而忧心如焚、担心焦虑，也会增加对自己行为的满意度；更重要的是，清晰的信号可以不耽误对方解决问题的时间，令其有更多的时间和选择去寻找其他解决方案，也避免了自己成为对方眼中失信的人。

在拒绝方面，因退让与回避而导致的常见行为表现是：我们经常发出违心的、模糊的、错误的信号。比如当对方提出一个我们在能力上无法完成的请求时，我们会说“行吧”“好的”“我试试看”“我想想办法”“没问题，交给我好了，你放心”等。然后我们通过回避、拖延、迁就等策略延迟承诺的兑现，这令我们在接下来的几天或几周时间里心神不宁、焦躁不安，陷入纠结惶恐的两难境地。最后要么是无限期拖延下去，令双方关系渐行渐远；要么是咬碎牙齿、打肿脸充胖子去兑现自己能力不及的承诺。

那么具体如何拒绝呢？下面是一个实践证明比较有效的拒绝七步骤可供大家参考采用：

① 说“不”；

② 如果愿意的话，解释缘由；

③ 明了对方的失望；

④ 如果必要或对方坚持的话，提供其他的解决办法；

⑤ 重复说“不”；

⑥ 直言自己对对方行为的看法；

⑦ 停止讨论。

举例如下：某人向你借钱。当然，如果你真的不缺钱，而且他人不坏，真的急用钱，那么就借给他。如果你手头真的很紧张，确实没有闲钱帮他，那么你要做的第一步是：

① 说“不”。请注意，这第一步非常重要，因为作为意愿的果敢表达的非常重要的一点就是：你需要向对方传递非常清晰、明确的信号，避免含糊、模棱两可，令对方误解。但这也是很多人难以开口的一步。我们要知道，你拒绝的是他借钱这件事，而不是他这个人。因此，你的“3V”很重要，特别是你的眼神、语气、表情。

如果他问为什么，或者你觉得有必要，为换取他的理解，那么你：

② 如果愿意的话，解释缘由。这个缘由，是你的真实缘由，而不是编造出来的谎言。因为一个谎言需要后边的更多的谎言去不断修补，可能会造成更大的麻烦。真实，比任何力量都可以打动人心，并会令你自信。

如果他继续申明他的经济状况紧张，特别急需用钱，但是你的确有心无力，力有不逮，那么你需要做的就是：

③ 明了对方的失望。表达你的同理心，换位思考一下他的难处、沮丧，力所能及地在情感上给予他抚慰，然后等待他的回应。

④ 如果必要或对方坚持的话，提供其他的解决办法。这个其他的解决办法，不是简单地把他的求助对象推给第三方（那样的话第三方也会很为难），而是和他一起探索解决难题的多种可能性。当然，这需要你和他共同分析他的经济现状和资金用途，以及各种方案的利弊。

如果对方仍然坚持他的诉求，而你仍然认为他的诉求超出了你的能力范围，那么你要：

⑤ 重复说“不”。注意，这个“不”是重复向对方传递你清晰、明确的信号，稍有含糊，就可能前功尽弃。

其实，通常情况下，对方与我们走到前两三步就差不多会终止了，不会再继续往下走。如果对方仍然坚持的话，那么你就需要考虑、分析一下对方的为人：这个人的人品怎么样？信誉度如何？自己对他了解吗？为何他考虑自己要多于考虑他人？……通常一个有修养、有体贴心、值得交往的人，会理解此时的对方的难处，也会反省自己的要求是不是超出了对方的能力范围，转而在表达感谢之余去想别的解决办法。但如果他做不到这一点，你就要考虑一下你和这个人交往价值的大小了。

好了，如果此时对方仍然坚持向你借钱，那么你可以：

⑥ 直言自己对对方行为的看法。你可以说：“我真的很想帮你，但我的经济状况实在是不允许。如果你坚持这么做，我会非常为难！”“我非常理解你，但你要我做我做不到的事情，我真的是爱莫能助。”

如果对方仍然坚持，那你应该想想你和这个朋友是怎么认识的，是否还值得继续交往。然后，你可以：

⑦ 停止讨论。

在上面的这个例子中，每一步都是环环相扣的，合理而具体；每一个步骤的延续，都是你们关系质量的试金石。当然，在这个过程中，你的真实和同理心至关重要，这是避免误解、换取信任的关键所在！

有时候，时机的选择对于拒绝也很重要。如果对方所要求的事情不是那么紧急，那么你可以考虑在适当的时候予以拒绝（包括婉拒或有技巧地拒绝）。比如领导给你布置了一个超出你能力范围的工作任务，你可以不必当场拒绝（以免给领导留下你没有缜密考虑就仓促做出决定的草率鲁莽的印象），你可以在第二天或第三天领导情绪比较稳定或高兴的时候告诉他："领导，我昨天回去认真考虑了一下完成这个工作任务所需要的时间与能力资源：我如果要完全掌握某技能最快需要 ×× 天，这比完成任务期限要多出两周时间；或者我们可以增加一个人手，比如让一个有经验的人加入这个工作团队，那么就需要您来协调一下人员；或者……（你可以多提出一两个解决方案）您看哪种方案比较好？"这种表达方式既不是完全拒绝，也让领导看到了你做事细致认真的一面。

刚才说了，拒绝七步骤中每一个步骤的延续，都是你们关系质量的试金石。在表达拒绝的时候，你要思考一下这个人对你来说意味着什么，重要性如何，在自己的人际圈中，他的排位如何。

人际圈指的是我们每个人都有一个按照关系的亲疏远近、与我们特征的相似度（种族、籍贯、经历、年龄、性别等）、与我们背包的相近度（如性格、爱好、观点、价值观等）所形成的由内而外的、由近及远的关系圈，如图 6-8 所示。这个人际圈，决定了我们与身边所交往的人的亲密程度、信任程度、互动频率和交往价值。与我们关系越亲近的（如亲密家人是所有人际关系中最为牢固的关系，它建立在血缘的基础上，不容易改变）、相似度越高的、背包越接近的，则亲密度越高、信任度越高、互动越频繁、交往价值越大；反之亦然。

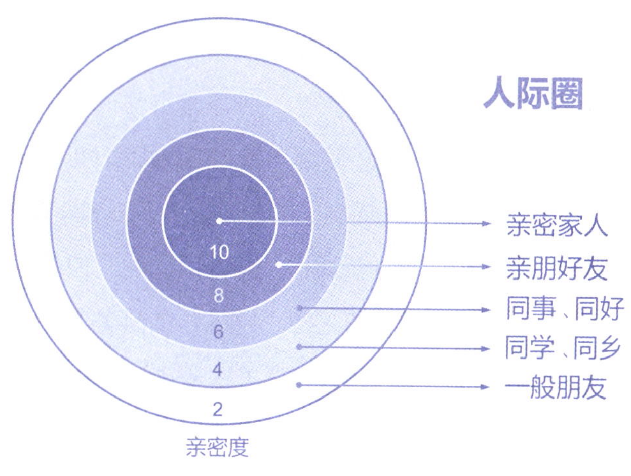

图 6-8　人际圈

因此，在施以援手或表达拒绝的时候，你要思考一下这个人在你的人际圈中排位如何。因为你的生命有限、时间与精力有限，你需要把有限的时间与精力投入到值得投入的重要的人际关系和事务中去。

当然，马斯洛需求层次当中那些为了自我实现需求而无私帮助他人、陌生人的情况不在本节讨论范围之内，因为这是两个完全不同性质的情况。

美国心理学家马克·郭士顿（Mark Goulston）在其著作《只需倾听》中说:“如果你说‘不’的时候有些犹豫，那你可能有些神经质”；“如果你真的害怕说‘不’，你面对的多半是一个‘有毒’的人”；“如果从来没有人对你说过‘不’，那‘有毒’的人就是你了”。

三、甜言蜜语

下面介绍一下甜言蜜语。为了避免竞争，又想达到目的（回避与迁就是无法达致自己目标的），有些人就采用这样一种方式：把真实的目的掩藏在甜蜜的话语之中，通过情感操纵，令对方按照自己的意图去行事，从而达到不可告人的目标——这就是甜言蜜语，又称为包裹着特殊目的的糖果或情感敲诈。

甜言蜜语是一种操纵的手段，操纵即掩盖真实目的的控制。

因为这些目的被“蜜糖”包裹着，所以识别起来并不那么容易。如果我们没能够识别，那么就会在不知不觉中被他人利用，去做一些我们其实不愿意或不擅长去做的事情，这会令我们内心产生一种非常奇怪的、困惑的、烦恼的，甚至痛苦的感觉。因为我们不知道究竟是什么原因令我们开始去做一件违心或困难的事情。更可怕的是，我们还受到了某种力量的鼓励和驱使去做它！

如果能够识别它，那么有三点益处：一是可以节约我们的时间与精力，避免将时间和精力浪费、消耗到我们不愿意、不擅长的事务上去；二是可以让我们避免焦虑、困惑及痛苦等情绪化反应；三是可以帮我们认清楚和一些人的关系，是价值高的、价值低的还是根本就无价值的。这种识别越早，我们付出的代价就越小；识别越晚，代价就越大；如果永远不能识别，我们可能就成为稀里糊涂、不明所以的“冤大头”。

甜言蜜语具有以下五个特征：

① 它有一个隐藏的目的；

② 它具有迷惑性，一开始不易识别；

③ 被利用方会有或短或长的困惑期，即在某一时间或某一段时间内会感觉不舒服，或很不舒服，但不清楚具体原因；

④ 如果被识别出来，甜言蜜语者通常会否认真实动机；

⑤ 短期有效，长期会导致信任度降低、关系受损或破裂。

有一些夸赞、赞美是发自内心的。它们和甜言蜜语的区别是：前者并不期待从你这里得到回报，即动机利他，至少不利己；而后者期待回报，即动机利己！

甜言蜜语可以分为如下四类：

（1）有条件地赞美、夸赞、恭维，或给予一些好处（如礼物），如“我需要你，你是唯一能帮助我的人。如果没有你的帮助，我真不知道怎么去做，有可能一切都会失败。”“如果你能帮我做某事，那再好不过了。你真是一个宽宏大量的人，你真是太好了！”

（2）情感敲诈，表现出对你的关心、善意或哀求，令你感到内疚与耻辱，如“我说这些话不是为了我自己，而是为了你好。”“我很担心你，你总是让我这么不放心。”“这个世界上不会再有第二个人像我这么关心你了。”“拜托你能帮我一下吗？你要是不帮我，我就死定了！”

（3）先抑后扬，即先用贬抑的方式打击你在某一个不擅长事务上的自信心，然后表明对你的支持与鼓励，如“你在这件事儿上做得不好，但是别气馁，你一定行的，相信我，我支持你！”“你看，这事儿又被你搞砸了。不过没关系，有我呢，我会帮助你的！”

（4）情绪化威胁，情绪化的胁迫是通过沟通后果来操纵某人，其常用词是“如果”，如“如果你不做，我会很失望（或我不再喜欢你了）！”“如果你不那么做，我就不会和你说话了！”“如果你辜负了我的好心，你将会内疚的！”PUA（Pick-up Artist，即“把妹高手”）就是情感勒索的一种：“你如果爱我，你就应该如何如何去做！”“你觉得我还不如某某某吗？那你为何不去那么做？！”

甜言蜜语者通过这些情感勒索的手段，对你进行情感控制或行为控制，是另有他图。有些人会不断尝试触碰你的底限，利用情绪（恐惧、担心、压力等）来巧妙地控制你。当你感到有人让你做你不想做的事情时，你就应该意识到你“被操纵”了。

例一：你在商店里看上了两件衣服，一件蓝色的，价格高一些；一件灰色的，价格低一些。你更喜欢灰色的，因为除了颜色不太张扬外，它的价格也是你可以接受的。这时售货员夸赞说：“你穿那件蓝色的更好看一些。”此时你要想想他说这话的目的是什么，而你真正想要的是什么。

例二：已经分手的情侣有一天打电话过来给你，说：“亲爱的，我很想念你，你能过来陪陪我吗？我最近总是梦到你……”而你知道，他现在正在和另一个人谈恋爱。请你在做出回应前，思考一下他的动机是什么，他想从你这里得到什么，你怎么看待你们之间的关系。

例三：同事小李下班前跑过来小声对你说：“老板又在我们面前批评你了。不过没事儿，你还有我呢！”说完拍拍你的肩膀，温柔地对你使了一个眼色，然后走开。此时你要想想你当下的心情如何，他想传递什么信息，然后观察接下来几天会发生什么。

例四：你的上司把一个非常难搞的客户交给你负责，对你说："这个客户交给你了，别让我失望！"他明明知道你是新手，在客户管理方面没有任何经验。那么你要想想他这么做的目的是什么，你该怎么回应。

请读者尝试着做一下下面的思考题，看看以下的表述是属于上述哪一种甜言蜜语的类型（按"1. 有条件赞美；2. 情感敲诈；3. 先抑后扬；4. 情绪化威胁"在每一句表述的后边标上类别序号即可）：

1. 你最好现在就去做某事，否则会有很大的麻烦！
2. 如果你这么做，那么我们的客户到底会怎么看我们？
3. 你把客户得罪了，老板和同事们一定会觉得你能力不行。不过别担心，这不是世界末日。
4. 小张都做了（某事），你为什么不也做呢？
5. 如果你是一个好员工，那么你就应该去做，证明给他们看。
6. 你能做一次吗？拜托了，就靠你了！
7. 这样做对你有好处，相信我，我不会害你的！
8. 你能这么做真是太好了！我太喜欢你了，你太棒了！
9. 你真的不能帮我吗？求你了，我今晚也想按时回家。
10. 如果现在你能把这个问题解决了，那么你在公司其他人眼里的形象会更好。

（答案在本节最后）

现在，我们了解了什么是甜言蜜语，以及它的特征、类别和识别方法。那么当它来临的时候，我们如何回应呢？这里介绍三种比较有效的回应方式：

（1）只接受赞美，谢绝其他诉求。你可以说："谢谢你的夸奖！我可以自己决定！"注意，表达要果敢，让对方清晰地知道你的意愿！

（2）通过询问澄清原因、动机与目的。如果你不清楚他的动机，可以通过询问，提出开放式问题对其目的进行澄清，如“你想要什么？”“发生了什么？”“说说你希望我这么做的原因。”然后依据他的回答和 FIFA 负向反馈技巧（参见第五章第三节）予以回应。

（3）直接表达真实想法或拒绝。如果你对他的动机已经了然于胸，那么可以果敢地表达出你内心的真实想法，告诉他你不想做的原因，或果敢地说“不”！

对于身边的那些甜言蜜语者，你要果断设定界限，与他保持一定距离，距离的远近由你自己决定。当然，你也可以选择退让，去做你不想做的事情——如果你是为了维系关系，比如对方很重要——但你要考虑代价，并思考这是否是你想要的。选择在你手中！

通常来说，直接表达、诚实表达，更容易获得他人信任，但我们身边不都是这样的人。笔者就曾经遇到过这样的同事，他用先抑后扬的方式不断打击你的自信心，又仿佛总是站在你身边在鼓励你、支持你——其实他想要的只是控制你，让你觉得你离不开他，然后他会不停地从你身上索取他想要的东西。一旦你对这样的人产生了依赖心理，那你就要小心了！

请各位读者思考一下：你身边有这样的甜言蜜语者吗？他们多吗？为什么他们会出现在你身边？他们想得到什么？你能得到什么？这是你想要的关系吗？如何修正这种关系呢？

在本章，我们论述了冲突管理及与之相关的若干话题。如我们之前所言：只要有人，就一定会有冲突，这是由人的本性决定的。也正是由于我们都是人，因而通过对我们的立场、争论区和各自利益区的表达、沟通与协商，我们总能够找到我们的共同利益区。这就是冲突管理的冰山模型，如图 6-9 所示。而这，就是解决彼此矛盾与冲突的关键所在！

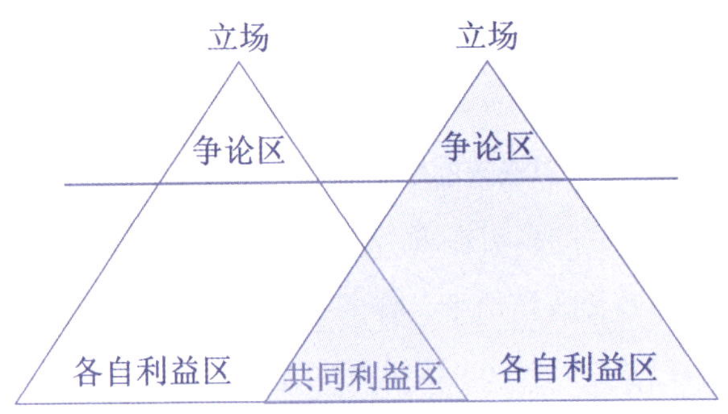

图 6-9　冲突管理的冰山模型

最后，笔者以这句话作为本章的结束：发生冲突再解决是亡羊补牢；未雨绸缪、防患未然才更为明智。如果你已经仔细阅读了前面几章的内容，已经可以避免生活与工作中 90% 以上的冲突。希望本章阐述的解决剩余 10% 的冲突的内容，在读者身上应用得越少越好！

附：本节甜言蜜语测试题答案

（以下顺序是按照第 1 ～ 10 题的先后顺序排列；下面的序号所表示的甜言蜜语类别分别是“1. 有条件赞美；2. 情感敲诈；3. 先抑后扬；4. 情绪化威胁”）：

4、4、3、4、4、1、2、1、2、4。

第七章

人际互动规律

我童年时期印象深刻的记忆之一就是早晨父母出门上班前，都要打开收音机听天气预报，每天都听，弄得我很烦躁。因为天气预报毫无乐趣，一点儿意思都没有，一年四季播报的内容都差不多，无非是春天刮风、夏天下雨、秋天有雾、冬天降雪之类的，重复性、规律性很强，稍有点不同内容的就是西伯利亚又来了强冷空气，渤海海面又起了几级大风等。

当然，长大以后，我就知道天气对大人的影响有多大，它直接关系到我们的日常工作与生活安排。现在，我如果出远门，也会偶尔看一下目的地的天气情况，以备出行物品。

在经历了二十余年的职业生涯，积累了无数的人际互动经验之后，特别是最近的十多年在行为心理学领域的实践与探索，我发现：人与人之间的行为互动，也如天气预报一样，是有规律可循的。特别是行为心理学大师提摩西·里尔（Timothy Leary）的人际互动理论，揭开了人际互动的秘密，令人醍醐灌顶，茅塞顿开。一旦掌握了这些规律与秘密，我们在工作与生活中的人际互动方面的技巧将如虎添翼。这将令我们工作更顺畅，生活更顺心，人际关系更加和谐！

第一节
行为引发行为

一、什么是行为引发行为

不知你是否发现，我们在工作、生活中经常会遇到相似的困境，比如我们跟某个人很难平心静气地沟通，见面说不了两句话就发生冲突；又如有人总是依赖你，什么事情都找你解决，什么决定都找你做；再如有人总是特别坚持自己的想法，一点儿也不给你讲话的机会；还比如有人无论你说什么都有理由反驳你。

另外，我经常听到的人们抱怨最多的几个现象是：受长辈溺爱的孩子长大后独立性差；情侣、夫妻之间会莫名其妙地争吵；老板看上去总是那么严厉；客户的需求没完没了、永不满足。

其实，很多时候，对方的行为，是由我们自身的行为所引发的。我们对对方行为的反应，也有很多是由对方的行为触发的。或者可以这么说，我们可以通过调整自己的行为，引导对方的行为反应；也可以通过对方的行为，预测他下一步的行为反应，然后思考自己的行动策略，以期达成自己的意愿目标，或双方共同的意愿目标。

这种由人际互动产生的彼此行为互相激发的现象，叫行为引发行为！

比如以下情侣间的对话：

男：“你怎么又迟到了？”

女：“迟到了怎么啦？女孩子迟到不正常吗？”

男：“女孩子迟到正常吗？哪条法律规定说女孩子迟到正常啦？”

女：“哟，多大点儿事儿啊，不至于吧！咱们不会为这个吵一晚上吧？！”

男：“好吧，下不为例。你想看哪部电影？”

女：“你说吧，你爱看的我都爱看！”

男：“好啊，那就看新上映的《××》吧！”

女：“行，就这么愉快地决定了！”

…………

刚一见面就吵架的一对情侣，说没几句竟然又和好如初，手挽手进电影院了。各位读者，你有没有看出来，剧情反转是由谁引发的？是哪一句话引发的呢？（答案在后面揭晓）

二、支配度与关系度

我们先来介绍一下人际互动过程中的四种行为。这四种行为，是由两个维度分隔出来的，分别是支配度与关系度。

支配度指在事务处理过程中，对事务起主导与支配作用的维度，即谁说了算。

关系度指在人际互动过程中，对关系或任务的倾向性的维度，即关系和任务哪个更重要。

关于支配度：人际互动中，只要产生意愿（希望达到某目的），为了实现该意愿，要么你主导、影响他人，要么被他人主导、影响。比如 A 向 B、C 两人提出旅行的建议，B、C 对去哪儿旅行无所谓，是被主导，是从属行为；A 在倡议、策划，是主导行为。支配度的两个端点分别是主导行为（又叫向上行为）和从属行为（被主导行为，又称向下行为）。

主导行为的特征有：身体直立，眼神交流，大声说话，积极主动。其目的是影响他人，这样的行为通常能量较高。

从属行为的特征有：仰视或低头，很少眼光交流，轻声细语，被动行事。其目的是配合他人或不去影响他人，这样的行为通常能量较低。

过于关注主导行为的优点是能控制局面、引领方向；缺点是给人居高临下、趾高气扬的感觉。过于关注从属行为的优点是合作配合、不产生矛盾；缺点是忽略自身感受，被人颐指气使。

对他人施加影响力的一个方式就是改变主导地位。如果你从不表现自己，别人就不会注意到你。没人注意的人永远不会得到别人重视，那么就会居于从属地位。能响亮、清楚地表达自己观点的人总是更容易得到他人的倾听。

关于关系度：如果关注关系，则双方合作意向高；如果关注任务，则对方感受会不太好，容易产生对立情绪。如 A 倡议这次旅行去海南，并坚持己见，不容 B、C 提出异议，那么可以说，A 关注的是“我”的任务，而非“我们”的关系，那么 B、C 因为想法被压制，则很有可能会心理抗拒。关系度的两个端点分别是合作行为（又叫我们行为）和对立行为（又叫我行为）。

合作行为的特征有：目光接触，态度友好，经常微笑、打招呼、握手等，以表达亲密。其目的是认同彼此观点，这样的人通常亲和度较高。

对立行为的特征有：很少或没有眼神交流，表情严肃，举止冷漠，保持距离。其目的是维护个人利益，这样的人通常亲和度较低。

过于关注合作行为的优点是能够确保和谐的气氛，与他人保持融洽关系；缺点是过于关注对方感受，不敢给出任何反馈。过于关注对立行为的优点是维护自己的立场、利益与界限；缺点是忽略他人感受，从而导致对方抗拒。

只关注任务的人，通常也会被周围的人孤立或忽视掉。如果你想与周围的人打成一片，那么需要多关注别人的感受，毕竟任务是需要合作完成的。

支配度与关系度两个轴共有四个端点：主导行为体现了主动性；从属行为体现了支持性；合作行为体现了积极性；对立行为体现了抵抗性。它们将行为分成四种基本类型，分别是：由主导行为与合作行为构成的引领行为；由合作行为与从属行为构成的跟随行为；由从属行为与对立行为构成的防御行为；由对立行为与主导行为构成的进攻行为，如图 7–1 所示。

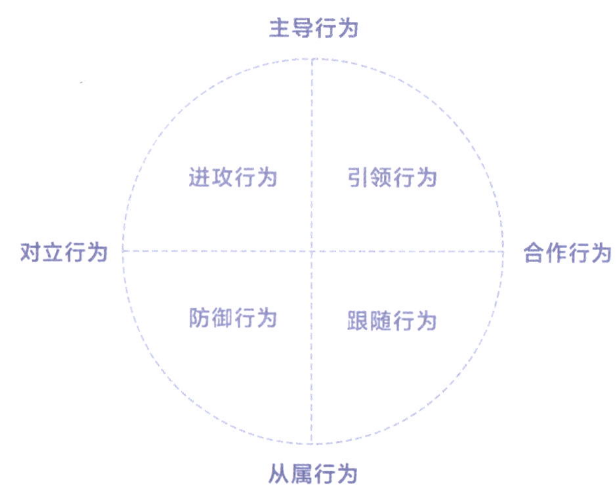

图 7-1　人际互动的四种行为

我们来看四组对话的例子。

例一：导游一边举着小旗子引导着旅行团的十几名成员参观颐和园，一边用小喇叭热情地说："各位游客，请排好队，往这边走，注意脚下，不要走散了。在您的右手边，就是著名的十七孔桥……"其中一个团员招呼导游道："王导，请问能停一下吗？我想去趟洗手间。""您稍忍一下可以吗？再往前走 300 米有一个公共卫生间，我们在那里可以休息五分钟。""好的，好的，谢谢王导！"

例二：小菲和小丽是"闺蜜"。一天，小菲对小丽说："你看现在追我的那个家豪，人品怎么样啊？""不清楚啊，我对他也不了解。""那怎么办啊？"小丽道："你看这样如何？我们叫上他利用'五一'假期一起去旅游，也正好借这个机会考察一下他的人品和在乎你的程度。""嗯，这主意好！我看行！"

例三：老板把报告甩到办公桌上，对员工小陈大声说道："给你一个星期的时间，你就写出这么一个报告，你做调查了吗？！""做了！""做了还写成这样！"小陈辩解道："调查是我和小赵一起做的，报告也不是我一个人写的。况且，这种报告我以前没写过，不知道咋写。""不知道你不会来问我吗？""是可以去问您，但我不是怕您忙嘛！"

例四：小张和小李是同事。小张对小李说："咱部门经理正在调查是谁向公司合规部门投诉了他乱用招待费的。”小李不安地说：“他不会怀疑是我吧？”“如果不是你干的，你心虚什么呀？！”“谁心虚了？”“我说你心虚了吗？别胡思乱想了！好好工作吧！”

上面的几个场景是不是很熟悉？

在例一和例二中，导游和小丽所表现出来的行为就是引领行为，团员和小菲的行为就是跟随行为；在例三和例四中，老板和小张所表现出来的行为就是进攻行为，员工小陈和小李的行为就是防御行为。他们之间的行为是互相激发产生的。

三、四种人际互动的特点

在了解激发规律之前，我们先来了解一下四种典型人际互动的特点。

1. 引领行为

引领行为的特点是：事情自己做主，兼顾他人感受；具有较强的影响力，主要关注人际关系，并具有领导行为（不是领导力）；采取主动，发起谈话；邀请他人参与决定；表达强有力；喜欢成为关注的焦点；友好、合作、掌控，能量水平高。

引领行为的动机与需求是：我想要被尊重；我需要被听到和看到；我要分享我的想法；我希望保护你，以免糟糕情况发生；关系很重要；我想要一个和谐的气氛；希望给予并获得感激。

引领行为的非语言和语言特征是：行动比较直接，看上去很友好，身体直立，有很多目光交流，鼓励性的微笑，声音洪亮、坚定；敢于承担责任，令人值得信赖；主动积极，通过询问使他人感到被融入，甚至亲密的肢体接触。用词显得非常自信，肯定、积极，很少有大概等的模糊用词。

2. 跟随行为

跟随行为的特点是：行为针对他人；谦和、礼貌、尊重他人；跟随、配合，甚至依赖；赞同对方观点，不采取主动，按别人的要求做，经常说“是的”；能量水平低，存在感弱；容易被别人影响，缺乏影响力。

跟随行为的动机与需求是：取悦他人，希望受到欢迎，被对方喜欢，做对方眼中的好人；想要融洽的关系，不希望发生冲突；致力于营造和谐、良好的气氛；相信他人会有更好的主意，而不是自己；如果自己犯了错，别人会生气的。

跟随行为的非语言和语言特征是：根据他人的意图来调整自己；点头、微笑、谦恭，甚至羞怯；肢体动作较小，行为含蓄、收敛，说话适可而止，或比较安静；谨慎、短促的目光接触，礼貌性的微笑，声音比较柔和；通常以身体语言回应他人，比如一个点头，或耸耸肩膀等，常用语“好的”“是的”“随便”“听你的”；通常会问一些问题，而不是做评价；表达委婉，即使有一些点子也会用同样的方式来表达，以至于会被他人借鉴作为他们共同的点子。

3. 进攻行为

进攻行为的特点是：行为针对任务或自己，强调自己的观点、利益；目标明确，喜欢挑战别人，进攻、争夺，命令别人，不关注他人感受；采取主动，以获得影响力。

进攻行为的动机与需求是：我想、我要知道、我要搞清楚、我要控制；目标是重要的、首要的；任务必须完成；你必须听我的；每个人都须尽力，每个人都必须为目标做出调整。

进攻行为的非语言和语言特征是：头脑非常冷静，很少眼神交流，肢体动作大，动作也比较夸张，有时会站起来或大步来回走；做事迅速，缺少耐心；有时候会夸大自己的成就，贬低别人的成果，试图给他人留下深刻印象；对他人或他人的想法鲜有兴趣；表达直接，提出倡议，主导谈话，声音洪亮；不许别人打断自己，但经常会不考虑对方感受而打断他人。

4. 防御行为

防御行为的特点是：行为不针对他人，而是针对自己或任务本身；有时嘴上说“是”，但行动上不做；提出批判性的问题，经常说“是的，但是……”；否定他人观点，表示抗拒、抵抗；时刻警惕，被动消极；易挑剔，忽略他人，但很少提出自己的主见。

防御行为的动机与需求是：安全很重要，不希望冲突；对质量感到恐惧（畏惧他人的评判）；对长时间工作、超负荷工作量感到恐惧；担心自己的能力，希望自己能够做到、做好，并按时完成任务；有时表现得比较顺从他人，期望一切顺利就好。

防御行为的非语言和语言特征是：站姿或坐姿倾斜、晃动，很少的目光接触；言辞闪烁，或说话不多；安静，有距离感；无论对方说什么，表情都通常是显得冷淡、乖戾；对他人的反应较为抵触，或不得不做出他人期待的行为；对多数事与多数人都充满抱怨，吹毛求疵，强调反对意见；很少采取主动，在对话中亦然；通过"是的，但是……"的表达方式来卸责。

四、人际互动的规律

在例一中，导游居于主导地位，他既要完成带领大家游览颐和园的任务，同时也非常关注大家的感受。当有游客提出去洗手间的请求时，他说："您稍忍一下可以吗？再往前走300米有一个公共卫生间，我们在那里可以休息五分钟。"在这种行为引导下，游客说："好的，好的，谢谢王导！"游客体现了从属与配合的姿态。主导行为引发了从属行为，合作行为引发了合作行为。简言之，引领行为激发了跟随行为。

在例二中，本来小菲和小丽对于如何看待小菲的追求者家豪没有任何观点。但当小菲问"那怎么办啊"，表现出了毫无主张之后，小丽就出了一个"五一"出游考察家豪的计划，而该计划也获得了小菲的首肯。小菲的从属行为激发了小丽的主导行为，彼此的合作行为引发了合作行为。简言之，跟随行为激发了引领行为。

在例三中，老板居于主导地位，且只关注任务的完成（要把报告写好），毫不关注员工小陈的感受。小陈被迫辩解，处于防御地位，并也发出了抱怨、对立的情绪。主导行为引发了从属行为，对立行为引发了对立行为。简言之，进攻行为激发了防御行为。

在例四中，当小张说"咱部门经理正在调查是谁向公司合规部门投诉了他乱用招待费"时，引发了小李的不安。他防御性地说："他不会怀疑是我吧？"这句话引发了小张进攻性的语言："如果不是你干的，你心虚什么呀？！"接下来小李继续防御并对立:“谁心虚了?”小张继续进攻并对立:“我说你心虚了吗?别胡思乱想了!好好工作吧!”从属行为引发了主导行为,对立行为引发了对立行为。简言之,防御行为激发了进攻行为。

综上所述,关于行为引发行为的总结如下:

主导行为引发从属行为,从属行为引发主导行为,此为互补/相反关系;

合作行为引发合作行为,对立行为引发对立行为,此为对称/相等关系;

引领行为激发跟随行为,跟随行为激发引领行为;

进攻行为激发防御行为,防御行为激发进攻行为。

上述人际行为互动的规律,如图 7-2 所示。

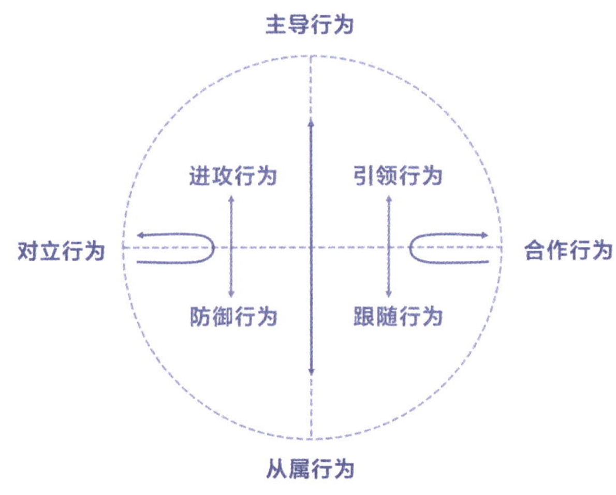

图 7-2 人际互动的规律

回到本节一开始所描述的情侣间对话,不知读者有没有找到剧情反转的节点?是由谁的哪一句话引发的?对比上图“人际互动的规律”,我们来分析一下:

男:“你怎么又迟到了?”(进攻行为)

女:“迟到了怎么啦?女孩子迟到不正常吗?”(防御行为)

男:“女孩子迟到正常吗?哪条法律规定说女孩子迟到正常啦?”(继续进攻)

女："哟，多大点儿事儿啊，不至于吧！咱们不会为这个吵一晚上吧？！"（注意女生的用词"咱们"，把对立状态拉到了对面的合作状态。这是剧情反转的节点，并且该女生以商量的口吻表现出了从属行为的姿态，即女生处于跟随象限）

男："好吧，下不为例。你想看哪部电影？"（女生成功地以从属行为的姿态将男生推到了主导行为的姿态，即以跟随行为将男生激发到了引领行为）

女："你说吧，你爱看的我都爱看！"（女生继续待在跟随象限）

男："好啊，那就看新上映的《××》吧！"（男生被继续激发处于引领象限）

女："行，就这么愉快地决定了！"（女生继续跟随）

…………

本节讲述了两个维度、四种行为以及行为引发行为的规律。这些规律皆是人的本能反应。本能反应中，有有效成分（促进理解与沟通的部分），也有无效成分（损害理解与沟通的部分）。那么，怎么做才能规避无效成分，有意识地促进有效成分、促进彼此的理解与沟通呢？

第二节 行为卡住与解锁密钥

一、行为定式

人际互动的规律揭秘了人们在沟通互动的过程中，为什么有些语言、行为会被激发，为什么有些冲突看似不可避免地发生；也揭秘了为何有些沟通大师、谈判专家、行为心理学专家能够化危为机，巧妙地解决冲突。

可以说，这个规律是基于关系觉察基础上的沟通规律。处于沟通或互动中的人们经常会有意无意地透露出双方之间关系的蛛丝马迹，尤其是非语言行为，暗示给旁观者他们喜欢对方或厌恶对方。也就是说，考虑到彼此或远或近的关系，人们通常不会随意回应沟通对象。在大多数的人际互动行为中，存在某种类似于天气规律式的行为定式，一方的行为通常可引发可预知的对方反应。一且明了了这些行为定式，我们不仅可以觉察双方关系的亲疏远近，甚至层级如何，而且可以在人际互动过程中掌握更大的主动权。我们可以有针对性地回应，增大干预的机会，而不是像过去那样出于本能地、机械地回应。

有主导行为倾向的人通常会视自己高于他的沟通对象；有从属行为倾向的人通常会不自觉地视自己低于与他互动的人，即他通常默许了对方为采取行动的主动方；有合作行为倾向的人暗示了他渴望合作的意愿；有对立行为倾向的人通常会本能地抗拒交互式（合作）互动方式，并以自己为导向。

行为的定式因此衍生，比如关怀行为会诱发依赖行为，奴隶行为会激发主人行为。这里列举两个比较典型的行为心理现象。

很多人都知道东北人很直爽。比如两个互不相识的东北小伙在大街上偶然相遇，其中一个随便看了对方一眼，则 A 可能会问：“你瞅啥？”B 如果防御性地回应：“瞅你咋了？”那么就会进一步激发 A 的进攻性回应，则双方的冲突不可避免。

斯德哥尔摩综合征（Stockholm Syndrome，又称人质综合征），指的是被害者对于犯罪者产生情感，甚至反过来帮助犯罪者的一种情结。这实际上是一种主导行为激发从属行为的心理现象。

1973 年 8 月的一天，两名有前科的罪犯约翰和克拉克在意图抢劫瑞典首都斯德哥尔摩市内最大的一家银行失败后，挟持了四位银行职员。罪犯在与警方僵持了近六天之后，最终放弃挟持人质并释放了他们。然而令人大跌眼镜的是，事件发生几个月后，这四名被劫持过的人质仍然对两名绑架他们的罪犯表露出怜悯之情，他们拒绝在法院指控这两个绑匪，甚至还为他们筹措聘请辩护律师的资金。他们不仅不痛恨歹徒，而且向公众表达他们对歹徒没有伤害他们，给予他们照顾充满了感激。更有甚者，人质中一名叫克里斯蒂安的女职员竟然还爱上了劫匪克拉克，并与他在服刑期间订婚。

这件事激发了社会学家、行为心理学家的好奇心。通过类似案例的调查，研究者们发现类似例子散见于各种不同的报道或经验中，从集中营的囚犯、战俘到受虐待的女性，都有发生斯德哥尔摩综合征的可能或体验。进一步的研究揭示：当人遇上了一个凶狂的杀手，面临生命危险的时候，如果杀手在一定时长的控制过程中，对处于险境的人质稍加照顾与体贴，便会激发人质对杀手的不杀之恩的感激之情，甚至会觉得杀手提供的每一口饭、每一滴水都是对自己的恩赐和慈悲，对歹徒的恐惧也会转化为感激与崇拜。这种对劫持者产生心理依赖感的，并进一步把劫持者的安危视为自己的安危，把劫持者的利益视为自己利益的现象，揭示了一个残酷的人性弱点的真相：有些人是可以被驯服的！从心理学的角度看，有奴隶主，就会有奴隶；有施虐狂，就一定会有受虐狂。

各位读者，你有没有自己的属于一种行为激发另一种行为的经历呢？

如前所述，行为引发行为：主导行为引发从属行为，反之亦然；合作行为引发合作行为，对立行为引发对立行为；引领行为与跟随行为互相激发，进攻行为与防御行为互相激发。

以上规律是人的本能反应。这些本能反应有些是有效的，能促进双方的理解与沟通，或促进目标与任务的完成；有些是无效的，会损害彼此的理解与沟通，或不能促进目标与任务的完成。

举个例子，大街上有一个人正在实施抢劫犯罪，这时我们如果采取从属行为，比如当事者哀求、旁观者回避等，就会激发抢劫者的嚣张气焰，这就是无效行为；如果我们采取主导行为，比如当事者予以适当抗拒与斥责，或旁观者进行强有力的干预和制止，那么抢劫者很可能会知难而退，降低犯罪行为的伤害度，这就是有效行为。也就是说，如果你想刻意地达到降低抢劫者犯罪行为伤害度的目的，为了让对方采取从属行为而有意选择主导行为的时候，那么你选择的行为，就是有效的。

引领行为在需要刻意引发跟随行为的情境下是有效的，比如，当需要做出决定，提出建议、想法与解决方案的时候；当需要承担责任的时候；在对方亟须帮助的情况下；当需要对方参与或配合的时候；对方需要鼓励、激励、被给予信任的时候等。

跟随行为在需要刻意引发引领行为的情境下是有效的，比如，服务人员（如护士、志愿者、客服等）提供对方所需服务的时候；需要创造和谐、温馨气氛的时候；当对方需要我们给予配合的时候；当需要征询对方意见或建议的时候等。

进攻行为在需要刻意引发防御行为的情境下是有效的，比如，需要制止犯罪行为或制止对方不当行为的时候；紧急情况下需要强有力地表达观点或发出指令的时候；维护自己或他人合理权益的时候；期望快速实现目标与任务、效率第一的情况下等。

防御行为在需要刻意引发进攻行为的情境下是有效的，比如，需要激发对方创新思维的时候；需要对方采取批判性思维，以激发更多解决方案的时候；当对方能够做主、无须我们提供多余帮助的时候等。

人际互动规律所激发的人的本能反应，有些是有效的，可以促进双方的理解与沟通，或促进目标与任务的完成；有些是无效的，会损害彼此的理解与沟通，或不能促进目标与任务的完成。如果我们在特定情境下的本能反应是适度的，或为刻意达致某个目标而做出理性反应，有意识地选择某一行为，以激发对方的我们所期望的本能反应，那么这个行为选择就是有效的！

二、行为卡住

但是生活中我们看到的很多的人际沟通与互动，都不是在适度的本能反应或基于理性反应的刻意选择的行为互动过程中进行的，这是人际冲突频发很重要的原因之一。那么如何做到理性反应，理性选择我们的行为呢？这就要从无效行为导致的行为卡住说起。

无效行为指的是我们在某一方面做得过度，从而无法达致我们所期望的目标的行为。

比如，一个妈妈为了养育孩子，会主导一些事情，她居于主导状态；孩子处于被照顾的从属状态。两人的相伴表示两人都处于合作一端，妈妈在引领，孩子在跟随。想象一下这位妈妈对孩子的照顾无微不至，以至于孩子饭来张口、衣来伸手，毫无自立意识和自理能力，最后导致孩子什么都不会做。那么可以说，这个妈妈在引领方面做得过度了，以至于孩子在跟随方面表现过度，形成了依赖。

再如，一位公司管理者经常会安排工作给下属，这位管理者行事又以目标为导向，不太顾及员工的感受，即他居于主导、对立状态下的进攻象限；那么如果他的下属在工作上能够相对独立地、保质保量地完成领导分派的工作，居于从属、对立状态中的防御象限，那么两人的配合也还可以，不至于发生太大的问题。但如果这名员工在工作中总是推托任务或推卸责任，在防御方面做得过度了，那么就会强烈激发这位管理者的进攻行为，导致该员工要么经常被训斥，要么最终被解聘。

过度行为会导致产生与我们目标偏离或背离的结果，进而引发冲突，造成行为卡住（行为互动无法继续进行下去或停止）的无效结果，如图 7-3 所示。

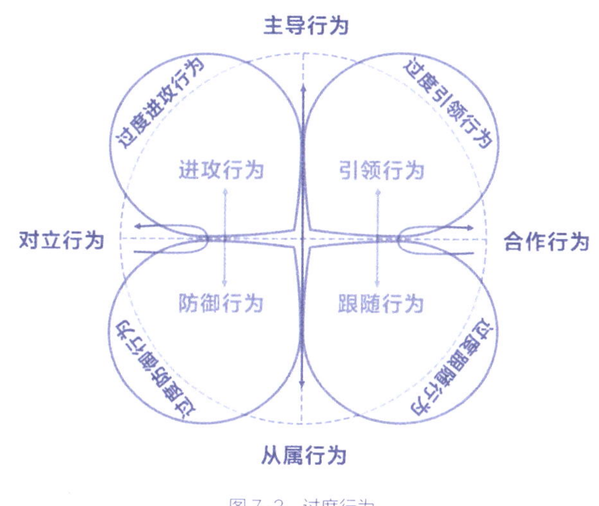

图 7-3 过度行为

过度引领行为，比如，颐指气使，发号施令；经常高高在上，总想成为注意力的中心，喜爱被阿谀逢迎；超常规给予与帮助；不能授权，承担过多，累得要死；凡事都要过问，总是给建议；心太软，爱心泛滥等。

过度引领行为导致的后果包括：产生屈从、依赖，或产生反感、对立；对方主动性被压抑，助长无底线索取；自己劳心劳力、过分担心。

过度引领行为的常见事例包括：父母溺爱孩子；一担米养恩，十担米养仇。

过度跟随行为，比如，过于客气，总是道歉，为避免冲突凡事都同意；毫无主张，漠不关心；依赖索取，怯懦软弱，不敢承担责任；逃避风险，不思进取。

过度跟随行为导致的后果包括：激发对方的控制欲，导致被支配、被利用；很容易被影响，易于受骗，易被愚弄；激发对方退出（不想与这个懦夫有任何关系），避免依赖。

过度跟随行为的常见事例包括：拉帮结派，效率低下；拍马屁，阿谀逢迎。

过度防御行为，比如，害羞，自我封闭；冷冰冰，难以接近；无条件服从，或不理会他人；不信任，顽固，抱怨，唠叨；反对任何事情，抵触他人建议；多疑，叛逆；敌对，争吵，社交孤立，被人遗弃。

过度防御行为导致的后果包括：被人视为无能者、失败者，激发对方的傲慢、优越感、优胜感；奴隶行为激发主人行为，受害者激发犯罪者；激发惩罚，招来攻击。

过度防御行为的常见事例包括：主仆关系中的受虐狂；青春期抗拒父母，或过度防御型父母培养出进攻型孩子；过于抗争，凡事都给予批判。

过度进攻行为，比如，傲慢自负，自命不凡，冷漠无情；不耐烦，不顾及他人的感受；势利自恋，独断专行，刚愎自用；毫无理由或动机不明地进攻；讽刺挖苦，苛责指斥，人身攻击，挑战一切；惩罚，虐待，无理智地破坏。

过度进攻行为导致的后果包括：引发强烈质疑，导致对立与斗争；管理者专断导致下属离职。

过度进攻行为的常见事例包括：主仆关系中的虐待狂；对小孩子大吼，或欺负老实人；权力欲爆棚。

过度行为激发的本能反应通常是无效的，因为它会损害彼此的理解与沟通，或无法达致我们期望的意愿或目标，造成行为卡住，即行为互动无法继续进行下去或引发冲突。

例一：2019 年 9 月被广泛转载的一则新闻报道：贵阳市某中学郑老师在早上第一节课进教室时，看到送餐公司员工正对孩子们的早餐盒进行统一回收。郑老师走过去发现，餐盒里剩的全是鸡蛋，一共有 39 枚，班里有 45 名学生，说明只有 6 个人吃了鸡蛋。后来经过询问得知，原来是这些孩子不会剥鸡蛋。家长们的过度引领行为引发孩子们的过度跟随即依赖，导致孩子们自理能力很差。

例二：2016 年底互联网广为流传的一则视频显示：一名当时 21 岁的小伙面对镜头采访时说，他在广西要饭要了 9 年，总共收入 186 万元，日均进账 500 ～ 800 元。小伙的过度跟随行为——依赖索取，引发过度引领行为——路人不明就里、毫无原则的爱心施舍，助长了好逸恶劳的不正之风。

例三：经理布置任务给某员工，员工问："经理，能换个活儿吗？这个活儿我干了很多次了，一点儿挑战都没有，我不想干了。"经理反问道："不想干了？那你想干什么？""干什么都行，只要别干这个！""你还长能耐了，开始挑三拣四了是不？！不行，干也得干，不干也得干！""我不想做！""你必须做！"员工的过度防御行为引发经理的过度进攻行为，行为无效，导致互相抵触。

例四：父亲生气地对儿子说："说，你昨晚又去哪儿疯去了？那么晚回家！""你为什么总管着我？""总管着你，那是因为我是你爸！""我知道你是我爸，但是我长大了，我可以自己做主！""你长大了？你可以养活你自己吗？！""你要是不想养，你可以不养！"这里，父亲的过度进攻行为引发儿子的过度防御行为，行为无效，产生冲突。

三、行为卡住的解锁密钥

当过度行为发生时，如何避免无效的行为卡住呢？有没有解锁的密钥呢？

前面提到，如果我们在特定情境下能够做到理性反应，依据人际互动的规律，有意识地选择某一行为，以激发对方做出我们期望的本能反应，来达致我们的目标，那么这个行为选择就是有效的！

当过度行为发生导致行为卡住时，谨记解锁密钥如下：

以主导行为回应主导行为，以从属行为回应从属行为，以合作行为回应对立行为，以对立行为回应合作行为；

以进攻行为回应引领行为，以引领行为回应进攻行为，以防御行为回应跟随行为；以跟随行为回应防御行为。

行为卡住的解锁密钥，如图 7–4 所示。

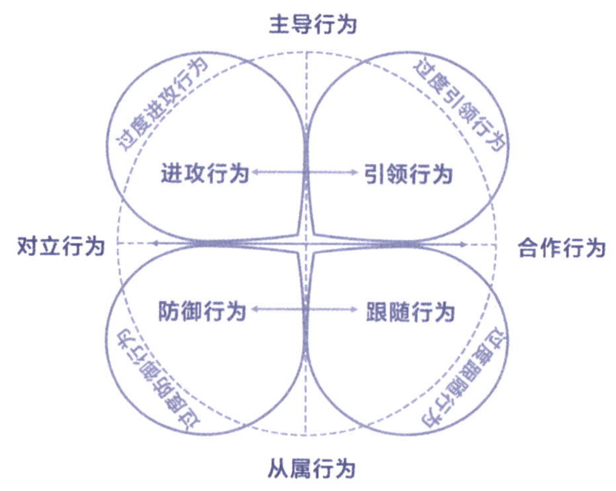

图 7–4　行为卡住的解锁密钥

举例如下：

例一：妈妈对孩子过于溺爱、关照过度（主导行为 + 合作行为 = 过度引领行为），如果这个孩子已有独立意识，他可以这么说："妈妈，谢谢您！不过我不想被过度关照，我想自己来做，请让我自己尝试一下！"（主导行为 + 对立行为 = 进攻行为）

当以进攻行为回应引领行为时，实际上是将对方推入防御地带（进攻的本能反应），以令对方尊重自己（激发从属行为），并给予自己相对独立的空间（激发对立行为）。

例二：如果某人过于依赖你的帮助（从属行为 + 合作行为 = 过度跟随行为），我们可以这么对他说："我特别希望看到你能独立地去做这件事，我相信这对你能力的提升会很有好处！"（从属行为 + 对立行为 = 防御行为）

当以防御行为回应跟随行为时，实际上是将对方推入进攻地带（防御的本能反应），以令对方主导自己的任务（激发主导行为），并独立完成任务（激发对立行为）。

例三：经理布置任务给某员工，员工因经常从事类似任务导致厌倦感，希望经理能换个任务给他，经理直接拒绝："不行，你必须做！"（主导行为+对立行为=过度进攻行为）这时，员工可以这么对经理说："好的，经理！但是您能告诉我一直分派这样的任务给我做的原因是什么吗？""因为给别人做我不放心，只有你做的是最好的！""谢谢经理的信任，我特别感动！但是您知道，我完成这个任务没挑战。我还特别想知道您对我未来的期望是什么？希望我在哪些能力上得到提升？""我对你的期望是希望你能在A、B、C三个能力上获得提升。""太好了，经理，我也是这么想的！现在这个任务是重复训练我在A方面的能力。您觉得我怎么样才能提升B能力和C能力？""嗯，想要提升B能力，你可以尝试着去做B任务。""太好了，我什么时候可以尝试去做B任务？""这样吧，我下次把B任务交给你做！""谢谢经理！那我等您安排。"（主导行为+合作行为=引领行为）

当以引领行为回应进攻行为时，实际上是将对方推入跟随地带（引领的本能反应），以令对方按照自己设定的意图或目标行进（激发从属行为），并以鼓励、认同等方式激发对方与自己的合作（激发合作行为）。

例四：父亲对儿子说："儿子，你昨晚去哪儿了？那么晚回家，爸爸很担心你！"（作为主导方要注意控制情绪）"你为什么总管着我？"（从属行为 + 对立行为 = 过度防御行为）"没有啊！爸爸只是非常担心你的安全！""我都这么大了，不用担心我的安全！""你用这种口气和爸爸说话，爸爸心里不好受！""为什么？我口气怎么了？"（青春期的孩子总会有些叛逆）"我只是想和你聊聊天，你都这么不耐烦！"（从属行为 + 合作行为 = 跟随行为）"哪有不耐烦？！""那你和爸爸说说你昨晚去哪里了？""这个问题很重要吗？""特别重要！你是我儿子，我不希望你对爸爸隐瞒什么，那样我会非常不安和伤心的！""好吧，我去小刚家玩儿游戏来着。"

当以跟随回应防御时，实际上是将对方推入引领地带（跟随的本能反应），以令对方产生主动（激发主导行为），并理解双方的动机、立场与利益是一致的（激发合作行为）。

现在回到本节开头提到的案例：当两个互不相识的东北小伙在大街上偶然相遇，其中一个随便看了对方一眼，A 问："你瞅啥？"（过度进攻行为）这时如果 B 防御性地回应："瞅你咋了？"那么双方的冲突不可避免。正确的处理方法是以引领行为回应进攻行为。B 可以这么说："我瞅你，是因为你身材很棒啊！我猜你经常健身对吧？"或者说："我看你这身衣服很好看啊！搭配也不错！"（主导行为 + 合作行为）如此回应，将会大大减低发生冲突的可能性。

当过度行为发生导致行为卡住时，上述解锁密钥将会最大限度地规避矛盾与冲突，并引导对方向着我们期望的目标方向行进，促进双方的理解与沟通，达致我们的意愿。

这里因篇幅所限以及人际互动的复杂性，笔者不多举例。各位读者在实际应用的过程中，要活学活用，因为沟通互动的过程中任何情况都有可能发生。只要长时间观察、实践、体悟、再实践，就能很好地掌握这一人际互动的规律。

在实际人际互动的过程中，一定要注意自己的"3V"，特别要注意本书第二章果敢表达的实际应用，以及第五章 FIFA 负向反馈技巧的使用，因为它们与人际互动规律是相辅相成的。

第三节 人际互动规律应用

一、人际互动规律的应用基础

这里，需要说明以下三点：第一，行为本身（如果没有触犯法律和社会规范）没有对错；第二，我们这里讨论的行为也与性格无关；第三，我们讨论行为互动规律的目的，也是为了更好地达致我们良好意愿的实现，和双方的理解与互信。这些是人际互动规律应用的基础。

前面我们提到过的以和为贵、关系导向等中国文化现象，会给很多人以微妙的心理暗示，比如合作行为、从属行为是好的行为、对的行为；反之，主导行为、对立行为是不好的、不对的行为。我们通常也会认为强势的老板是不讲理的老板，而那些看上去非常和善的老板深得员工的喜爱。然而，凡事皆有两面性，关系导向的利弊我们在前面已有论述。主导行为和对立行为也是在很多场合下需要的有效行为，如果没有了它们，也就缺少了独立自主、自立自强、创新创意、辩证批判的精神。

在人际互动中，本能反应部分有效，部分无效；过度使用肯定无效；理性反应刻意使用时有效（应用解锁密钥刻意激发某种行为以达致目标）。

在应用时，特别是关键时刻需要选择行为、采取行动前，先问自己四个层次的问题：

（1）我的意愿是什么？我想要什么？我的目标是什么？通过这个谈话、沟通，我想要达到什么目标？这个目标是合理的吗？

请注意，沟通与聊天是两个不同的概念。沟通是指为达到一定的目的，将信息、思想、情感在个人或群体间进行传递与交流的过程。比如我需要通过沟通让对方帮我一个忙，或通过沟通与客户达成合作意向，等等。聊天是毫无目的的闲谈。它们之间最主要的区别是是否有目标。

（2）我观察到了什么？觉察、体验到了什么？对方现在的面部表情是怎样的？他的语气是怎样的？他说了什么？他此时的心境如何？

觉察的过程就是给予对方关注的过程，表明我们在通过积极倾听感知对方感受、情绪或焦虑的过程。

（3）对方的意愿是什么？他想要什么？他的目标是什么？

通过前面的步骤，我们大致能了解对方当下行为的动因，并预测其下一步可能的反应。

（4）我能做什么？怎么做？

当下如何通过调整我自己的行为，激发对方做出我期望的行为，以达致我的意愿，实现我的目标，令双方利益最大化，并达成理解与双赢。

二、人际互动规律应用的四个步骤

依据以上四个层次的问题，我们将人际互动规律应用分解为四个步骤，分别是：

（1）设定目标：我的意愿为何？我想要达成什么目标？

（2）观察觉察：对方当下的行为举止、语言语气为何？我有什么发现？

（3）预测反应：依据人际互动的规律，对方接下来有可能做出什么样的行为？（这一步至关重要，也是我们应用这一规律的意义所在）

（4）选择行为：依据人际互动的规律，我当下需要做出什么样的行为调整，才可以激发、引导对方做出我期望的行为，以实现我的目标。

举例如下：

同事小李最近总是在向你抱怨加班问题。依据你的观察，部门里不是每个人都在加班，而且小李的工作能力也不差。作为他的同事，你可以做的是：帮助小李找到加班的原因，希望他停止抱怨（设定目标）。这天下午，小李又在抱怨加班问题，他说："我都一个多星期没有和家人一起吃晚饭了！"说着，他把文件狠狠地摔在桌子上（观察觉察）。这时，电话铃响了，是客户打来的。小李勉强应对了几句，说："您反映的问题可以找客服部，客服部电话是×××。"然后，他放下了电话（从属行为＋对立行为＝防御行为）。显然，如果加班问题得不到解决的话，小李的防御行为会持续下去，甚至有可能会引发进攻行为（预测反应），不仅会影响他与同事的心情和工作效率，还有可能影响部门与客户的合作关系。这时候，你要想想你可以说什么、做什么。如果你简单地要求他停止抱怨，或对他冷嘲热讽，或干脆建议他找老板谈谈（均为进攻行为），那么无疑会加剧他的防御反应。依据人际互动的规律，你最好的选择是跟随行为（选择行为）。

你可以对小李说："小李，我真的很想帮你。你自己有没有想过可以做些什么来解决加班的问题？"

小李回答："当然想过！如果老板不把离职的小王的工作全甩给我，而是分一部分给部门其他同事，我就不会这么忙！"

“听上去是你现在干了两个人的活儿。老板知道吗？”

“他当然知道！”

“我是说他知道你每天加班这么辛苦的事儿吗？”

“这个我不清楚。”

“那有什么办法可以让他知道呢？”

“嗯，我想也许可以和他谈谈我加班的情况。”

“嗯，我觉得也是。那你仅仅和他谈加班的问题吗？他有可能会问到什么？你怎么回应？”

“嗯，他有可能会问到我有什么解决办法。”

“那你怎么回答？”

“我最好在谈话前，想出几个解决方案。”

“嗯，多想几个解决方案。那你准备什么时候和老板谈呢？”

“我今晚想想方案，明天就和他谈！”

“好啊，明天谈完了别忘记告诉我一下，然后我们看看还可以做什么。”

通过跟随行为不断把小李往引领行为象限推动，激发他的主导行为+合作行为的主动意识和行为，促进问题的解决。

在这个谈话过程中，你所有的行为与对话，都是为了激发小李的引领行为而刻意调整、选择的。也就是说，小李明天和老板谈话的行动计划，是由你对他的刻意的行为引导而产生的。

当然，上面的对话过程也有可能不那么顺利。你说：“小李，我真的很想帮你。你自己有没有想过可以做些什么来解决加班的问题？”

小李回答：“没想过！”

“一点儿也没想过？”

“我这么忙，哪里有时间想这个问题？”

“所以听上去这个问题不是那么紧急，是吗？”

“当然紧急。”

“那为什么不想想解决办法？真的是一点办法都没有吗？”

“嗯，我觉得应该有解决办法。”

“那会是什么呢？”

“也许我应该和老板谈谈这个问题。”

也就是说，只要小李还一直待在防御行为象限，我们就可以一直在跟随行为象限去不断激发他；或者在适当的时候保持沉默，给他更多的时间与空间促使他去思考这个问题，直至达成我们的目标。

三、人际互动规律应用的关键

人际互动规律应用的关键是预测、调整、引导：预测他人行为发展；调整自我行为选择；引导他人行为走向。在互动过程中，要时刻观察思考对方是什么行为，我希望对方如何反应，我应选择什么行为，以充分利用、引导对方的行为向你的目标迈进。

同时，还要注意能量趋同，即主导行为与从属行为的协调一致。这个协调，是通过“3V”与果敢表达技巧来实现的。

有人说人际互动技巧就像沟通中的柔道，柔道的力量在于貌似温柔地击倒对方。当然，我们的目的不是击倒对方，而是通过预测对方行为、引导对方行为，达致双赢的沟通目标，以获得人际关系的改善，增加彼此的互信与理解。

20 世纪 50 年代，美国著名行为心理学家、哈佛大学教授提摩西·里尔基于对大量人际互动行为的观察，发现人们在沟通中是相互影响的：一种行为会引发对方相应的行为，这种规律化的互动模式往往会导致我们陷入某种沟通困境。然而，如果我们能够依据这种互动模式的推衍、映射与导引，预测人们之间的相互行为及其影响，然后有意识地选择我们自己的行为与反应，那么，它将有助于沟通的顺利进行和人际关系的改善。

里尔的祖籍为欧洲的荷兰，荷兰又称为风车之国，如图 7–5 所示。风车的形状像玫瑰的花瓣，里尔所创建的人际互动模型看上去也像是一朵盛开的玫瑰。因此，这个模型便被称为里尔玫瑰。

图 7-5　风车之国荷兰

里尔玫瑰的核心观点是：行为引发行为；沟通中信息接收者的反应可以激发信息发出者的行为改变；解锁密钥的应用可以改善人际关系，让沟通更有效，关系更亲近；有效的人际互动的结果是双赢，而非单赢。

里尔玫瑰不仅解释了为何人际互动过程中会陷入僵局与困境，还解释了为何有些行为是有效的，有些行为是无效的，更为重要的是，它找到了打开僵局与困境的密钥！

美国南北战争末期，有人曾批评当时的美国总统亚伯拉罕·林肯，问："为何要放走南方的敌人？" 林肯的回答是："我们难道不是在消灭敌人吗？当我们成为朋友时，敌人就不存在了。"这就是林肯消灭敌人的方法：把敌人变成朋友。

当然，这么做的前提是，你要找到对方的需求！你所面对的他人的困难行为通常都有一个相应的背景，即该行为通常受到对方潜在顾虑的驱使。如果你对这种顾虑有足够的关注，并表示出你对对方及其顾虑的理解，那么你将很有可能会以一种友好的方式让他放下心理防备。与其对抗一个人，不如关注一下他的需求与关切！

笔者在多年实践与传授里尔玫瑰的过程中，有人问过我这样一个问题："老师，这个里尔玫瑰是不是就是我们中国人所说的'见人说人话，见鬼说鬼话'

啊？”我对这个问题的看法是：一个人为了获取他人好感，成为一个“见人说人话，见鬼说鬼话”的“变色龙”，是以牺牲个人感受，或为了取悦、讨好对方为代价的；但一个能够果敢地进行意愿表达的人，应该是一个既尊重个人内心感受与价值观，也尊重对方内心感受与价值观的人。这样的人能够在尊重对方、尊重自己与社交技巧之间取得平衡，保持内外一致性，令自己与他人都感觉舒适！我想，这才是里尔玫瑰的真谛所在！

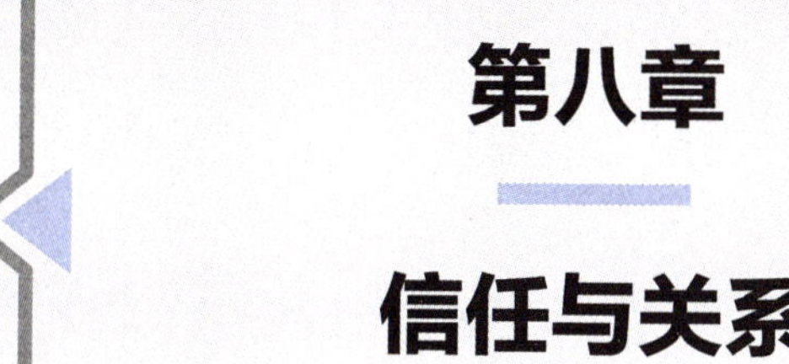

第八章

信任与关系

之所以把有关信任的话题放在最后，是因为我们所有的果敢表达与人际互动的潜在意义都是为了增强彼此有意识的或是无意识的信任与关系，而不是为了增强彼此的厌恶与仇恨。从某种意义上说，信任是我们果敢表达与人际互动的终极目标与意义。然而，不是所有的人都能够看到这一点，因而，在实现这一目标的道路上，每个人都在某一时刻、某一地点走着或弯曲或背离的道路。这是令人非常遗憾的事情！

然而，一个好消息是，越来越多的人在这条路上为自己、为他人在有意识地、充满勇气地、不畏艰难地向前探索着、迈进着。

第一节 如水信任及特点

一、信任

法国有句谚语："鱼是最后发现水的。"鱼其实是并没有意识到水的存在的，如果它一生都没有离开过水，那么它永远也不会知道水的存在，因为水的存在对于鱼而言是一件理所当然的事情。

这正如我们人，其实并没有深刻意识到信任无时无刻不在我们身边存在着：我们能够每天出门是因为我们潜意识里相信大街上的人都是友善的，没有人想随时随地地伤害我们；我们去医院就诊是因为我们相信医生会尽职尽责地为我们治疗，而不会对我们不利；孩子们去学校上学是因为家长和孩子都相信老师会把人类的知识、正直与智慧毫无保留地教给学生，而不会误导他们的；年轻人走进婚姻的殿堂是因为相信另一半在深爱着自己并会忠实地与自己相伴一生，而不是走到一半就无情地抛弃自己；我们购买产品是因为相信生产商与销售商是为了解决我们的问题并满足我们的需求的，而不仅仅是为了挣走我们辛辛苦苦工作获得的血汗钱；我们充满希望地走入职场、进入公司是因为我们相信组织与个人是为了给社会创造价值、服务他人包括我们自己的，而不是为了创造一个尔虞我诈的环境或为了满足私欲而滥用社会资源的。

信任无处不在，正如水之于鱼。但是，并不是每个人都能够意识到这一点，并倍加珍惜的。因此我们在上述的每一个场景中都可能有意无意、或多或少地做着损害信任的举动，伤害着彼此的情感与信任，令本应清澈的水渐渐蒙污。

意愿的果敢表达，当是以信任开始，以信任结束！

信任的本义是相信而敢于托付。托付的是什么呢？托付的是我们的意愿与需求。

情侣间托付的是爱情和对家人的关爱、保护。朋友间托付的是情感的诉求或事情的完成。职场上，托付的向上表现是追随，追随值得信任的领导，托付自己能力的提升和职业的发展；向下表现是授权，将任务托付、授权给值得信任的下属。

二、信任的特点

信任具有如下特点：

1. 信任具有条件性

这也就是说，信任是有前提的，我们不会无缘无故地相信某一个人，也不会无缘无故地去怀疑一个人。这个最基本的前提是我们相信对方至少不会伤害我们，如同前面我们描述的水之于鱼、环境之于人一样。那么，什么会增进我们对他人的信任呢？增进信任的要素有亲缘、品德、动机、能力。这个我们将在下一节详述。

2. 信任具有预期收益性

我们相信信任会给我们带来一定的收益，而且信任度越高，带来的收益越大、速度越快。正如我们和一个老朋友交往，我们相信他会在我们遇到困难的时候帮助我们一把；一个公司相信长期合作的供应商会提供最优质的产品与服务。信任总是影响着效率和成本：信任度下降，则效率下降、成本上升；信任度上升，则效率上升、成本下降。关于这一点，美国作家史蒂芬·柯维和丽贝卡·梅丽尔在他们的著作《信任的速度》中记载了这样一个小故事：

吉姆是纽约的一个小商贩，经营一个卖面包圈和咖啡的小摊，为匆忙而过的上班族服务。在早餐和午餐时间，他的摊位前总会排起长队。他注意到，过长的等候时间使得一些顾客不耐烦而去别的地方买了。他还注意到，因为没有帮手，他的销量不能提高的瓶颈在于要花过多的时间来为顾客找零钱。后来，吉姆干脆在摊位旁放了一个小筐，里边放了很多零钱，让顾客自己去拿该找的零钱。也许你会想，顾客会不会无意间数错或者故意多拿零钱呢？但结果与这种担心正相反：多数顾客的表现是完全的诚实，还经常留给他不菲的小费。同时，因为省去了找零钱的时间，他的销售速度提高了一倍。还有，他发现顾客喜欢这种被信任的感觉，因而赢得了大量的回头客。通过这种传递信任的方式，吉姆的销售额在不增加成本的情况下提高了一倍。

3. 信任具有交换性，或曰互惠性

信任是交易或交换关系的基础。彼此依赖的双方无论交换内容为何，己方利益都需要靠对方才能实现。关于这一点，我们可以用一个信任动态发展公式来表示：信任＝每次互动质量 × 频率（人、事、情）。比如，工作中，每次下属 A 都能高质量地完成领导 B 布置的任务，则领导 B 会给予下属 A 更多的授权和更好的待遇，双方互动的质量与频率形成良性循环。再如，C 逢年过节给某领导 D 送去问候与不菲的礼品，以换取 D 将该部门的一些利益给到 C，C 再将收益的一部分以其他形式回馈给 D，循环往复。这里健康良性交换与彼此互相利用的区别在于：前者是正当的、符合法律法规与良知的、基于职责的、利他性大于利己性的交换（如本段中的 A 与 B 的例子），后者是非正当的、违背法律法规与良知的、利用职责的、利己性大于利他性的交换（如本段中的 C 与 D 的例子）。前者即使双方职责发生变动，也会保留美好记忆与良好关系，而后者一旦一方职责发生变动，关系即告终止，不再往来。

4. 信任具有风险性

笔者的一位专门研究信任关系的朋友郭博士将信任定义为：在有风险的情况下，仍然做出有积极预期的行为选择。这种积极预期有可能带来积极结果，也有可能带来风险。比如雇主雇用保姆、信任保姆的目的是让其照顾好家人，而 2017 年 6 月 22 日杭州的保姆莫某却故意在雇主家纵火，导致屋内的女主人朱女士及其三名子女共四人死亡。经调查发现，莫某在 2016 年 9 月受雇于该户前即因长期沉溺于赌博而负债累累，受雇后继续进行网络赌博并数次撒谎向雇主借钱且多次盗卖雇主家财物。莫某供称其纵火目的并非蓄意杀人，而是为继续筹措赌资，拟采取放火再灭火的方式博取户主感激以便再次开口借钱。虽然莫某因此案被处以死刑，但朱女士的丈夫林先生因此失去一家挚爱的四个亲人的痛苦却终生难以弥补。

信任的风险来自不确定的环境，环境包括自然环境，以及由人、组织和其他不可预知事件构成的社会环境。即使人与人之间、人与组织之间或组织与组织之间带着积极预期去预测对方的行为，并尽力按照约定去行动，也并不能确保预期一定能达成。但这并不会妨碍我们基于信任的大量人际互动行为的发生，因为我们知道，不信任别人所带来的风险更大。因噎废食，并不明智。

5. 信任具有稀缺性

不是所有的人我们都信任，也不是所有的人都信任我们。即使那些我们信任的人，有一天也许会因某事而失去我们的信任；同样，我们自身的某些行为，也有可能会导致我们失去他人的信任。获得信任非常不易，而失去信任可能只需要简单的一句话或一个动作，失去了的信任想要再找回来则难上加难！所以说，信任可以被创造出来，也可以被摧毁。欣赏容易，信任难！

6. 信任与结果具有正相关性

正相关指的是两个变量变动方向相同，一个变量由大到小或由小到大变化时，另一个变量相应地由大到小或由小到大变化。这里的正相关性指你越信任对方，预期收益性越大；越不信任对方，预期收益性越小。当然，这是信任的普遍特性，而非绝对特性，毕竟前面我们提到过信任还有风险性。

关于这一特点的最典型案例就是罗森塔尔效应。1968 年的某一天，美国心理学家罗森塔尔和雅各布森来到一所小学，说要进行一些心理学实验。他们从一至六年级各选了 3 个班，对这 18 个班的学生进行了所谓的未来发展趋势测验。之后，罗森塔尔将一份最有发展前途者的学生名单交给了校长和相关老师，并叮嘱他们务必要保密，以免影响实验的正确性。其实，罗森塔尔撒了一个谎：名单上的学生是随便挑选出来的，并非经过测试的所谓的最有发展前途者。8 个月后，罗森塔尔回到学校对那 18 个班级的学生进行复试，结果奇迹出现了：凡是上了名单的学生，个个成绩都有了很大进步，且性格开朗、自信心强、求知欲旺盛，更乐于和别人打交道。这个效应又称预期效应或皮格马利翁效应（参见第五章第三节），即老师们其实是收到了那份最有发展前途者名单的暗示，他们不仅对名单上的学生抱有更高期望，而且有意无意地通过态度、表情、语言和给予更多的提问、辅导和赞许等行为方式，将隐含的期望传递给这些学生，学生则给老师们以积极的反馈。这种反馈又激起老师们更大的教育热情，维持其原有期望，并对这些学生给予更多关照。如此循环往复，导致这些学生的智力、成绩及社会行为在朝着老师们所期望的方向靠拢，使期望成为现实。

第二节
获得信任的要素

获得信任、增进信任的要素主要有四个：亲缘、品德、动机、能力。其中，亲缘是情感要素，其他三个是理性要素。

一、亲缘

亲缘指的是亲密度与血缘关系。基于亲缘的信任是天然的、本能的信任，它是感性的信任，而非理性的信任。

最亲密的关系就是血缘关系。中国 4 000 多年的奴隶社会和封建社会的统治者基本上都是依据血缘关系来世袭权力与地位的。当今世界虽然仍有一些国家还保留着世袭皇权的传统，但其中很多国家已改为君主立宪制，皇权受到很大限制与约束。现当代民营企业的很多创始人也都是沿袭着基于血缘关系的财富传承模式，就是因为血缘关系是其他社会关系取代不了的最亲密的关系。然而，并非承接权力与财富的后代就能够如创业者所期望的那样把家族事业发扬光大。中国自公元前 221 年秦朝建立帝制以来到 1912 年最后一位皇帝溥仪退位的 2 000 多年历史中出现过 400 多位皇帝，其中杰出的皇帝为数不多。古今中外传承家族财富的“富二代”“富三代”也鲜有踵事增华的。历史反复印证着“打江山难，守江山更难”“富不过三代”的结论。

这种以血缘关系来世袭权力与财富的现象在现当代已逐渐被更理性、更科学的方式所取代。现在，人们已经意识到血缘论、亲属论的局限，把财富留给一个没有能力管理财富的败家子去挥霍掉，既浪费社会资源，也不公平。业已成熟的职业经理人制度可以确保组织或企业发展和财富增长的最大化，股权分配机制可以确保财富比较公平地留给那些有能力管理财富的人，也可以打破“富不过三代”的世代魔咒！

次亲密的关系源于熟悉度。过往相同或相似的经历会加深彼此的信任关系，这也是很多创业者要找旧友、同学、同乡、同僚等共事的原因。当然，其前提是职位与能力必须匹配，方能举贤不避亲，否则就会影响事业。很多人有能力未必能走上高管的位置；那些走上高管位置的人，也有能力一般但在亲密度上做了很多工作的人。如果你不能在亲密度上影响对方，那么你就可能会有怀才不遇、不公平的感觉，甚至会抱怨。提升彼此亲密度的方式有：①表达关爱，比如赠送礼物；②针对具体的事件给对方赞美表扬；③肯定、认可对方的品质；④提供服务；⑤亲密的肢体接触，如握手等。

二、品德

品德，也称品格，是一个人依据一定的道德行为准则或价值观采取行动时表现出来的相对稳固的倾向与特征。美国诸多领导力研究机构和学者自第二次世界大战后几十年来对世界500强企业管理者所做的品行调研显示，虽然构成领导力要素（如高瞻远瞩、能力出众、鼓舞人心、胸襟开阔、公平无私等）的内涵与排序在不断变动，但排名第一的领导力要素始终没有变化——那就是诚实正直！

诚实正直是指有健全的人格，履行诺言，言行一致，表里如一，所想、所感、所行三者一致，有勇气坚持自己的价值观和信仰。

《左传》曾记载了这样一则故事：春秋时期齐国有个大夫叫崔杼，公元前548年因国君齐庄公与其妻棠姜私通，导致崔杼在气愤之余联合他人在自家庭院杀死了齐庄公。于是，齐国史官太史伯在史书上写下“崔杼弑其君”，崔杼大怒，愤而杀掉了太史伯，然后令其大弟太史仲重写历史（按当时惯例，史官是世袭的）。太史仲如实在史书上写下“崔杼弑其君”，崔杼再怒，愤而又杀掉了太史仲，然后又令太史伯之二弟太史叔重写历史。太史叔亦如实在史书上写下“崔杼弑其君”，崔杼三怒，愤而又杀掉了太史叔，然后又令伯之三弟太史季重写历史，并威胁太史季说：“你的三个哥哥都死了，你就不能按我的要求把庄公之死写成‘暴病而亡’吗？”太史季回答说：“据事直书，是史官的职责。失职求生，不如去死。”崔杼无奈地只好任由其书写真实的历史了。恰在此时，另外一个名叫南史氏的史官闻听崔杼已因记述史实而杀死了三位史官，非常担心历史被篡改，于是抱着竹简向死而去，一路小跑要去亲自记载历史，路上恰逢太史季。在听太史季说历史已被真实记录下来后，南史氏才抱着竹简放心地回去了。

每次笔者在描述这段历史故事的时候，都被感动得不能自已。太史伯、太史仲、太史叔、太史季、南史氏前仆后继追逐诚实正直品格和记载真实史实的价值观和职业操守，令人感动与唏嘘。对比之下，有太多的人会因为淫威、权势、金钱、利益和情欲丧失自己的立场和人格。

美国管理专家史蒂芬·柯维在其著述《高效能人士的七个习惯》一书中指出：

“我们的行为建立在原则和价值观的基础之上，而非一时冲动和为环境所迫。”偶尔会有人问我：“老板要求我选择‘站队’，我该怎么选择？”其实，选择任何一方都未必是长久可靠的。唯有忠于自己，跟自己站队，跟自己的原则、信念、价值观保持一致，言行一致，才是最可靠的。因为自己的原则、信念、价值观是最稳定、最持久的。例如，美国第16任总统亚伯拉罕·林肯，他对废奴的坚持不是出于对黑人这个群体的感情。就像他自己所说，他对黑人毫不了解，对自由黑人的未来也不确定，他的出发点就是一个很简单的原则，那就是坚信“人人生而自由、平等”。

关于如何做到诚实正直，各种理论观点浩如烟海，这里有三点建议：①选择基本的、公认的原则、信念、价值观作为自己的行事准则和依据，比如善良、平等、利他等。通过观察一个人怎么对待跟他没有利害关系的人，特别是弱者，往往可以看出这个人的品质。②言行一致。不要轻易许诺，但一旦承诺，必须全力以赴。那些一言九鼎的人一定是很少承诺，但又特别重视承诺的人。因为他们深知，践行诺言并非易事。从某种程度上讲，信任的本质就是对承诺的管理。③坚守自己的底线。如果能为正义声援，那就声援正义。美国黑人民权领袖马丁·路德·金曾说过：“我们记住的不是敌人的攻击，而是朋友的沉默！”但是，如果一己之力不能改变现状，甚至连发声都危险的时候，那么请记住凤凰卫视《冷暖人生》编导季业的一段话：“如果发出声音是危险的，那就保持沉默；如果自觉无力发光，那就别去照亮别人。但是——但是，不要习惯了黑暗就为黑暗辩护；不要为自己的苟且而得意扬扬；不要嘲讽那些比自己更勇敢、更有热量的人。可以卑微如尘土，不可扭曲如蛆虫！”不作恶，不成为恶的帮凶，应当是人的道德底线。

三、动机

动机，是指行为的初衷，也是行为的目的。动机的层次由高到低有四种：①纯利他，这也被称为牺牲或奉献；②至少是利他≥利己，这也被称为共赢；③利他＜利己，或纯利己但并无损害他人，这也称为自利；④毫无利他，且利己是建立在损害他人利益的基础之上，这也被称为自私，或损人利己。

也许有人会问：既不利己，又损人的情况，算什么呢？笔者以为，这种损人不利己的情况如果发生，那应该算不上什么动机，而是一种要么无聊、要么愚蠢的表现。

基于第一层次动机的纯利他的行为常见于母爱。除了母爱比较少见，比如我们前面列举过雷锋和特蕾莎修女的例子。也因其少见，所以这种动机令人感动与钦佩。

生活与工作中有相当多的行为动机是基于第二层次动机的共赢，包括本书所倡导的意愿的果敢表达，即至少我们的行为是互惠互利的。

第三层次动机的自利，比如不说别人坏话，是一种更有利于自身的品行，且并未损害他人的行为；又如银行贷款给创业者，确保了自身的利益（依据合约会有利息收入并有抵押担保），又帮助他人创立事业（至于创业成功或失败，并不在银行的责任范围之内）；再如某人将自己多余的钱物分享给他人，既避免了浪费，也满足了自己的一定的心理需求。

将自己的多余钱物分给他人，和慈善是有所不同的。慈善既可以是第一层次动机的纯利他（比如比尔·盖茨 2008 年从微软总裁位置上退下后宣布“裸捐”，将自己名下的 580 亿美元全部捐给比尔及梅琳达·盖茨基金会，分文不留给子女；又如中国蒙牛集团创始人牛根生于 2016 年也宣布“裸捐”；再如中国歌手韩红放弃自己的演艺事业，专注于慈善事业），也可以是第二层次动机的共赢（如一些有社会责任感的企业和名人在灾害来临之际捐出自己部分钱物给受灾地区或人民，既利他，也利己）。而第三层次动机的自利，比如将自己的多余钱物分给他人，它的出发点是为了避免浪费，并部分满足个人同情心或虚荣心，即利己性大于利他性。慈善的动机一定是利他性大于利己性的。我们不倡导第四层次的动机，因为这种动机是以牺牲他人利益为代价的。

信任的基础是互惠。在帮助他人的同时，也要考虑一下自己的必要需求。比如航空公司在通知乘客戴氧气罩时通常有这样一句话：“如需帮助他人，请先照顾好自己！”另外，生活中，我们大多数人都对他人充满了过多的期待，而没有考虑自己为对方付出了多少，似乎对方的付出是理所应当的，自己没有什么付出也是理所应当的。信任互惠性的特点将令这些人感到失望。

动机层次由高到低的过程也是获取信任由多到少的过程。一家百年企业，一定是以诚信为基础的。因为动机层次、价值层次越高，关系维系稳定的时间就越长。反过来说，那些追求短期暴利、欺骗消费者的企业组织或商业行为，必将被市场和顾客所抛弃。

前面我们提到，诚实正直是做人首要的品格。但是，有时候我们会看到好人也会撒谎，为什么呢？如果一个人撒谎了，那么我们首先要判断他的动机：动机利他，则撒谎或可谅解；动机利己，则不可原谅！

我们要时刻注意自己的行为与动机之间的关系，因为人们通常会以自己的动机来解释自己的行为，而以他人的行为来判断他人的动机（参见第六章第一节）。

四、能力

能力是一个人完成某个目标或任务所体现出来的综合素质：素质高，能力高；素质低，能力差。能力有天生的成分，比如天赋、智商（据英国《简明不列颠百科全书》中“智力商数”词条载：“根据调查结果，70% ～ 80% 智力差异源于遗传基因，20% ～ 30% 的智力差异系受到不同的环境影响所致。”）及身体健全程度等；也有后天的成分，比如知识、技能、态度等。

先天成分很难更改，能力的提升主要靠后天成分的改变。美国有两位畅销书作家丹尼尔·科伊尔和马尔科姆·格拉德韦尔，他们在其各自的著述《一万小时天才理论》和《异类》中，都提到了“一万小时定律”，即无论你做什么事情，只要坚持一万小时，基本上都可以成为该领域的专家。设若你每天工作 8 个小时，一周工作 5 天，那么成为某个领域的专家则至少需要 5 年，即一万小时；假设你用业余时间做某事，例如每晚 2 小时，一年 365 天不间断，则需要 14 年，即一万小时即可成为该领域专家。

“一万小时定律”在很多人身上得到了验证，比如比尔·盖茨 13 岁时有机会接触到世界上最早的一批电脑终端机，开始学习计算机编程，7 年后创建微软公司时，他已连续练习了 7 年程序设计，超过了一万小时；再如“田坛飞人”刘翔，从他 7 岁开始训练到 18 岁拿到第一个世界冠军，训练时间远超一万小时。类似例子不胜枚举。

如何提升自身能力，获得他人信任，这要看你需要在什么领域期待获得他人的信任。作为一个普通的工作者，一些基本的技能包括：有效沟通能力（很多大企业用人的最为重要的能力）、时间管理能力、健康管理能力、学习能力、执行能力、自我计划与控制能力等。如果你是一名管理者，那么除了以上基本技能之外，你还需要掌握目标管理能力、情商管理能力、团队领导能力、问题分析与解决能力、创新能力、绩效管理与激励能力、教练能力、压力管理能力等。

已有的成果是能力的一种有效体现。成果指的是你做过什么事情、过去的表现如何、有哪些证明材料等。它们是可见的、可衡量的、已验证的，比较容易被他人看到与评价，比如学历证书、专业资格证书、专业职称证书、奖励证书、过往作品等。但是在选人用人时，这些成果只可作为参考，不可作为评判的依据，因为很多有能力的人，未必就是有可见成果的人。有一次马云在演讲结束之后，有学生问他：“什么样的学历才能进入阿里巴巴工作？”马云的回复是四个字：“没有要求！”这个回答令很多人感到惊讶。但在马云眼里，最为重要的是能力和特长，如果空有一纸文凭而无实际本领，那么学历再高也没什么用。

第三节
信任与透明度

一、透明及其重要性

笔者以为，信任的最高境界是透明，这也是领导力不可或缺的元素之一。

透明指的是你愿意，并且可以将你的言行和决断，公开展示给公众！当然，公开的内容应是涉及公众利益或共同利益的信息，而非个人的、隐私的信息。公开是有原则的，并非所有的信息都要无原则地公开。

为什么透明如此重要？因为人们需要据此评判你的言行，和你的原则、信念、价值观是否一致，并以此来决定是否可以信任你、托付你。

美国作家史蒂芬·柯维在《信任的速度》一书中指出："公开透明讲的就是要开放、要真诚、要说实话。它是建立在诚实、开放、廉正和可信的原则基础上的……公开透明的反面就是隐藏、掩饰、模糊和黑暗，包括藏匿、隐瞒、秘密和保留，还包括幕后策划和暗箱操作。透明的反义词是隐晦，意思是光线不能透过，不能被看清楚……公开透明常常是建立信任的最快途径。比如，当某个慈善组织遭到质疑的时候，最快的重建信任的方法很简单，就是把所有资金的去向公布给大家。"

二、透明与信任度的关系

我们在第五章第一节曾介绍过乔哈里视窗，并指出：真正有效的沟通只能在开放区进行。因为在此区域内，双方的信息是可以共享的，因而也是可以被充分讨论的，这对增进理解和互信是至关重要的。因此，为了获得理想的沟通效果、增加信任，应不断扩大彼此的开放区，通过公开、反馈等手段使开放区扩大，则盲目区和隐藏区逐渐缩小，未知区也相应缩小，也就增大了公开透明的区域；反之，沟通受阻，信任度下降！开放区扩大的过程如图 8–1 所示。

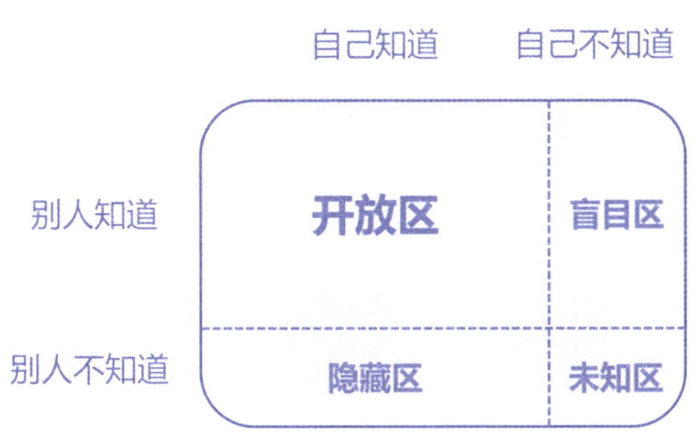

图 8-1　开放区扩大 = 透明度增加 = 信任度增加

通常，我们信任的人大多是我们的亲人或朋友。为什么呢？因为我们对他们很了解，彼此的开放区很大。换言之，他们的很多方面在我们看来是透明的！

所以，开放和坦诚的沟通是保证透明非常重要的因素。只有向对方充分表达你的动机、意图、目的等想法，才能最大限度地获得对方的理解和支持！

但是，现实情况是，很多人并未意识到透明对于信任和领导力的重要性，许多人甚至认为表现得越不透明、越神秘，就越像一个领导。而且，一个非常奇怪的现象是，随着社会的发展，人们的个人隐私和秘密似乎越来越多了，而开放区则越来越小了。这导致了人们彼此的信任感逐渐降低，许多社会问题也由此产生！

对于东方人来说，有两个潜在的阻碍开放区扩大的心理障碍：①因为亚洲人的含蓄、内敛的心理特性，导致人们偏爱隐藏自己的信息，导致性格内向、压抑，稍遇挫折便感到羞愧、恐惧，不敢袒露真实的想法与心理。②因为面子文化，不太习惯给予他人反馈，特别是负向反馈，以维护他人的面子。当然，自己也不易获得他人的反馈，导致彼此的盲区扩大。这两个妨碍扩大透明度与信任度的心理障碍亟须克服！

三、如何做到透明

那么，什么可以帮助我们做到透明呢？要做到透明，应做好以下三点：首先，需要诚实正直。孔子说："人而无信，不知其可也。"莎士比亚说："对自己真实，才不会对别人欺诈。"

根据真人真事改编的美国电影《当幸福来敲门》中，当主人公加德纳穿着肮脏的工服从拘留所飞奔至证券交易所接受面试时，他很尴尬，因为他甚至没有时间换一身干净的衣服。他对面试官马丁说："我是这样的人，如果你问我一个问题我不知道答案的话，我会直接告诉你'我不知道'。但我向你保证：我知道怎样找到答案，而且我一定会找出答案。"马丁问："如果有个人连衬衫都没穿就跑来参加面试而我却录用了他，你会怎么想？"加德纳说："那他穿的裤子一定十分考究！"最终，他被录用了——没有掩饰的真实打动了面试官的心！

其次，需要勇气。很难相信一个缺乏勇气的人会直面透明带来的后果：面对众人的质询。也就是说，要有勇气面对他人的评判，同时也要有勇气面对自己的弱点。

没有人是完美的。作为凡人，我们每个人都有缺陷，包括言行和决断。我们如果做不到完美的言行和决断，就要勇于面对它。面对它，意味着承认我们自身的弱点。承认弱点，就意味着我们和普通人没有什么两样。但唯一能区分的，就是能否有面对自己弱点的勇气！

最后，需要尊重规则与制度！好的制度会产生好的行为，让坏人不敢做坏事；不好的制度会激发人的恶，让好人变坏！遏制善的制度一定会激发恶；反之一样！比如，不管行人或骑自行车者是否闯红灯或违反交通规则，撞到汽车的话汽车司机一律要承担比例不等的赔偿责任，就会导致“碰瓷”讹诈现象的发生。再如，如果不去考量行凶伤害者的作恶动机与行为在前，而对见义勇为者的过失伤人予以判罚，那么一定不会再有人去路见不平、拔刀相助，这个社会就会变成一个人人自危的、冷漠的、缺乏基本信任感的社会。

组织在制订制度的时候要考虑：制订什么样的制度可以激励组织内的人愿意去做组织期望的事情；制订什么样的制度可以令组织内的人不好意思去做、不敢去做、不能去做不利于组织利益的事情。如果组织制度不能够遏制反复出现的恶行，那么这个制度一定是有问题的制度。

制度很重要，执行更重要。被执行的制度才是制度，否则就会流于形式。人情大于法的制度不是制度，执行歪了的制度不是制度。

比如组织中的同级间最容易产生竞争。组织提拔谁？如果只能提拔一个人，那么如果提拔了 A，则 B、C 就会嫉妒，可能会产生不满、抵触、诋毁、告状。但为何有的组织提拔某人却没有嫉妒或告状现象产生？那是规则使然：清晰的制度，透明的流程，公正的考核与激励，会最大限度地确保一切在“阳光”下运行。

要做到透明，以上三者缺一不可！

有一种现象需要提防，那就是假装的透明。假装的透明，在桌子底下换牌，在帷幕后面交易，对信任的伤害更大。权力与利益的运作貌似透明，实则暗箱操作，这不仅有违公平公正，更违背良知、道德与法律、法规！

由于不透明或假透明而导致的信任和领导力的缺失，是当今社会面临的重大挑战之一！当蒙污的窗子阻挡了阳光的射入，心灵的房间就会变得越加晦暗！擦拭窗子的责任，则是我们每一个人的义务！

第四节
信任与关系

一、什么是关系

增强信任的目的是增进彼此的关系，同时有助于目标或任务的完成。这两个条件均能满足，则可以基本认定这是健康的关系；两个条件只能满足其中一个，是不太健康的关系；两个条件都不能满足，则是失败的关系。

这里的关系指的是人际关系，即人与人之间在互动过程中表现出来的心理亲密度的距离。它反映了彼此在满足对方需求方面的满意程度。

因此，关系是一种自身形象的映照（从与他人的关系中往往可以看到自身的地位与现实状况），关系是一种彼此依赖的依据，关系是彼此心理满足和利益交换的基础，关系是人与人之间某种性质的联系。

一个能与他人建立良好、健康关系的人，往往有较强的幸福感，心理、生理也更加健康。我们举一个人类社会生活中最常见关系的例子：婚姻关系。很多人将爱情等同于婚姻，因无法解释其中产生的诸多矛盾而心生困惑，使得爱情关系与婚姻关系都充满了焦虑或失望。其实，爱情是感性因素（无我状态/融合状态），婚姻是理性因素（契约关系/合作关系）。将两者的特性混淆，就会产生冲突、矛盾、失落、失望。如果夫妻双方能识别两者的区别，并处理好两者关系，那么对爱情关系与婚姻关系的满意度与幸福感就会大大增强，爱情关系与婚姻关系也会更为持久。

与他人建立良好关系需要秉承四个原则：平等原则、包容原则、互利原则、信用原则。

二、中西方看待关系的差异

中西方看待关系的观点是有差异的。

英文的“关系”一词是“Relationship”，关联性，指人与人之间因某事而产生的相互联系，在人际导向与任务导向中更倾向于后者。比如西方人在孩子出生后，父子关系、母子关系更多的是基于养育与被养育的关系，但彼此之间在人格上都是平等的，不存在隶属关系（包括心理上的隶属关系），所以孩子成人以后就会离开家庭独立生活。再如 A 与 B 因为入职同一家公司，那么彼此因为共事而产生了同事关系，一旦某一人离职，两者继续联系的可能性就大为降低，甚至可能终生不再联系。

中文的“关系”在人际导向与任务导向中更倾向于前者，更像是一种依赖关系。它一般不指向或很少指向具体的事物或任务，并不是为了要完成某个特定任务而形成的关系。比如东方人孩子与父母的关系并不会因为孩子成人而终止，有些“啃老族”会一直依赖父母生活而啃到四五十岁。孩子即使 60 岁了，在 90 岁父母的眼里仍然是孩子，而非平等关系的人。某种程度上讲，他们之间在心理上还存在着或多或少的隶属关系、依恋关系。再如 A 与 B 即使是同事，在一方离职后，相较于西方人，他们之间会有更多的互动，因为未来可能还会用得上对方。

这种并不是为了要完成某个特定任务而形成的关系，导致人们甚至仅仅是为了关系而营造关系，所谓仁、义等都是为了说明彼此之间的某种关系。因为不是为了要完成某个特定任务而形成的关系，所以这种关系要拉、要搞、要套、要走、要跑，即拉关系、搞关系、套关系等。至于为什么要拉、要搞、要套，西方人搞不太清楚，也不太理解。因此，这种有别于“Relationship”的关系被西方人标注为“Guanxi”一词（同汉语拼音），并被收录于英国牛津大学出版社出版的《牛津英语词典》中。

有些人认为，拉关系、搞关系的最终目的其实还是利益，只不过这个利益目标有时候比较明确，有时候不太明确（我要搞关系的这个人未来不知道啥时候能用得上，但应该能用得上，所以先拉一拉、搞一搞）。当然，如果不太明确的话，也有可能这个关系将来永远用不上，那就是一个比较失败的“情感投资”“时间投资”甚至“金钱投资”。为了掩盖利益目标，有些人常说的一句话就是“别谈钱，谈钱伤感情”。

“Guanxi”更加感性一些，感觉上更有人情味儿；“Relationship”更理性、更现实一些、更直接！但“Guanxi”的弊端是：比较虚伪、非理性、人身依附、心理依赖、不独立，或人情第一、规则第二等。

无论中西方对关系的看法如何，其实我们都希望沟通的双方能够通过彼此的人际互动营造、建立起一个良性的、健康的人际关系，即前面提到的“既增进彼此的关系，同时有助于目标或任务的完成”。同时满足两个条件，则可以基本认定这是健康的关系！

三、信任危机与应对

不可否认，社会的发展令人类的信任关系受到前所未有的挑战。科技的发展令人类的迁徙更加容易，人类社会已由熟人社会逐步转向陌生人社会，一个人在一个地方久居至老的情形正在被改变，越来越多的陌生人出现在我们身边。对利益与欲望的追逐令很多商业行为变得更加急功近利、利欲熏心而置基本道德于不顾，“地沟油”“毒奶粉”“毒大米”“假疫苗”等造假害人事件层出不穷，屡次冲击人类心灵能够承受的底线。一些社会机构的调研显示，人与人之间的彼此信任度近年来都在呈现下降趋势，比如美国有研究报告指出：只有40%的员工相信他们的上司在交流中是诚实的，这也就是说10个人里就有6个人认为他们的上司是不诚实的。

不光人与人之间的信任危机在加剧，人与自然的信任危机同样不容乐观；大自然从来未像今天一样用其特有的方式越来越频繁地警告人类它对人类的不信任：南极告急、北极告急、珠峰告急、海洋告急……

人与自然的危机、人与人的危机，其实都是人心的危机、人性的危机。我们只有从自己的内心深处寻找解药，才能治愈彼此与自然的信任危机。

信任危机在人类历史上从来没有消失过，但如水的信任也从未消失过。这也是人类社会能够发展到今天的原因之一。只要信任，就会有风险。所有的信任危机都是做出重大信任调整的关键时刻：要么彼此调整为敌人，要么彼此调整为朋友。每一次角色的调整，都是一段新关系的开始。

那么，如何开始呢？奥黛丽·赫本在影片《窈窕淑女》中所扮演的卖花女伊莉莎曾对追求她的年轻绅士弗雷迪说："别说什么天上明亮的星星，如果你爱我，就让我看到你的爱！"是的，行动，只有行动，才是解决信任危机的关键所在！如果我们想增进彼此的信任与关系，那么就从我们和对方的每一个行为、每一个意愿的果敢表达开始吧！

结 语

亲爱的读者，如果你已经仔细地阅读了本书，并用心体会并尝试了一些实践，那么请你回看一下序言中的那五个困难情景，你是否觉得解决它们已经没有之前想象的那么难了？是不是简单、容易了很多？恭喜你，你在意愿的果敢表达方面已经有了很大的进步。而且，我相信，你会比你所想象的自己更加强大！

不过，对各位读者，笔者还是有一些需要补充的提醒。在果敢表达意愿时，请记住以下八点：

① 要对事不对人，专注在问题、行为、事实上；

② 沟通方式要明确、简短、清晰；

③ 非语言信息的表达应与语言表达一致；

④ 选择合适的时机；

⑤ 倾听，运用你的同理心；

⑥ 坚定，但非控制；

⑦ 不要用不确定的信息；

⑧ 不要用批判、判断的词语或语句。

这些要点将有助于你意愿目标的达成！

果敢表达具有强大的力量。2020年初，我在家里观看了一些老影片，其中京剧电影《白蛇传》令我印象深刻。这本是一出悲喜剧，里面的内容也是妇孺皆知，但其中“盗仙草”一段，还是吸引了我的注意：白娘子在饮用了雄黄酒之后，现出白蛇原形，立时将许仙吓晕。为救夫君之命，白娘子潜入昆仑山，试图盗取救命仙草灵芝。在她与守卫仙草的鹤、鹿争斗并不分胜负之时，南极仙翁驾云飞临，并对她说道：“念你痴情果敢，又怀有身孕，赐你灵芝下山去吧！”白娘子感激异常，遂携仙草返回钱塘，救活了许仙。

说实话，那株仙草并非白娘子所有，其求取仙草的诉求也不是合理的，但悲天悯人的南极仙翁还是被其忠贞爱情的果敢行为所触动，把灵芝赐予白娘子。这不禁令我想起美籍华裔男子谷岳和中国纪录片导演刘畅在2009年拍摄的一部纪录片《搭车去柏林》当中的一段话：“有些事你现在不做，一辈子都不会做了；如果你想做一件事，全世界都会为你让路！”

说得多好啊！这就是意愿的力量！

各位还记得果敢表达的定义吗？坚持自己，同时不多余地冒犯他人！这句话包含了自我期待（尊重自我内心的合理诉求）和他人期待（他人有获得尊重与平等对待的合理诉求）。因此，在表达时切记要同时满足这两个期待。一个经典案例是美国影片《本杰明·巴顿奇事》中的一个片段：女主人公黛西已然老去，在医院的病房里奄奄一息，其女儿卡罗琳在旁边异常难受，于是走到病房门口点燃了一支烟。这时路过病房的一位黑人女护士对卡罗琳说道：“我知道你不好受，但医院里不能吸烟！”这是一句经典的果敢表达的范例：前半句表达了对对方的理解与尊重，后半句表达了自己的合理诉求。毫不意外地，卡罗琳掐掉了香烟，而且她也并没有感觉受到了冒犯！

有些人问我：“什么人需要果敢表达？”我以为是：所有人，特别是管理者、胆怯者、抑郁者和“三高”患者更为适用。说所有人是因为东方人普遍比较含蓄、退让，而一些西方人在东方人面前又表现得过于强势；后面强调的管理者等人需要它是因为这些人如果掌握了意愿的果敢表达技巧的话，将对他们的工作、生活乃至人生，带来莫大的帮助！

因此，请记得笔者给各位读者的话：“这是我的权益！如果我不去维护它，没有人会比我更加热心地去维护它！我尊重对方的权益！如果我不尊重，我就是在冒犯他人的合理正当权益！”

果敢表达对团队同样具有巨大的价值。孔子曰：“君子和而不同，小人同而不和。”（《论语·子路》）和谐而又不千篇一律，不同而又不彼此冲突，这可谓是人际关系的理想境界。从团队的角度来看，当成员敢于真实地表达自己的观点，即便在冲突的情况下也能够坚持自己的立场时，将会最大限度地赢得他人的理解与支持，也将会使团队决策更加正确、有效。自信和果敢的行为有助于团队避免群体思维，在提升个人效能的同时实现团队的高绩效，进而帮助组织建设更和谐的组织文化。

在果敢表达的行为实践中，各位会遇到很多的困难与挫折。毕竟，一个人要改变积习已久的行为，不是那么一件容易的事情。我们在行为的舒适圈里，也即自己习惯的行为方式里，已经待得太久了，再碰上一些诸如“不能很好地把握‘度’”“被他人拒绝”等情况发生，往往会备受打击，从而止步不前。

笔者第一次在接触这一行为技巧时，是2009年荷兰老师Ton来华讲课之时。当时听完课程后，我对这一技巧非常不认可，因为它与我们中国人所倡导的“温良如玉”的君子风范太不相符了。在之后的半年中，我从无数次的与人互动的退让行为之中，感受到了内心深处的委屈、压抑甚至沮丧、不安。后来，我开始慢慢尝试使用果敢表达的技巧，我欣喜地发现：其实，不采用退让的方式，同样可以不冒犯到对方而达致自己的意愿目标，甚至很多时候双方都很满意。从此，我在果敢表达的道路上一发而不可收。当然，这期间，我也走过弯路，有时候我会表现得比较强势，有时候又过于退让。果敢表达的“度”，是我在经历了无数次的成功与失败的摸索之后，才逐渐有感觉、有把握的！

行为的改变，就似我这样，需要经历四个阶段，如下图所示。

① 无意识无知：在接触“果敢表达”课程之前，我并不知道我的行为是退让的，我也不知道什么是果敢表达，它有什么好处，我之前的行为有什么不妥。总之，对于“我不知道”这件事，我是没有意识的。

② **有意识无知：**在上了“果敢表达”的课程之后，我意识到有这么一个互动行为的工具，而我还没有掌握，我意识到“我不会”。

③ **有意识有知：**在先拒绝、后尝试并不断实践的过程中，我逐渐掌握了这一行为工具，我意识到我是可以做到果敢表达的，但在某些方面做得还不够成熟、不够理想。

④ **无意识有知：**现在，我不用刻意地去想我应该怎么做，而是当困难情境出现的时候，无意识地、习惯性地就做出了一些果敢行为。这不仅令我对自己满意，而且也令对方满意。这也就是说，达到了无意识的果敢表达行为阶段。

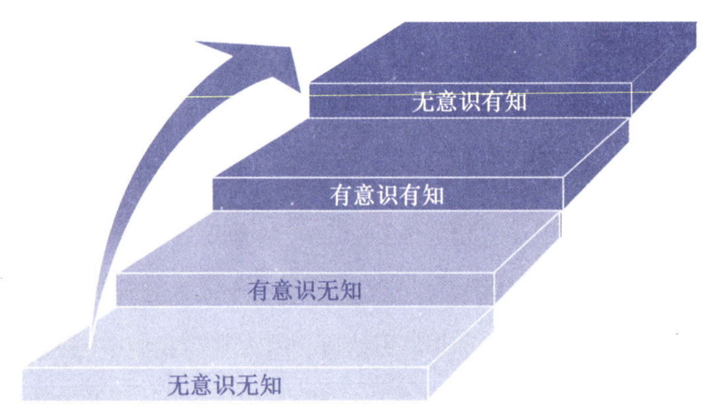

行为改变四阶段

行为心理学家告诉我们：从有意识无知到无意识有知，需要经过至少21次的刻意训练。所以，各位读者朋友，不要指望看完书就可以一蹴而就地掌握这一技能。在实践的过程中，慢慢体会，细细反思，终有一天，你也会逐渐掌握这一技能，提升对自己的自信心和满意度的。

据说，马戏团是这么训练大象的：在还是小象的时候，驯兽师把大象绑在一根大的木柱上。好动的小象一开始会想挣脱木柱，挣扎了很多次之后，小象就发现自己根本无法挣脱那根木柱。这时候，驯兽师就会给小象换一根比较小的木柱，它仍然是无法挣脱的；再过一阵子，驯兽师又给小象换一根更小但依然无法挣脱的木柱……久而久之，在小象的思维里，它会得出一个结论：“凡是木柱形状的东西，都是不能挣脱的，再挣扎也没有用。”在这个结论下，即使用一根最小的木柱系住它，小象也不会想跑走了。当它长成大象，力量足以挣开木柱的束缚，它却失去了对自由的向往，即使形状像木柱的小木棒，也能使大象臣服。这时就可以用小木棒来对大象做各种的训练了。

在心理学上，这种现象叫习得性无助，指的是因重复失败或惩罚而造成的听任摆布的行为，或通过训练形成的一种对现实的无望和无可奈何的心理状态。这种状态会导致一个人消极地面对生活，没有意志去战胜困难，而且相当依赖别人的意见和帮助。这种习得性无助在某种程度上就成为我们行为改变的心理障碍！

请各位读者思考一下：你想要什么？你的意愿是什么？你的诉求是否是合理的？什么阻碍了你的合理意愿与诉求的表达？你心里的那根木棒是什么？回答了以上问题，你就知道自己该从哪里起步出发了！

还有，请谨记：果敢表达是一种行为互动的技能。你没有必要在所有的时间、所有的场合、面对所有的人一直果敢。它只是一种策略，就像有时候退让也是一种策略，强势也是一种策略。你需要做的就是，掌握它，在需要它的时候运用它，最大限度地达致你与对方的意愿、期望和目标，让自己满意，让双方共赢！

没有一个人是完美的！我们每一个人都有这样那样的缺点，有或多或少的缺陷。所以，如果有一天，当你掌握了果敢表达与人际互动的全部技巧之后，你会发现：果敢的最高境界是慈爱、悲悯与忍耐！

致 谢

谨以此书献给：

章富华女士

陈宇红女士

吴谨郗女士

张涵莹女士

感谢在此书撰写过程中家人给予我的鼓励与支持！

感谢曾在“软技能”（人际互动技能）领域里指导过我的杨思腾（Jan Schouten，荷兰思腾教育集团创始人）先生，以及来自欧洲不同国家的老师：马萝丝·亚伯拉罕斯（Marloes Abrahamse）、英格丽·斯坎伯格（Ingrid Schemberg）、简·范·隆（Jan van Loon）、詹妮弗·坎贝尔（Jennifer Campbell）、维丝·布朗霍斯特（Wies Bronkhorst）、顿·弗格特（Ton Voogt）、菲懿特·梅杰（Fiet Meijer）、杨妮克·霍尔沃达（Janneke Holwarda）、罗恩·雷诺伊（Ron Rennooij）！

感谢生命中曾给予过我帮助的唐玉清女士、陈树平女士、魏志强先生、铃木敬二先生、邓小兵先生、曲义坤先生、罗恩·英格拉姆（Ron Ingram）先生等！

感谢在此书撰写过程中曾给予我鼓励与支持的我曾经的领导——美国管理协会大中华区CEO高维新先生，我的母校美国伊利诺伊大学组织行为学教授杰克·麦肯里（Jack McEnery）老师，我的加拿大合作伙伴艾姆·罗布林（Em Roblin）女士，以及我的好朋友苹果电脑中国区原总经理曾启柚先生！

感谢在此书出版过程中给予我帮助的田林先生（《超越执行力》等书的作者）、北京时代华文书局周磊先生，以及所有参与此书编校与出版工作的北京时代华文书局同人！

本书中使用的个别图片未能找到版权方，如侵犯到您的权益或版权请及时与我联系。

特别感谢一直赐予我灵感的“独特的存在”！

吴涛

2020 年 10 月 1 日

参考文献

1. 杨思腾，林格斯梅 . 个人效能：果断力 [M]. 北京：气象出版社，2007.

2. 丹尼尔·戈尔曼 . 情商：为什么情商比智商更重要 [M]. 北京：中信出版社，2010.

3. 玛丽埃塔·科普曼斯 . 反馈 [M]. 北京：气象出版社，2009.

4. 伯特·凡·迪克 . 沟通的八张面孔 [M]. 北京：机械工业出版社，2016.

5. 史蒂芬·M. R. 柯维，丽贝卡·R. 梅丽尔 . 信任的速度 [M]. 北京：中国青年出版社，2011.

读者评论

我正在阅读《别输在不敢表达上》，感觉这本书对改善“社恐”（社交恐惧症）帮助很大！

——纯真

吴老师用朴素的文字和深厚的专业能力打动读者，我读这本书的时候，感觉有股“心流”在涌动，文字和语言可触动人心，让人觉察和提升。这也是吴老师的文字的力量。

——陈雪

我把这本书反复看了两遍，感觉就像打通任督二脉！之前自己对沟通的疑惑之处，都得到了体系化的解答，我太喜欢这本书了！

——云媚

自己曾因为不会表达而离职。我偶然遇到这本书，认真看完，我认为本书对于自己打开思路和提升表达能力非常有帮助，要是能早些读到就好啦！

——王渝

这既不是一本鸡汤书，也不是给家长们造成精神焦虑的书（“别输在起跑线上”的确让很多中国家长感到焦虑），更不是专门给“职场小白”提供职场上弯道超车的技巧的书……这是一本与具体案例结合的软技能普及读物。

本书最开始的内容就很吸引我——几个场景案例的画面感很强，让我想起多年前自己在北欧公司工作过的一些场景，那些“鸡同鸭讲”的冲突很有笑点。书中关于古今中外文化结合做得也很好。

本书的结构上让我想起丹尼尔·卡尼曼写的《思考，快与慢》。只不过《思考，快与慢》是心理学方面的科普书；吴老师的这本书字体大小读着更合适。

生活阅历一定能给我们很多宝贵的感悟，但是有人会把感悟抽成概念和思想，然后把这些零零碎碎的思想整合成系统，最后把这个系统以文字或语言的形式表达出来。吴老师做到的了文字和语言的双重表达！

——Anita Wang